LINGUAGEM CORPORAL DIGITAL

ERICA DHAWAN

LINGUAGEM CORPORAL DIGITAL

COMO CRIAR CONFIANÇA E CONEXÃO, SEM IMPORTAR A DISTÂNCIA

ALTA BOOKS
GRUPO EDITORIAL
Rio de Janeiro, 2023

Linguagem Corporal Digital

Dados Internacionais de Catalogação na Publicação (CIP) de acordo com ISBD

D5331   Dhawan, Erica

Linguagem Corporal Digital: como criar confiança e conexão, sem importar a distância / Erica Dhawan ; traduzido por Alberto Gassul Streicher. - Rio de Janeiro : Alta Books, 2023.
288 p. ; 15,8cm x 23cm.

Tradução de: Digital Body Language
Inclui índice.
ISBN: 978-65-5520-960-0

1. Comunicação. 2. Linguagem corporal digital. I. Streicher, Alberto Gassul. II. Título.

CDD 302.2
2022-3917   CDU 316.77

Elaborado por Vagner Rodolfo da Silva - CRB-8/9410

Índice para catálogo sistemático:
1. Comunicação 302.2
2. Comunicação 316.77

Produção Editorial
Grupo Editorial Alta Books

Diretor Editorial
Anderson Vieira
anderson.vieira@altabooks.com.br

Editor
José Ruggeri
j.ruggeri@altabooks.com.br

Gerência Comercial
Claudio Lima
claudio@altabooks.com.br

Gerência Marketing
Andréa Guatiello
andrea@altabooks.com.br

Coordenação Comercial
Thiago Biaggi

Coordenação de Eventos
Viviane Paiva
comercial@altabooks.com.br

Coordenação ADM/Finc.
Solange Souza

Coordenação Logística
Waldir Rodrigues

Gestão de Pessoas
Jairo Araújo

Direitos Autorais
Raquel Porto
rights@altabooks.com.br

Assistente Editorial
Andreza Moraes

Produtores Editoriais
Illysabelle Trajano
Maria de Lourdes Borges
Paulo Gomes
Thales Silva
Thiê Alves

Equipe Comercial
Adenir Gomes
Ana Carolina Marinho
Ana Claudia Lima
Daiana Costa
Everson Sete
Kaique Luiz
Luana Santos
Maira Conceição
Natasha Sales

Equipe Editorial
Ana Clara Tambasco
Arthur Candreva
Beatriz de Assis
Beatriz Frohe

Betânia Santos
Brenda Rodrigues
Caroline David
Erick Brandão
Elton Manhães
Fernanda Teixeira
Gabriela Paiva
Henrique Waldez
Karolayne Alves
Kelry Oliveira
Lorrahn Candido
Luana Maura
Marcelli Ferreira
Mariana Portugal
Matheus Mello
Milena Soares
Patricia Silvestre
Viviane Corrêa
Yasmin Sayonara

Marketing Editorial
Amanda Mucci
Guilherme Nunes
Livia Carvalho
Pedro Guimarães
Thiago Brito

Atuaram na edição desta obra:

Tradução
Alberto Gassul
Streicher

Copidesque
Mariana Santos

Revisão Gramatical
Raquel Escobar
Vivian Sbravatti

Diagramação
Lucia Quaresma

Capa
Joyce Matos

Editora
afiliada à:

  ASSOCIADO

ALTA BOOKS
GRUPO EDITORIAL

Rua Viúva Cláudio, 291 — Bairro Industrial do Jacaré
CEP: 20.970-031 — Rio de Janeiro (RJ)
Tels.: (21) 3278-8069 / 3278-8419
www.altabooks.com.br — altabooks@altabooks.com.br
Ouvidoria: ouvidoria@altabooks.com.br

Para Kimaya e Rohan,
por me inspirarem a permanecer sempre curiosa.

Para Rahul, por sempre acreditar em mim.

AGRADECIMENTOS

Há muitas pessoas incríveis que me ajudaram a tornar este livro uma realidade. Meu guia e agente literário, Jim Levine, que está comigo desde o início desta jornada. Sou profundamente agradecida aos meus editores na St. Martin's Press: Tim Bartlett, Alice Pfeifer, Laura Clark, Rebecca Lang, Danielle Prielepp, Alan Bradshaw e toda a família Macmillan. Obrigada, Abby Salinas, você é muito mais que minha coescritora, você é minha amiga querida. Obrigada, Peter Smith e Lily Smith, por me ajudarem a idealizar e trazer este livro à vida. Obrigada, Omeed Rameshni, por ser meu conselheiro de confiança há anos.

Um grande agradecimento ao meu marido, Rahul — você é meu melhor amigo, minha alma gêmea e meu eterno confidente. Agradeço aos meus pais, Ram e Neelam Dhawan, por me ensinarem a importância da determinação, da empatia e da generosidade. Obrigada aos meus irmãos, Neil e Darpun, por demonstrarem excelência em suas próprias áreas e me inspirarem a fazer o mesmo.

Um agradecimento especial a todos os meus conselheiros e apoiadores: Rob Berk, Ayse Birsel, Shelley Brindle, Irene Britt, Bill e Julie Carrier, Meg Cassidy, Alisa Cohn, Lin Coughlin, Dorie Clark, Laine Cohen, Adette Contreras, Mark Fortier, Marshall Goldsmith, Patricia Gorton, Amanda Hughey, Leah Johnson, Mo Kasti, Carrie Kerpen, Randi Kochman, Stephanie Land, Alex Lapshin, Ivy Lin, Amanda Hughey, Emily Mills, Will Morel, Scott Osman, Michael Palgon, Jordan Pople, Denene Rodney, Rajeev Ronanki, Brad Schiller, Lisa Santandrea, Lisa Shalett, Kim Sharan, Dan Schawbel, Maesha Shonar, Darcy Verhun e Leslie Zaikis.

Este livro foi terminado durante a pandemia de Covid-19. Vale a pena tirar um segundo para pensarmos sobre as pessoas que fizeram mais do que o esperado, mais do que precisavam fazer e mais do que podemos imaginar em tempos sem precedentes. Estou repleta de gratidão pelos trabalhadores da saúde que foram ao trabalho realizar funções que nunca esperavam ter que realizar, arriscando tanto para ajudar as comunidades. Obrigada a todos que conheci e com quem troquei ideias pelo Zoom.

A equipe na Cotential me inspira, trabalhando de maneira remota para entregar trabalhos importantes aos clientes e conectando nossa comunidade extraordinária de dezenas de milhares de pessoas.

E sou agradecida a você, fiel leitor, por considerar o longo prazo, por liderar, por espalhar as habilidades da linguagem corporal digital e por comparecer e se conectar com os outros de maneiras das quais está orgulhoso. Você é meu herói.

Sumário

PARTE TRÊS
....

Linguagem Corporal Digital nas Diferenças

Introdução

Após coautorar meu primeiro livro, *Get Big Things Done: The Power of Connectional Intelligence* [Faça grandes coisas: O poder da inteligência conectiva, em tradução livre], viajei pelo mundo palestrando e dando consultoria para empresas e líderes sobre os desafios da colaboração no século XXI. Minha missão foi ajudar CEOs e organizações a resolverem os desafios práticos advindos de gerenciar equipes globais, multigeracionais, matriciais e virtuais.

A todos os lugares que ia, as mesmas perguntas apareciam: como posso manter as pessoas de minhas equipes sentindo-se conectadas umas às outras e às pessoas de outras equipes? Como posso ajudar pessoas de idades e estilos de trabalho diferentes e que raramente se conhecem pessoalmente a comunicarem-se de forma eficaz? Por que parece infinitamente mais difícil estimular engajamento e confiança (própria e nos outros) para correr riscos? E, por fim, por que parece que minha própria comunicação não atinge o objetivo com tanta frequência, produzindo consequências indesejadas e repletas de ansiedade?

Quanto mais trabalhava com meus clientes para resolver tais problemas, mais ficava óbvio que eram causados pelas próprias ferramentas digitais que nos libertaram durante tantos anos. Nosso fracasso em lidar com os efeitos colaterais de alteração na comunicação produzidos por nossas tecnologias digitais novinhas e brilhantes — e-mail, mensagens de texto, PowerPoint, Zoom — criaram desentendimentos e conflitos que, por sua vez, manifestaram-se em ansiedade, medo, desconfiança e paranoia generalizados.

A boa notícia é que nossos problemas de comunicação são eminentemente solucionáveis com certa atenção a uma habilidade que chamo de linguagem corporal digital. Ensinei muitos líderes sobre como a modelarem para suas equipes e também sobre como introduzi-la em suas culturas, obtendo resultados extraordinários. Treinei gerentes, equipes de RH e coaches sobre como incorporarem habilidades de linguagem corporal digital em seus programas de liderança. E aconselhei muita gente sobre como dominá-la, de médicos usando a telemedicina, a professores lecionando em plataformas online, e a advogados, consultores e diretores usando reuniões virtuais. Uma líder me disse que mudanças simples na linguagem corporal digital transformaram a comunicação em toda sua organização bem como melhoraram a experiência do consumidor, que ela conseguia fornecer a distância. Outro executivo me contou como isso mudou sua forma de se conectar com sua esposa e filhos enquanto viajava a trabalho.

Agora, mostrarei como a linguagem corporal digital pode ajudar *você*.

• • • • • •

Quando me perguntam como comecei a fazer o que faço, digo que foi uma história que vem durando minha vida toda.

Sou a primeira geração de norte-americanos na minha família indiana, e isso me levou à língua inglesa de forma indireta. Cresci num bairro de classe média perto de Pittsburgh. Em casa, meus pais — ambos médicos que imigraram para os Estados Unidos quando tinham vinte e poucos anos — falavam panjabi, um idioma parecido com hindi, e raramente falavam inglês. Para os dois, era uma alta prioridade que meus dois irmãos e eu honrássemos os valores e costumes indianos tradicionais. O silêncio era um sinal de respeito aos mais velhos, e escutar, um traço valorizado. Aprender inglês, ir bem academicamente e quase todas as outras coisas vinham em segundo lugar.

Ao crescer numa parte branca, conservadora e suburbana do país, passei muito tempo da minha infância tentando me enturmar. Não havia muitas garotas parecidas comigo, ou que fossem filhas de imigrantes, ou que sentavam-se para jantar todas as noites às 21h (as famílias indianas tendem a comer tarde). Ao mesmo tempo, sentia que não devia praticamente nenhuma lealdade à Índia. Sempre que ia lá visitar minha família, diziam que eu era a "prima nascida nos EUA". Que outra garota indiana se chamava *Erica*?

Presa entre duas culturas, tornei-me uma pessoa fechada.

Em geral, você mal perceberia minha presença em um ambiente. No colégio, eu era tímida, quieta e mais observadora do que participante. Levantar a mão ou chamar atenção para mim mesma era algo inimaginável. Eu ia bem no colégio e nas provas, mas os comentários em todos os boletins que recebi, desde o jardim da infância até o último ano no ensino médio, diziam a mesma coisa: *Seria bom que a Erica falasse mais.*

O fato de estar dividida entre o inglês com sotaque pesado dos meus pais e meu próprio hindi capenga, além de querer sentir que pertencia a *algum lugar*, me levou a desenvolver alguns truques, e um deles foi a habilidade de decifrar a linguagem corporal dos outros. A linguagem corporal me fornecia a chave para entender mundos estrangeiros ao meu redor. Passei a ficar obcecada por decodificar sinais e deixas dos meus colegas de classe, por mais sutis que fossem. Tom, ritmo, pausas e gestos. As garotas populares caminhavam com as cabeças erguidas, ombros para trás, quase que literalmente desprezando o restante de nós. Os alunos mais velhos demonstravam seu desinteresse ao esparramarem-se nos assentos durante as assembleias escolares, com os olhos para baixo ou voltados aos colegas — nunca ao adulto que estava falando. Em casa, me enfurnava no meu quarto e assistia a filmes de Bollywood no antigo videocassete da minha família, concentrando-me nos rostos e nas mãos dos atores, e não na trama (hindi ainda era coisa de outro mundo para mim), rebobinando infinitas vezes e tentando entender o que era dito ao observar as deixas não verbais dos atores.

Minha preocupação em traduzir sinais não verbais logo se tornou uma fonte de poder à medida que aprendi a imitar a linguagem corporal dos meus colegas mais confiantes e a decodificar o que os membros da minha família que falavam hindi estavam me dizendo com suas caras fechadas.

Depois do 11 de setembro de 2001, praticamente todo mundo que se parecia comigo nos EUA passou a ser de repente tratado com suspeita instantânea em espaços públicos. Certa tarde naquela época, meu pai estava esperando para me pegar no YMCA local após meu treino de tênis. Uma pessoa que trabalhava na recepção entrou em pânico — meu pai "parecia suspeito", acredito — e chamou a polícia. Durante os 45 minutos seguintes, ele respondeu a uma série de perguntas dos policiais, explicando educadamente que trabalhava como cardiologista num hospital da região. Fiquei observando ele sentado ali, falando pacientemente com os policiais — seu contato visual era direto e suas palmas estavam abertas, sinalizando seu respeito a eles e sua compreensão sobre o que estava acontecendo. Também pude dizer, por suas bochechas avermelhadas, que ele estava constrangido. Alguns meses depois, meu pai doou uma porcentagem significativa de sua renda daquele ano para o fundo destinado às vítimas do 11 de setembro.

Lembro-me de ter ficado furiosa com os policiais, mas também com meu pai. Como ele conseguia reagir bondosamente a uma situação que, para mim, era racista e ignorante? Com paciência, ele perguntou a mim e aos meus irmãos se não seria melhor considerar o que os outros podem estar pensando e sentindo em vez de reagir com indignação ou raiva. Colocar-nos no lugar dos *outros*? Isso foi um ponto de inflexão para mim, um dia em que comecei a pensar mais sobre como os humanos transmitem empatia por meio da linguagem corporal e o que isso pode realizar.

Meu interesse pela comunicação não verbal continuou na faculdade, onde eu lia tudo o que encontrava sobre o assunto; posteriormente, no âmbito profissional, recorri à minha crescente expertise quando comecei a lecionar oratória. Poder entender e classificar deixas e sinais, juntamente com a postura e a confiança que essa habilidade me proporcionou, ajudou-me a conquistar estágios e, depois, vagas de emprego extremamente competitivas. Tudo isso apesar da insistência de meu pai sobre o fato de que os indianos norte-americanos não conseguiam ter sucesso nos negócios e que meu foco deveria ser em uma ocupação como medicina ou engenharia, na qual os indianos pelo menos tinham uma *tradição* de sucesso. Porém, persisti — e parece que valeu a pena.

Minha preocupação com a linguagem corporal me deu a confiança para lecionar cursos sobre liderança quando era aluna de pós-graduação e, posteriormente, como professora-adjunta tanto em Harvard como no MIT. Isso me motivou a começar minha própria empresa antes de completar trinta anos, que consegui transformar, a partir de uma ideia *"e se?"*, em uma companhia global, apesar de não ter ideia do que estava fazendo, nem de não ter nenhuma experiência com publicidade, investidores ou contatos. Antes de me dar conta, já estava falando para líderes mundiais no Fórum Econômico Mundial, sendo entrevistada por Robin Roberts no *Good Morning America*, tornando-me uma palestrante principal "muito disputada" por CEOs e altos executivos e lecionando habilidades de comunicação no século XXI para milhares de líderes de inúmeros setores, empresas e países.

Se parece que estou me gabando, *por favor*, não estou! Espero que esteja claro a esta altura que o que considero como minha "expertise" vem de meus começos mais tímidos e humildes. Há muito a ser dito sobre o fato de eu ser introvertida, de que me recusava a levantar a mão em sala e de que assistia a filmes de Bollywood no escuro após o colégio. A questão é que, durante minha vida toda, eu acreditava, como muitas outras pessoas, que a essência da empatia e da confiança não se trata do *que* é dito, mas de *como* dizemos, e da frequência com que fazemos uma autoanálise para garantirmos que nossas palavras e seus significados sejam o mais deliberados e claros possível. Estudar a linguagem corporal de outras pessoas, assim como a minha, me ensinou muito, embora a aplicação prática disso se deu com um pouco de tentativas e erros — no meu caso, principalmente erros.

Minha própria experiência já não havia me ensinado que minha postura ruim e meu aperto de mão mole passavam uma impressão negativa para meus potenciais empregadores? Um professor já não havia me dito que meu hábito de ficar mexendo nervosamente no meu cabelo sinalizava minha insegurança? Eu já não tinha descoberto que os lábios apertados de um professor ou suas narinas tensas sinalizavam se eu tinha gabaritado ou ido muito mal em uma prova ou trabalho? Como oradora, eu já não sabia que a diferença entre o sucesso e o fracasso tratava-se de intuir o que um público queria e ajustar minha mensagem de acordo com isso?

Certa vez, no início da minha carreira, fiz um discurso principal perante um público enorme. Era fim de semana e o quarto dia de um retiro para todos os advogados de um escritório. Como era de se esperar, estavam todos cansados, irritadiços, desengajados e desmotivados. Alguns pareciam muito hostis. Outros estavam esparramados nos assentos, com as mãos penduradas ao lado e os olhos mirando o relógio. A última coisa que qualquer um queria ouvir naquele dia era sobre as vantagens da colaboração. A linguagem corporal deles estava me implorando: *por favor, chega de modelos.*

Então, mudei de abordagem. Tirando meus sapatos de salto alto, sentei-me numa cadeira bem na frente do palco e descartei minha introdução costumeira. Em vez disso, disse: "Pensem só nas emoções que estão sentindo agora. Fatiga, tensão, tédio, antecipação, raiva, é só dizer..." Bem, do nada o clima mudou no auditório. Eu não estava mais falando *para* o público, estava falando *com* ele. Todos começaram a se soltar, relaxar, sorrir e rir. Uma palestra que poderia ter sido um desastre se transformou num momento de conexão genuína e de debate animado.

Durante os anos seguintes, e até hoje, comecei a fazer questão de avaliar a linguagem corporal dos públicos. Expressões vazias significavam que eu estava indo rápido demais e que precisava diminuir o ritmo. Braços cruzados mostravam uma atitude defensiva ou ressentimento. Quanto a mim, sei que gesticular demais ou mexer muito no meu cabelo são sinais de minha própria falta de confiança.

Isso me recorda de alguns anos atrás, quando comecei a ouvir história após história sobre o mesmo tema: *a má comunicação no ambiente de trabalho.*

Como disse, venho dando palestras e consultorias para clientes do mundo todo, ensinando as pessoas a colaborarem melhor no trabalho. As perguntas mais comuns que recebi foram: como posso inovar de forma mais rápida e profunda capitalizando a expertise de funcionários digitalmente fluentes ao mesmo tempo em que influencio outro grupo experiente de funcionários que não querem mudar? E como consigo fazer com que esses dois grupos colaborem de verdade entre si? Mais e mais clientes e ouvintes de todas as idades expressavam altos níveis de medo, ansiedade e paranoia com relação à comunicação em seus locais de trabalho. Líderes estavam fazendo o que sempre fizeram — por exemplo, compartilhando mensagens de apoio e confiança com seus colegas e equipes —, porém, cada vez mais mensagens desse tipo estavam sendo mal compreendidas, mal interpretadas ou totalmente ignoradas. Esses líderes não eram bobos nem tinham falta de habilidades sociais, e muitos eram versados em métodos de vanguarda para o desenvolvimento de culturas fortes.

À medida que mergulhei mais nas reações que estava obtendo, as maiores reclamações pareciam girar em torno de como as comunicações estavam sendo *traduzidas* dentro daqueles mesmos ambientes de trabalho. Ou seja, como uma mensagem que pretendia ser amigável e direta podia ser interpretada como raivosa ou ressentida, causando menos engajamento e inovação e até a perda dos melhores profissionais.

Essa questão ficou ilustrada numa reunião que tive com uma cliente, líder sênior na Johnson & Johnson e a quem chamarei de Kelsey, que havia recebido um feedback ruim de sua equipe a respeito do moral do grupo. Na avaliação de desempenho de Kelsey, sua chefe comentou que ela tinha "empatia fraca". Quando nos conhecemos e começamos a conversar, fiquei observando os marcadores padrão e universais de uma empatia inferior: falta de habilidade de compreender a necessidade dos outros, falta de proficiência na leitura e uso da linguagem corporal, pouca habilidade de escutar e não fazer perguntas profundas. Fiquei confusa. Parecia que Kelsey tinha habilidades *fantásticas* de empatia. Ela me fazia sentir à vontade, sua linguagem corporal sinalizava respeito e compreensão, e ela escutava profunda e cuidadosamente. O que estava acontecendo?

A resposta tinha menos a ver com Kelsey e mais a ver com o ambiente de trabalho da atualidade, dependente da tecnologia. Em vez de *não ter* empatia, Kelsey, como a maioria das pessoas a quem prestei consultoria, não sabia mais o que empatia *significava* num mundo em que a comunicação digital tornava sinais, deixas e normas, outrora claros, em algo ininteligível. Tom de voz? Linguagem corporal próxima? Isso não fazia mais sentido. O mundo digital precisava de um *novo* tipo de linguagem corporal. O problema era que ninguém conseguia concordar nem mesmo sobre o que *constituía* esse novo tipo.

Por exemplo, Kelsey acreditava que estava fazendo um favor a todos ao manter seus e-mails curtos. Mas sua equipe os considerava frios e ambíguos. Ela enviava convites para eventos online no último minuto e sem explicações, fazendo com que seus colegas de equipe se sentissem desrespeitados, como se a agenda dela fosse mais importante do que a deles. Durante as apresentações sobre estratégia, Kelsey ficava olhando seu telefone constantemente, passando a impressão de que estava totalmente ausente.

Assim, a linguagem corporal *digital* de Kelsey era terrível, pois eliminava a própria clareza real advinda de quando colegas de trabalho (certo, os humanos em geral) sentem-se conectados uns aos outros por meio da linguagem corporal física.

Percebi que nossa compreensão sobre a linguagem corporal precisava ser redefinida para o ambiente de trabalho contemporâneo. Atualmente, somos todos "imigrantes" aprendendo uma nova cultura e língua, só que, desta vez, é no espaço digital. Ser um bom líder hoje em dia significa não apenas estar atento aos sinais e às deixas das outras pessoas, mas também dominar essa nova linguagem corporal digital que não existia há vinte anos e a qual a maioria das pessoas hoje "fala" tão mal quanto eu falava hindi quando criança!

Esse era o segredinho do mundo: algumas vezes — *na maioria delas* — as pessoas não faziam ideia de qual era o tom por trás das mensagens que recebiam em e-mails, mensagens de texto, teleconferências e assim por diante. Tampouco sabiam totalmente como suas próprias mensagens estavam sendo recebidas. Mais do que bugs ou incômodos — *a tecnologia é um saco!* —, nossas novas e lindas ferramentas de comunicação estavam causando problemas sérios. O trabalho e a tomada de decisões haviam ficado mais lentos. As equipes estavam em desarranjo. Funcionários foram deixados desmotivados, sem confiança, incertos e paranoicos.

Parecia que a má compreendida "linguagem corporal digital" — ou melhor, a falta de regras universalmente aceitas — estava criando problemas no mundo todo: em ambientes de trabalho, comunidades e até famílias. Todos sabiam desses problemas, mas ninguém falava sobre eles, a não ser em forma de piadas. Todos havíamos crescido sabendo ler e escrever, alguns mais do que os outros (diz aqui a garota que se lembra do dia no colégio quando pronunciou uma palavra errada ao ler em voz alta o livro *A Revolução dos Bichos*, de George Orwell, algo que seus colegas jamais esqueceram), mas não havia instruções sobre como lermos sinais e deixas num mundo digitalizado. Pelo contrário, todo mundo estava desperdiçando horas ou até dias em incertezas, ansiedade e inquietude.

Eu tampouco era uma Jedi Master nisso tudo. Havia desperdiçado manhãs sem fim relendo um único e-mail, tentando entender o que uma elipse ou a palavra única em forma interrogativa, *Ideias?*, significava. Eu ouvira sobre amizades se desfazendo por causa de uma conversa no WhatsApp. E que tal a "curtida" em seu Facebook ou Instagram de um colega que não retornou suas duas últimas ligações? (Será que isso sinalizava um "sinto muito"? Seria um prelúdio que ligaria de volta, uma forma de testar em que pé estava a amizade? Ou seria um sinal de que, de agora em diante, você e aquela pessoa se comunicariam exclusivamente por redes sociais? O que tudo isso *significava*? Algo? Nada?) E o executivo que assina todos seus e-mails com um *Obrigado* — isso não demonstra clareza? Superficialmente, sim, claro — então por que todos seus colegas interpretam isso como insincero e inautêntico?

Acredito genuinamente que a maioria das pessoas tem boas intenções. Talvez elas só não saibam como *transmitir* tais intenções.

Como podemos restabelecer confiança e conexão genuínas, sem importar a distância? Criando um manual básico e prático para comunicações claras no mundo digital moderno. Hoje em dia, comunicarmos o que realmente pretendemos requer uma compreensão dos sinais e deixas num nível granular, ao mesmo tempo que desenvolvemos uma sensibilidade aguçada a palavras, nuances, entrelinhas, humor e pontuações — coisas que muitos de nós acham que é algo reservado ao trabalho de escritores profissionais.

Porém, se você acha que escrever com clareza é um nicho ou uma habilidade não essencial, pense novamente. Ao ser questionada sobre qual é o melhor investimento que os profissionais podem fazer em suas carreiras, Julie Sweet, CEO global da Accenture, respondeu: "Desenvolver habilidades excelentes de comunicação."[1] Ela acrescentou ainda que qualquer funcionário, mesmo em nível júnior, pode aumentar significativamente seu valor ao saber "resumir de forma articulada uma reunião, montar uma apresentação e enviar e-mails que sejam de fato salientes e diretos."[2] Muito já foi dito sobre o desenvolvimento de apresentações online e habilidades de oratória, mas Julie Sweet foi visionária, percebendo que uma suposta habilidade "fácil" — a boa comunicação, especialmente escrita — é uma vantagem competitiva crucial.

Como é na prática uma boa linguagem corporal digital? Nunca presumir que nossos próprios hábitos digitais (como responder em trinta segundos a todos os e-mails recebidos ou nunca ouvir a caixa postal) são compartilhados por todos os demais. Dedicar uns segundinhos a mais para nos perguntar se as frases, palavras e até a pontuação que usamos podem ser mal interpretadas. Estar hiperconscientes dos sinais e deixas que estamos enviando, fazer uma autoanálise constante e aprender ao longo do caminho.

O livro em suas mãos decodifica os sinais e as deixas daqueles que são ouvidos, que ganham os créditos e daquilo que é feito em nosso mundo que não para de mudar. Ele servirá como um guia de senso comum para ajudá-lo a entender como comunicar suas ideias, administrar relacionamentos, expressar-se de forma verdadeira e criar confiança e segurança com pessoas diferentes de você. Nas páginas a seguir, apresentarei estratégias simples para ajudar você e sua equipe a se entender e banir a confusão, a frustração e a má compreensão que surge de e-mails, vídeos, mensagens instantâneas e até de reuniões ao vivo. Minha missão é ajudá-lo a se aproximar de qualquer pessoa — de forma intelectual, emocional, pessoal e profissional — e fazer com que se destaque como um líder confiável e direto, não importa a distância.

PARTE UM

Elementos Digitais de Estilo

CAPÍTULO 1

O que é Linguagem Corporal Digital?

Eles namoravam há três anos quando a briga, conduzida exclusivamente por meio de mensagens de texto, ocorreu. O confronto durou horas com ataques dos dois lados, até que, a certa altura, frustrada e cansada, Laura digitou: *Então, terminamos?*

Acho que sim, respondeu Dave.

Laura ficou devastada. Ela não foi trabalhar no dia seguinte, avisando que estava doente, e passou as próximas 24 horas lamentando a perda de seu relacionamento encontrando-se com amigos, vendo fotos antigas e chorando. No dia seguinte, Dave bateu à sua porta. Laura, com os olhos inchados, foi atender. "Você se esqueceu do jantar que planejamos alguns dias atrás?", perguntou ele. "Você disse que terminamos", afirmou ela. "Quis dizer que terminamos de *brigar*", explicou Dave, "não terminamos do tipo *você e eu*".

Ah.

Muitos de nós têm conversas assim em nossas vidas pessoais (talvez não tão dramáticas), comunicações tão confusas e repletas de insinuações que passamos um dia inteiro tentando entendê-las.

Agora, pegue essa mesma dinâmica e leve-a ao ambiente normal de trabalho.

Jack, gerente pleno, recebe um e-mail de seu chefe. A última frase — *Tudo certo.* — o deixa ansioso. Aquele ponto-final parece dominar a tela, uma conta preta, uma microbomba, letal, sugestiva e — jurava Jack — reprovando-o. *Será que pisei na bola?* Ou será que ele está apenas pensando exageradamente nisso? Caso *não* esteja, como pode trabalhar para um chefe que é tão alheio às implicações de um ponto-final?

Outro caso: uma chefe entusiasta e positiva que trabalha em Nova York recebe a missão de liderar remotamente uma equipe que fica em Dallas. Um dos integrantes, um jovem chamado Sam, pega um avião para Nova York alguns meses depois para conhecer sua chefe pessoalmente. Após uma boa conversa preliminar, ela pergunta: "Então, quais foram suas primeiras impressões sobre mim?" Sam hesita, mas admite que não foram muito boas. Quase todas as comunicações de sua chefe eram simples e diretas, levando Sam a pensar que ela era hostil, fechada e provavelmente fria. Pessoalmente, no entanto, ela era o contrário disso. O que o deixou se sentindo daquele jeito?, indagou ela. Ele precisou confessar que foi o fato de ela não usar abreviações ou pontos de exclamação.

!!!!!!!!!

Quando a pontuação e os acrônimos nos levam a surtos de incerteza, falta de autoconfiança, ansiedade, raiva, autodesprezo e suspeitas, podemos estar certos de que vivemos em tempos sem precedentes.

• • • • • •

Cresci lendo — e relendo — os livros de Deborah Tannen. Em 1990, Tannen, professora de linguística na Universidade de Georgetown, publicou seu livro *You Just Don't Understand: Women and Men in Conversation* [Você simplesmente não entende: Conversas entre mulheres e homens, em tradução livre]. Eu não era a única; parecia que todo mundo estava lendo esse livro. Uma análise de como falamos uns com os outros usando rodeios, interrupções, pausas, humor e ritmo, o livro dominava as conversas, ficou quatro anos na lista de mais vendidos do *New York Times* e foi traduzido para trinta idiomas.

Ninguém precisa ter doutorado em linguística para saber que as formas pelas quais nos comunicamos hoje em dia são mais confusas do que nunca. Por quê? Bem, Tannen estudou linguagem corporal quase que exclusivamente em interações presenciais, cara a cara. Seu trabalho baseou-se na linguística, no gênero e na biologia evolucionária, mas também no que comunicamos sempre que cruzamos os braços, desviamos o olhar ou piscamos. Ninguém, incluindo Tannen, poderia ter previsto que a maioria de nossas comunicações seriam virtuais hoje em dia. A comunicação contemporânea depende mais do que nunca de *como* dizemos algo, e não do *que* dizemos. Ou seja, nossa *linguagem corporal digital*. Quando a internet surgiu, todo mundo ganhou um palco e um microfone, mas ninguém nos ensinou como usar essas coisas. Fomos aprendendo ao longo do caminho. E os erros que cometemos causaram consequências reais para as empresas.

> **Veja, hoje em dia, o que *escrevemos* às vezes é muito mais importante do que o que falamos ou fazemos.**

Textos, e-mails, mensagens instantâneas e videochamadas são definitivamente formas visuais de comunicação. Outro detalhe, cada um de nós tem expectativas e instintos diferentes sobre se é apropriado ou não enviar uma mensagem de texto ou um e-mail, quando olhar para a câmera durante uma videochamada, quanto tempo esperar até responder por texto e como escrever um agradecimento ou uma desculpa digital sem parecer negligente ou insincero. A escolha de nossas palavras, de tempo de resposta, de estilos de reunião por vídeo, de encerramento de e-mails e até nossa assinatura digital cria impressões que podem potencializar ou destruir nossos relacionamentos mais próximos no ambiente de trabalho (sem mencionar em nossas vidas pessoais).

Hoje em dia, cerca de 70% de toda a comunicação entre equipes é virtual. Enviamos em torno de 306 bilhões de e-mails diariamente, com a pessoa comum enviando 30 e-mails por dia e recebendo 96.[1] De acordo com o *Journal of Personality and Social Psychology*, 50% do tempo o "tom" dos nossos e-mails é mal interpretado.[2] *Cinquenta por cento!* Imagine dizer "Eu te amo" para seu/sua parceiro/a, mas na metade das vezes a resposta é "Ah, ok." Eu já senti exatamente isso com meu esposo, Rahul, após uma troca de mensagens por texto. Não vou mentir, também tenho minha culpa!

Mais dados: o *New York Times* afirma que 43% dos norte-americanos empregados passam pelo menos algum tempo trabalhando remotamente,[3] uma porcentagem que foi às alturas durante a pandemia de covid-19. Outro estudo relatou que 25% dos participantes disseram que socializam com mais frequência online do que presencialmente.[4] Uma pesquisa da Pew realizada em 2015 descobriu que 90% das pessoas que têm celular levam seus aparelhos consigo "frequentemente", sendo que 76% admitiram que "raramente" ou "nunca" desligam o dispositivo.[5] A pessoa comum passa em torno de 116 minutos diariamente — cerca de 2 horas — em redes sociais, o que, dentro da expectativa média de vida, daria um total de 5 anos e 4 meses.[6]

O psicólogo e jornalista científico Daniel Goleman foi o primeiro a popularizar o conceito de "inteligência emocional", ou IE, em 1990. Inteligência emocional se refere à nossa habilidade de ler os sinais de outras pessoas e responder apropriadamente, ao mesmo tempo que compreendemos e apreciamos o mundo sob a perspectiva dos outros.

Atualmente, a "inteligência emocional" e a "empatia" tornaram-se palavras da moda. São debatidas em mesas redondas. Fazem parte do currículo dos principais cursos. Aparecem em declarações de valores em todos os setores — de serviços profissionais à saúde e à tecnologia. E são a marca registrada em campanhas políticas e conversas na mídia. Líderes nos venderam a ideia de que observar as situações claramente sob a perspectiva dos outros pode transformar os estilos de liderança, as culturas de trabalho e as estratégias empresariais. A empatia, parece, faz o moral progredir, desencadeia a inovação, motiva o engajamento e a retenção, e aumenta os lucros. Obviamente, todos concordam que precisamos de mais empatia no mundo.

Por que, então, estamos enfrentando uma crise de desentendimentos no trabalho?

Bem, um grande problema é que ler a emoção dentro da natureza digital do ambiente de trabalho moderno é algo difícil de se fazer. Quando o conceito de inteligência emocional se popularizou, a era digital estava apenas começando.

O e-mail era apenas um brinquedo ainda na caixa. Os primeiros smartphones eram tijolões e raramente apareciam em reuniões. As mensagens de texto reservavam-se aos adolescentes europeus. E as videochamadas eram uma espécie alienígena. Hoje em dia, muitas organizações e comunidades existem exclusivamente atrás de uma tela. Mudamos a forma como criamos conexões e, consequentemente, como trabalhamos com nossos colegas, clientes, membros de comunidade e públicos.

O desaparecimento dos sinais corporais não verbais está entre as razões mais negligenciadas pelas quais os funcionários sentem-se tão desengajados dos outros. Se usada adequadamente e em escala, a linguagem corporal empática significa engajamento dos funcionários. O desengajamento acontece não porque as pessoas não *querem* ser empáticas, mas porque, com as ferramentas atuais, elas não sabem *como*. Sim, um CEO pode dizer: "A porta do meu escritório está sempre aberta" e dizer a todos que é "acessível" e "amigável". Mas e se de fato ele nunca está *no* escritório e a única forma de se comunicar com ele é entrar em sua fila diária de mais de 200 e-mails ou mensagens no Slack?

A maioria dos ambientes de trabalho hoje em dia de fato *minimiza* as condições necessárias para promover e aumentar uma comunicação clara, levando à desconfiança, ao ressentimento e à frustração difundidos. Há mais distância física entre as equipes. Há menos interações presencias. Basicamente, não há linguagem corporal a ser lida. Além disso, a cada poucos meses, parece que as coisas ficam *mais rápidas* (ou talvez só estejamos imaginando isso), sem nos deixar escolha a não ser nos adaptar ao novo normal. Tornamo-nos mais insensíveis. Aceitamos cada vez mais as distrações e as interrupções, ficando mais indiferentes às necessidades e emoções de amigos e colegas de trabalho. Tal desconexão digital nos leva a mal interpretar, negligenciar ou ignorar sinais ou deixas, criando *ondas* totalmente novas de disfunções organizacionais.

A questão é, *por quê*?

Perdemos os sinais não verbais. Vale a pena repetir: os sinais não verbais representam de 60% a 80% da comunicação presencial.[7] O antropólogo Edward T. Hall denomina tais sinais e deixas — postura, proximidade, sorrisos, pausas, bocejos, tom, expressões faciais, contato visual, gestos das mãos e volume — de "a linguagem silenciosa".

Como criamos conexão quando até 70% da comunicação entre as equipes ocorre digitalmente?

Nossa habilidade de nos importar está comprometida. Lembra-se de como um aperto de mão após um trabalho bem feito costumava fazer você se sentir valorizado? Hoje em dia, quando os integrantes de equipes trabalham em esferas, departamentos, escritórios e países diferentes, um aperto de mão é impossível. Uma pesquisa inseriu diversos pequenos atrasos nas videochamadas para avaliar como os colegas julgavam uns aos outros. Para atrasos de apenas 1,2 segundo, havia mais chances de aquela pessoa ser considerada menos atenta, amigável e autodisciplinada do que se não houvesse atraso.[8] Até mesmo nos chats das videochamadas, uma tela travada ou um eco esquisito dificulta para os participantes sentirem que suas contribuições estão sendo ouvidas e valorizadas, deixando-nos com a pergunta:

Como demonstrar apreciação hoje em dia?

Nosso timing desapareceu. Quando alguém que está a um metro de nós faz uma pergunta, respondemos instantaneamente. Também sabemos quando uma conversa chegou a um fim natural. Porém, hoje em dia, não somos mais obrigados a responder a alguém imediatamente (temos coisas a fazer!). Ao mesmo tempo, responder às mensagens de texto "urgentes" dos funcionários cinco horas depois pode deixá-los sentindo-se ignorados e ressentidos.

Como encontrar o equilíbrio entre caixas de entrada cheias e tempos de resposta que transmitam respeito?

Nossas telas alteraram nossa linguagem corporal tradicional. Quando olhamos nosso telefone para responder mensagens "rápidas" durante reuniões, conversas individuais ou discussões durante uma refeição, tendemos a perder a noção dos nossos arredores. Encerramos reuniões mais rápido do que deveríamos, negligenciamos as expressões faciais do colega de trabalho, seus sorrisos ou o fato de que ele deixou a caneta de lado para ouvir com mais atenção. Em conversas de vendas, é ainda mais fácil perder tal demonstração de atenção.

Como impedir que as ferramentas digitais interrompam até mesmo nossas interações presenciais?

Por fim, como todos sabemos, **a tecnologia cria máscaras**. Atualmente, temos a opção de disfarçar o que realmente sentimos e pensamos. Escolher escrever um e-mail ou uma mensagem de texto pode encobrir sentimentos desconfortáveis, mas também pode criar muita ambiguidade e má compreensão. Para aqueles que gostam de manter seus sentimentos e opiniões para si mesmos, as telas são uma ótima camuflagem. Mas não é assim que líderes são formados. Até mesmo em uma videoconferência, ficar olhando a si mesmo na tela torna mais difícil para você relaxar total e naturalmente na conversa.

Como permanecermos autênticos e conectados quando uma tela nos divide?

A resposta é compreendermos as deixas e sinais que estamos enviando com nossa **linguagem corporal digital** e adaptá-los para criar mensagens claras e precisas.

O que fica *implícito* na linguagem corporal agora precisa estar *explícito* em nossa linguagem corporal digital.

O QUE É LINGUAGEM CORPORAL DIGITAL
(E POR QUE ELA É IMPORTANTE)?

A *Linguagem Corporal Digital* oferece uma abordagem sistemática para compreendermos os sinais do mundo digital, assim como interpretamos os sinais do mundo físico. Ela identificará e explicará as normas e os sinais em evolução das comunicações digitais dentro de organizações e, ao fazer isso, também ajudará a criar um conjunto de expectativas comuns para a comunicação, independentemente da distância. É como se fosse um dicionário, mas, neste caso, minha missão é traduzir a linguagem corporal presencial em coisas como pontuação, primeiras impressões em videochamadas, abreviações, assinaturas e o tempo que levamos para pressionar *Enviar*.

Ao incorporar uma compreensão real da linguagem corporal digital em sua organização ou grupo, você poderá implementar processos de comunicação que podem fornecer a estrutura e as ferramentas que sustentam um ambiente sem silos e repleto de confiança. Tal habilidade, por sua vez, levará a eficiências enormes, à medida que as pessoas passam menos tempo pensando sobre aquele ponto-final ou os pontos de exclamação (ou falta deles).

Veja a seguir alguns exemplos para ajudá-lo a entender como a linguagem corporal tradicional é "traduzida" na linguagem corporal digital.

- **Linguagem Corporal Tradicional** envolve: a cabeça pendida para um lado, sinalizando que a pessoa está ouvindo atentamente.

  Linguagem Corporal Digital envolve: "curtir" um texto. Elogiar a contribuição de alguém em um e-mail. Fazer um comentário detalhado de forma verbal ou no chat durante uma videochamada quando alguém expressa uma ideia, em vez de apenas dizer "concordo".

- **Linguagem Corporal Tradicional** envolve: levar a mão ao queixo ou pausar por alguns segundos, sinalizando que está pensando sobre o que acabou de ser dito.

Linguagem Corporal Digital envolve: esperar alguns minutos a mais para responder a uma mensagem, indicando respeito pelo que ela diz. Escrever uma resposta longa e detalhada a um e-mail demonstra atenção e foco. Pausar durante uma teleconferência para assimilar o que foi dito, em vez de soltar a primeira coisa que vem à mente.

- **Linguagem Corporal Tradicional** envolve: sorrir. (É contagioso. Nosso sorriso ilumina as áreas do cérebro relacionadas à felicidade, e é por isso que as pessoas a quem sorrimos tendem a sorrir de volta e/ou sentir um senso mais forte de conexão conosco.)

Linguagem Corporal Digital envolve: usar pontos extras de exclamação e emojis (bem, com bom senso). Adicionar um simples *Tenha um bom fim de semana* ao fim de um e-mail. Rir durante uma reunião virtual.

- **Linguagem Corporal Tradicional** envolve: concordar com a cabeça. Movimentar a cabeça para cima e para baixo passa a impressão de que estamos interessados e abertos. Como os sorrisos, tal movimento é contagioso, e significa que, se o fazemos enquanto falamos, há mais chances de que os outros concordem com o que dizemos.

Linguagem Corporal Digital envolve: responder prontamente a uma mensagem, demonstrar engajamento ao responder a um e-mail com comentários substanciosos. Escrever *Concordo completamente com o que você disse* no chat do grupo em uma reunião no Microsoft Teams. Usar um emoji de joinha em uma reunião virtual.

O conjunto de habilidades que este livro ensina o preparará para ser seu melhor — contribuir com novas ideias, defender o que é certo, agir com confiança em situações confusas e engajar outros de formas que complementem sua marca. Ele vai restaurar a nuance emocional para o engajamento da equipe de maneiras claras, transparentes e duradouras. Com este livro como seu guia, você poderá criar novas normas de colaboração e comportamento que reduzirão os desentendimentos e que lhe habilitarão a liderar com mais clareza.

Não menos importante, minha missão em *Linguagem Corporal Digital* é ajudá-lo a se destacar como um grande comunicador (e, por consequência, como um grande líder).

De modo a compreender de verdade esse novo ideal de comunicação, precisamos entender as quatro leis da linguagem corporal digital: **Valorizar Visivelmente, Comunicar-se Cuidadosamente, Colaborar Confiantemente** e **Confiar Totalmente**.

Vamos analisá-las nessa sequência.

VALORIZAR VISIVELMENTE

A primeira lei baseia-se no fato de que os sinais e as deixas tradicionais que usamos para demonstrar nosso apreço pelos outros — um sorriso aliviado, um aperto de mão, um bilhete com um muito obrigado escrito à mão — são invisíveis na comunicação digital ou tomam muito tempo e esforço para serem implementados. **Valorizar Visivelmente** significa ser atencioso e perceptivo, ao mesmo tempo que passa a mensagem "entendo você" e "valorizo você".

Valorizar Visivelmente quer dizer que somos sempre sensíveis às necessidades e agendas dos outros. Significa que entendemos que ler os e-mails com cuidado e atenção é a nova arte de escutar. Quando Valorizamos Visivelmente, estamos dispostos a conviver com o desconforto dos outros sem sentirmos a necessidade de consertá-lo ou resolvê-lo. Valorizar Visivelmente significa reconhecer os outros — e não fazer isso com pressa.

Inevitavelmente, Valorizar Visivelmente leva a níveis mais altos de respeito e confiança. Certa vez, tentei marcar uma teleconferência com uma executiva sênior que havia expressado interesse em trabalhar comigo. Durante os cinco meses seguintes, ela remarcou três vezes. Mas não apenas cancelou as reuniões — *ela me deixou no vácuo*. Após a primeira furada, enviei um e-mail de *follow up* e sua assistente remarcou nossa reunião. (Não houve um "sinto muito" por parte da executiva, nem mesmo uma desculpa esfarrapada.) Na segunda vez que ela não apareceu, sua assistente pediu desculpas e remarcou novamente. Na terceira vez, não houve nada, só silêncio. Alguns meses depois, a mesma executiva me enviou um e-mail, como se nada tivesse ocorrido entre nós, pedindo conselho sobre como tornar-se sócia de um clube do qual eu participava. Nesse caso, foi *minha* vez de não responder. Será que *realmente* poderia recomendá-la aos meus colegas?

Por "respeito", não quero dizer delicadezas ou desculpas. Respeito significa que os outros se sintam adequadamente valorizados, incluídos ou reconhecidos. Respeito significa reler seu e-mail antes de enviá-lo. Significa honrar o tempo e a agenda da outra pessoa e *não* cancelar reuniões no último segundo ou atrasar tanto sua resposta a um e-mail de forma que a pessoa precisa ficar correndo atrás de você. Respeito significa não usar o botão "mudo" durante uma reunião online para fazer um monte de outras coisas enquanto alguém está falando. Respeito quer dizer escrever frases claras no "assunto" dos convites de reuniões que expliquem exatamente por que você está solicitando o tempo de alguém. (No mínimo, respeito se trata de escrever corretamente o nome da outra pessoa!)

Valorizar Visivelmente também significa reconhecer que as soluções que podem funcionar em um contexto talvez não deem certo em outros. Imagine passar a noite inteira em um projeto e seu chefe responder com um *vlw*. Não é suficiente, certo? Na verdade, pode ser revoltante. Agora, imagine entregar esse mesmo projeto para seu chefe pessoalmente e receber um sorriso e um "muito obrigado". Você se sentiria melhor. Valorizar Visivelmente quer dizer arranjar tempo e se esforçar para comunicar o equivalente a um sorriso ou a um "muito obrigado" por meio de canais digitais.

COMUNICAR-SE CUIDADOSAMENTE

A segunda lei da linguagem corporal digital, **Comunicar-se Cuidadosamente**, envolve fazer um esforço contínuo para minimizar o risco de ser mal compreendido ou mal interpretado ao ser o mais claro possível com suas palavras e linguagem corporal digital. Nós nos Comunicamos Cuidadosamente quando estabelecemos expectativas e normas inequívocas sobre quais canais usamos, o que incluímos em nossas mensagens e quem incluímos na lista de destinatários. Nós nos Comunicamos Cuidadosamente quando sabemos por que cada pessoa em cópia na mensagem é responsável, e quem estará a cargo dos próximos passos.

Comunicar-se Cuidadosamente é importante para eliminar a confusão. Fazer isso permite estabelecer uma compreensão consistente quanto às necessidades e aos requisitos de cada integrante da equipe, ajudando a otimizar a comunicação e a reduzir as ineficiências no trabalho em equipe. Por fim, Comunicar-se Cuidadosamente leva ao alinhamento.

Alguma vez isto já aconteceu com você? Sua equipe e você estão se esforçando muito para iniciar uma nova ideia ótima. Quando ela está pronta, todo mundo está exausto, mas exultante. É hora de colher as recompensas após tanto trabalho! No entanto, nesse ponto, os advogados da empresa entram em cena, fazem algumas perguntas e simplesmente abortam o projeto ou o redesenham tanto que não fica mais reconhecível.

Ou quando a equipe de marketing de uma empresa de serviços passa meses trabalhando na oferta de um novo produto e descobre que outra equipe de operações já havia criado exatamente a mesma coisa um ano antes?

Ou, ainda, quando uma equipe não concorda sobre o resultado de um projeto, se foi um sucesso ou um fracasso, pois nunca chegou a uma conclusão sobre as métricas do sucesso?

Independentemente do cenário, o tempo é desperdiçado, a energia é minada e o clima no ambiente de trabalho muda de animado para desencorajado. Por que ninguém percebeu que isso era um problema? Resposta: não houve uma comunicação clara entre os silos. A equipe jurídica só entrou em cena no último segundo. Os responsáveis pelo *compliance* não participaram das fases de planejamento. Os clientes não foram ouvidos. Os líderes de marketing e contabilidade nunca conversaram e disseram: *É isso que quero, penso assim, vamos trabalhar juntos.*

Comunicar-se Cuidadosamente significa que as pessoas precisam concordar se um projeto é necessário ou não ou se está em sintonia com a organização. Significa manter funcionários e equipes informados e atualizados, acompanhando-os consistentemente para apoiar seus esforços. Quem está fazendo o que e por quê? Eu mesma já perdi a conta de quantos integrantes de equipes mergulham em projetos sem tirar dez minutos para considerar os gestores envolvidos, e três meses depois descobrem que outra equipe está fazendo *exatamente o mesmo trabalho.*

No entanto, o maior impedimento ao alinhamento é uma falta de clareza. Comunicar-se Cuidadosamente restaura esse alinhamento por meio de sinais e deixas da linguagem corporal digital — desde perceber que uma mensagem "curta" não é sempre "clara" até eliminar linguagens desafinadas, incluindo tudo no meio disso.

COLABORAR CONFIANTEMENTE

A terceira lei, **Colaborar Confiantemente,** trata da liberdade para tomar riscos conscientes enquanto confia que os outros apoiarão suas decisões.

Colaborar Confiantemente significa administrar o medo, a incerteza e a preocupação que definem os ambientes modernos de trabalho — e entender que, até mesmo quando fica tudo uma bagunça, os funcionários estarão lá para apoiar uns aos outros e trabalhar juntos para evitar o fracasso.

Colaborar Confiantemente significa empoderar as pessoas para que respondam com cuidado e paciência, em vez de pressioná-las a responder tudo imediatamente num ambiente de trabalho que não para nunca.

Colaborar Confiantemente quer dizer priorizar a atenciosidade ao mesmo tempo que reduz o comportamento de pensamento grupal. Como é isso? Bem, pode significar permitir que um integrante remoto de uma equipe faça a moderação de uma reunião ao vivo, criando um senso de inclusão e também reduzindo a parcialidade que tendemos a ter com relação a integrantes da equipe que estão fisicamente presentes na sala. Pode significar usar a ferramenta de chat virtual durante uma videoconferência para coletar opiniões dos participantes antes de pedir que aqueles com ideias diferentes falem, em vez de ouvir primeiramente as pessoas mais "barulhentas" que concordam umas com as outras. Pode significar projetar uma estrutura para pedidos de trabalho via e-mail que não deixe ninguém especulando loucamente sobre o que significa uma mensagem terminada com um *ok*. Pode até significar algo tão simples e direto quanto garantir que os integrantes da equipe tenham sempre o que precisem para seguir em frente.

Colaborar Confiantemente diminui as chances de ficar simultaneamente preso entre ser atencioso *demais* e *de menos*, por exemplo, quando fica obcecado com coisinhas mínimas em um e-mail, ao mesmo tempo que lê outros muito rápido e deixa passar detalhes importantes.

Colaborar Confiantemente nos liberta para superarmos os medos e incertezas habituais para que movamos à frente, para *agirmos*. Isso nos permite parar de ficarmos obcecados com *Será que ela realmente quis dizer isso?* e *Será que ele está bravo comigo mas não está dizendo isso?* e *Será que estão me enrolando?* Em vez disso, nossa premissa é que a intenção dos outros será sempre a melhor, sabendo que ninguém terá sucesso à custa do outro, por desinformações ou forçando uma posição de poder.

CONFIAR TOTALMENTE

A quarta e última lei da linguagem corporal digital, **Confiar Totalmente**, acontece apenas quando as primeiras três leis já foram implementadas, produzindo um engajamento de 360°. A parte "Totalmente" de Confiar Totalmente é a chave, visto que ela pressupõe os níveis mais altos de fé organizacional, em que as pessoas dizem a verdade, mantêm a palavra e entregam o que prometeram.

Confiar Totalmente significa que você tem uma cultura aberta de equipe, na qual todos sabem que são escutados, que podem sempre pedir ajuda uns aos outros e fazer favores cujos retornos podem ou não ser imediatos. Estando as primeiras três leis da linguagem corporal digital em vigor, levando à quarta, Confiar Totalmente, você merece meus parabéns! Você quebrou o domínio do medo e da incerteza em sua organização e está no caminho para montar a equipe perfeita, sempre elusiva.

Por quê? Pois quando Confiamos Totalmente, obtemos o máximo das pessoas. Ao criar segurança psicológica em nossas equipes (começando com a linguagem corporal digital dos nossos líderes), nossas ações criam uma calma em cascata. Quando há confiança, qualquer coisa que a apoie é priorizada, e tudo que a impede ou causa distração é abordado e resolvido.

Mas sejamos claros: Confiar Totalmente não significa que estendemos uma confiança incondicional a *todo mundo* — especialmente a pessoas com quem tivemos experiências negativas ou não resolvidas no passado. Pelo contrário, Confiar Totalmente se refere a um ambiente de trabalho no qual ninguém desperdiça tempo se preocupando com coisinhas bobas, no qual mensagens com palavras ambíguas ou respostas que demoram a chegar não levam automaticamente ao medo, à ansiedade ou à insegurança, e no qual presumimos confiantemente que todos estão do nosso lado. É muito a se pedir hoje em dia, mas Confiar Totalmente *funciona*.

Ao longo dos anos, trabalhei com algumas pessoas realmente autoritárias. Certa vez, trabalhei para uma chefe que invadia todos os meus momentos. Ela começava a abarrotar minha caixa de entrada com e-mails às 21h, geralmente quando eu estava no supermercado fazendo compras após um longo dia de trabalho. Se eu não respondesse dentro de cinco minutos, os textos urgentes começariam: *Preciso do relatório sobre a reunião em Chicago! Você terminou? Onde ele está?* Eu acabava deixando o carrinho do supermercado pela metade, corria para casa, trabalhava até tarde, enviava os relatórios para ela à meia-noite e caía no sono. Às 6h, eu acordava com uma nova mensagem, com frases do tipo: *Vamos conversar esta manhã para revisarmos o relatório.*

Claramente, esse era um caso em que Confiar Totalmente era impossível de implementar. Eu *não* me sentia Valorizada Visivelmente; as mensagens de minha chefe *não* Comunicavam-se Cuidadosamente; e, decididamente, *não* estávamos Colaborando Confiantemente. Nos anos desde então, descobri que, quando há um fundamento de Confiar Totalmente, as pessoas ficam muito mais dispostas a dizerem o que realmente pensam sem medo de críticas ou reprimendas, e podem, de fato, ajudar com melhorias substanciais, até mesmo em situações difíceis, como aquela pela qual passei com minha antiga chefe. Confiar Totalmente pode ajudar a transformar um colega passivo-agressivo ou dominador para deixar de ser alguém desagradável e, acredite se quiser, tornar-se uma pessoa decente.

Por fim, Confiar Totalmente leva ao empoderamento. Sim, sei que *empoderar* e *empoderamento* são palavras tão usadas que se tornaram sem valor. Tantas vezes os líderes dizem às equipes: "Quero empoderar vocês", mas não estão dispostos a abrir mão nem de uma porçãozinha de controle para permitir que outras vozes contribuam. Assim, o conceito sem querer acaba passando um ar de falsidade. Porém, no contexto de Confiar Totalmente, o empoderamento significa dar às pessoas a posse total de seus trabalhos, assim como os recursos de que precisam para terminá-los.

Empoderamento significa que todos se sentem seguros para expressar opiniões, para introduzir uma perspectiva controversa ou apenas para dizer: "Isso não está funcionando para mim", sem temer que criou novos inimigos. O empoderamento pressupõe altos níveis de segurança psicológica, canais claros de fluxo de informações, discussões cristalinas sobre como as pessoas encaram o fracasso e maneiras transparentes de progresso imbuídas de respeito, alinhamento e ação em todo o ambiente de trabalho.

· · · · · ·

Linguagem Corporal Digital é para pessoas cujos chefes e colegas falam monotonamente e sem parar sobre trabalho em equipe, mas que nunca parecem fazer o necessário para facilitá-lo. É para qualquer um sobrecarregado com reuniões presenciais, videoconferências, e-mails, mensagens de texto e plataformas de redes sociais, que renderam-se e decidiram apenas *ligar o automático* e *esquecer*.

Nos próximos capítulos, você lerá histórias, aprenderá estratégias e adotará regras de senso comum que são projetadas para fortalecer *qualquer* ambiente de trabalho. Você aprenderá sobre mensagens nas entrelinhas, pontuação, ritmo, pausas, atrasos e sinais e deixas de poder e domínio, bem como as diferenças da linguagem corporal digital entre gêneros, gerações e culturas. Seja você um líder de equipe, que esteja trabalhando com outra pessoa a quem não consegue entender ou apenas se pergunte por que há tão pouca empatia ao seu redor, este livro é para você. Meu objetivo é simples: economizar seu tempo, libertá-lo do medo e da preocupação e esclarecer sinais e deixas aparentemente indecifráveis, como um aperto de mão, concordar com a cabeça, virar os olhos, sorrir ou dizer "mandou bem!"

ENTÃO, VOCÊ QUER COMUNICAR...

... CONFIANÇA:

- Linguagem Corporal Tradicional: mantenha as palmas das mãos abertas; descruze braços e pernas; sorria e concorde com a cabeça.

- Linguagem Corporal Digital: use linguagem direta e frases claras de assunto; termine e-mails com gestos amigáveis (*Me avise se precisar de qualquer coisa! Espero que isso ajude.*); nunca coloque alguém em cópia oculta sem avisar; imite o uso de emojis e/ou pontuação informal de quem enviou a mensagem.

... ENGAJAMENTO:

- Linguagem Corporal Tradicional: aproxime-se com seu corpo enquanto a outra pessoa fala; descruze braços e pernas; sorria; concorde com a cabeça; faça contato visual direto.

- Linguagem Corporal Digital: priorize respostas no prazo; envie respostas que respondam a todas as perguntas ou considerações da mensagem anterior (não apenas a uma ou duas); envie um simples *Recebido!* se a mensagem não precisa de uma resposta maior; não use o botão "mutar" como uma licença para fazer mil outras coisas; use emojis positivos como joinha ou carinha feliz.

... ÂNIMO:

- Linguagem Corporal Tradicional: fale rapidamente; levante sua voz; expresse-se fisicamente pulando ou batendo os dedos na mesa.

- Linguagem Corporal Digital: use pontos de exclamação e caixa-alta; priorize respostas em curtíssimo prazo; envie diversas mensagens de uma vez sem obter uma resposta; use emojis positivos (carinha feliz, joinha, toca aí).

(continua)

(continuação)

ENTÃO, VOCÊ QUER COMUNICAR...

... URGÊNCIA:

- Linguagem Corporal Tradicional: levante a voz; fale rápido; aponte o dedo (ou faça qualquer outro gesto exagerado).

- Linguagem Corporal Digital: use caixa-alta com linguagem direta ou frases que terminem com muitos pontos de exclamação; prefira ligar ou fazer uma reunião em vez de enviar uma mensagem de texto; pule os cumprimentos; use encerramentos formais, Responder para Todos ou CC para chamar a atenção diretamente; envie a mesma mensagem em múltiplos canais digitais simultaneamente.

●

CAPÍTULO 2

Por que Está Tão Estressado?

Navegando por Jogos de Poder e Ansiedade

Adoramos odiar os chefes terríveis que vemos em filmes como *Wall Street*, *Como Enlouquecer Seu Chefe, O Preço da Ambição* e *O Diabo Veste Prada* (se nunca assistiu a Meryl Streep destruir uma estagiária com uma encarada fria enquanto murmura sarcasticamente: "Por favor, vá entendiar outro com suas perguntas", faça planos de ver o filme hoje à noite).[1] Contudo, será que esses arquétipos de Hollywood realmente são muito mais exagerados do que alguns dos colegas tóxicos de trabalho que todos tivemos?

Tenho minha própria história sobre uma "colega" do inferno, que gosto de contar em festas regadas a bebidas.

Meu primeiro emprego após terminar a faculdade foi na área de investimentos do banco Lehman Brothers, antes de ir tudo por água abaixo por lá. A cultura Lehman na época era do tipo *cale a boca e faça o que lhe mandaram*. Minha colega — vou chamá-la de Harriet — era uma jovem auxiliar que estava na equipe há vários anos. Entre outras coisas, eu ficava responsável pelas atualizações em um projeto em equipe, e isso envolvia pegar informações com... Harriet. Sempre que precisava da resposta para algo, enviava um e-mail a ela. Inúmeras vezes, ela colocava meu chefe em cópia ao responder. Parecia uma forma esquisita de intimidação, como se ela estivesse alertando algum monitor do saguão para que supervisionasse meu trabalho. Comecei a notar que Harriet estava me excluindo de reuniões, também. Quando a confrontei sobre isso, ela disse que foi uma distração. Então, por que continuava acontecendo? Por fim, percebi que o motivo pelo qual estava sendo excluída era que isso permitia que ela enquadrasse *meu* trabalho como se fosse *dela* (percebi isso só quando vi que ela usava *eu* em vez de *nós* nas trocas de e-mail da equipe).

Muitos de nós estamos familiarizados com os jogos de poder muito comuns em encontros presenciais. Já passamos pela situação em que um chefe ou um membro mais antigo da equipe se afasta fisicamente, vira-se para outro colega de equipe durante uma reunião, evita contato visual, levanta uma sobrancelha de modo desdenhoso ou para de sorrir ou de fazer gestos amigáveis. Ou, talvez, um membro da equipe começa a interrompê-lo nas reuniões, deixando-lhe de fora ou pedindo que termine logo, sinalizando que está ocupado demais para conversar.

A agressão de Harriet foi algo muito óbvio de perceber, mas, na esfera digital, os comportamentos de jogos de poder podem ser mais difíceis de interpretar. Talvez apareçam como respostas de e-mails superficiais ou monossilábicas, respostas longas e atrasadas a perguntas simples, linguagem excessivamente formal ou simplesmente a inexistência de uma resposta.

É realmente difícil estar no lado receptor desse tipo de jogo de poder, especialmente porque a ambiguidade das comunicações digitais permite o desentendimento (da parte do menos poderoso) e o abuso psicológico (da parte do mais poderoso). Este capítulo expõe os sinais comuns da linguagem corporal digital que produzem ansiedade e como evitar a paranoia e a confusão com alguém.

QUAIS SÃO SEUS FATORES DIGITAIS DE ESTRESSE?

- Estou falando demais?
- Os outros estão tentando levar o crédito pelo meu trabalho?
- E se acharem minha ideia idiota? Vão pensar que sou ruim?
- O silêncio no telefone ou na videochamada tem alguma coisa a ver *comigo*?

- Será que realmente entendi este e-mail?
- Será que o destinatário vai interpretar esta mensagem de forma errada?

ENFRENTANDO A AMBIGUIDADE

Seu gerente o relembra de um prazo que está por terminar. Será que ele está apenas sendo atencioso ou está ostentando seu domínio hierárquico? Como podemos diferenciar?

Ao lidar com uma falta de clareza vinda de outra pessoa, há duas perguntas que podem ajudá-lo a decidir o que fazer:

Quem tem mais ou menos poder no relacionamento?

Quanto confiamos um no outro?

Poder = Velocidade

Pense na rapidez com que talvez responda a um pedido de seu chefe, que tem poder sobre você. Nesse caso, sua resposta rápida reconhece tal poder. Vai, rápido! Pois bem, pense agora na rapidez em que responderia à sua secretária ou a um assistente júnior, que não têm tanto poder. Podemos priorizar velocidade, clareza e mensagens substanciais com nossos chefes e clientes, mas enviar e-mails com apenas uma frase e sem nada no campo assunto para alguém em posição menos elevada. Por quê? Pois o poder maior dos nossos chefes geralmente nos incentiva a sermos mais cuidadosos com nossa linguagem corporal digital, especialmente quando nos esforçamos para priorizar o tempo em um dia atarefado de trabalho.

A Confiança Também Tem um Papel

Como — e o que — sinalizamos também depende de quanto confiamos na pessoa com quem estamos nos comunicando. Caso seu e-mail seja para um colega próximo que trabalha com você há anos e a confiança entre vocês é alta, provavelmente ele interpretará uma mensagem curta como um sinal de que você está ocupado. Mas se a confiança entre vocês é baixa devido a uma guerra territorial no trabalho, talvez ele interprete sua brevidade como um sinal de ressentimento ou raiva. A confiança é algo muito mais profundo, também — variáveis como idade, sexo, cultura e raça desempenham fatores predominantes sobre se presumimos ou não boas intenções nas mensagens dos outros.

A melhor maneira de lidar com mensagens ambíguas é por meio do que denomino Matriz de Confiança e Poder, uma ferramenta que pode nos orientar sobre quais sinais de linguagem corporal digital termos em mente ao enfrentarmos os diversos níveis de relacionamentos no ambiente de trabalho.

Analise o visual da matriz a seguir. O eixo y indica seu nível de poder relativo à pessoa com quem está se comunicando. Caso você tenha mais poder (os outros são seus subordinados), então você deve observar o topo da matriz. Se estiver se comunicando com seu chefe ou cliente, então observe a parte inferior. O eixo x indica o nível de confiança. Caso tenha um relacionamento próximo e de confiança com a outra pessoa, observe o lado direito da matriz. Caso contrário, observe o lado esquerdo.

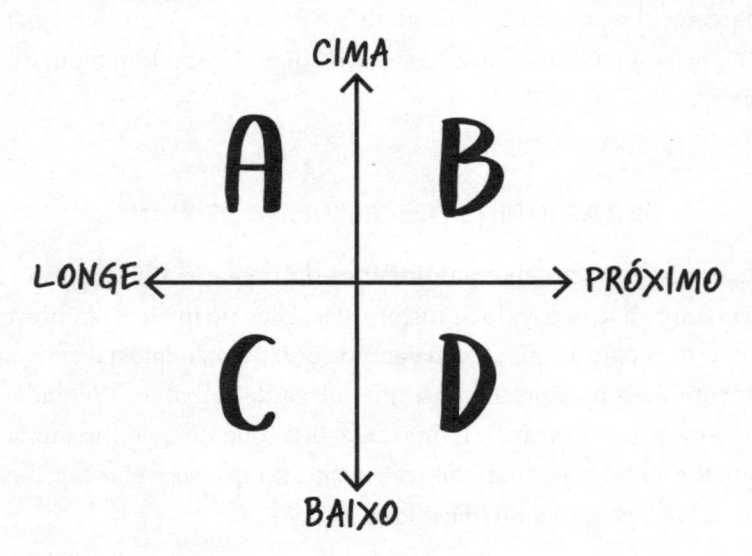

Se estiver no quadrante A (ou seja, tem mais poder e pouca confiança), é importante demonstrar aos outros por que os valoriza. Coisas simples como *Muito obrigado por sua mensagem* ou *Não posso ver isso agora, mas retorno assim que possível* ajudam muito os outros a gerenciarem suas expectativas.

Caso esteja no quadrante B (ou seja, tem mais poder, mas se beneficia de uma confiança bem desenvolvida), pode ficar mais à vontade ao exagerar da brevidade em suas comunicações com essa pessoa. Seja claro quanto aos prazos e às expectativas e não presuma que os outros "entendem o que você quer dizer".

Se estiver no quadrante C (ou seja, tem menos poder e baixos níveis de confiança), priorize respostas curtas e atenciosas a tarefas e não tenha medo de pedir mais clareza. Seu objetivo deve ser aumentar a confiança no relacionamento. E, se estiver totalmente perdido, encontre alguém que possa orientá-lo sobre o que fazer.

Por fim, estando no quadrante D (ou seja, tem menos poder e um relacionamento de muita confiança), não baixe a guarda nem negligencie suas mensagens e seu trabalho só porque vocês dois estão geralmente em sintonia.

Meus clientes me disseram que essa matriz simples foi incrivelmente útil para ajudá-los a navegar pelos desequilíbrios entre poder-confiança em um relacionamento. Use a Matriz de Confiança e Poder como uma ferramenta para entender que os sinais da linguagem corporal digital importam muitíssimo para melhorar sua comunicação.

BOAS INTENÇÕES, RESULTADOS RUINS

As intenções importam *muito* na dinâmica do poder, e a linguagem corporal digital tem um hábito divertido de distorcê-las. Logo no início da minha carreira, enviei um e-mail para a CFO de uma grande organização que havia se oferecido recentemente para me apresentar a um colega de trabalho. Pretendendo demonstrar o quanto valorizava o tempo dela, imaginando que tinha uma agenda lotadíssima, escrevi no e-mail: *Só retornando, sei que você está superocupada e queria ver sobre aquele contato com o John.*

O tiro saiu pela culatra. Ela respondeu: *Recomendo que nunca envie um e-mail que comece relembrando sobre o quanto alguém está ocupado.* (Essa foi a última vez que tive contato com ela, a propósito.)

Não tive a intenção de desrespeitá-la — era exatamente o oposto. Em retrospecto, vejo que deveria ter sido mais cuidadosa em minha escolha das palavras, visto que a diferença entre nossos níveis de poder era alta e a confiança entre nós era baixa.

E se ela estivesse de férias ou não estivesse ocupada e achou que eu estava tentando fazer com que sentisse mal de propósito? Escrevi "sei que está superocupada" para contrabalancear minha insegurança por ter que retornar, mas não deveria ter sido direta.

Minha lição foi que eu precisava ter mais cuidado nesse tipo de relacionamento e adaptar minha linguagem corporal digital, visto que havia um grande desnível de poder e confiança. Às vezes, as pessoas estão tendo um dia ruim, talvez estejam empenhadas em mal interpretar o que você diz ou então queiram ostentar seu poder e mal interpretam você de qualquer forma. Tente não ser assim, pois o relacionamento nunca será o mesmo.

DIGA O QUE PENSA E COM SINCERIDADE

A desconexão difundida entre *intenção* e *interpretação* no mundo digital fica exacerbada por um fenômeno conhecido como *efeito de desinibição online*. Isso ocorre quando baixamos nossa guarda, abrimos mão das formalidades e nos expressamos online de forma franca e não censurada que nunca sonharíamos fazer presencialmente. De acordo com o artigo de John Suler publicado na *CyberPsychology & Behavior*, o efeito de desinibição online surge do "anonimato, da invisibilidade, da assincronicidade, da introjeção, da imaginação dissociativa e da minimização da autoridade" tipicamente promovidos durante interações virtuais.[2] Quando você e eu interagimos presencialmente, nossos sinais sociais — expressões faciais, tom de voz, gestos etc. — agem como limitantes comportamentais. A menos que esteja bravo ou tenha pedido algo vinte vezes, provavelmente não diria "faça isso agora!" para um amigo que parece estar prestes a chorar.

Quando as equipes têm dificuldade para entender as intenções das comunicações, os jogos de poder, a animosidade e o ressentimento geralmente surgem, erodindo a confiança e diminuindo a colaboração e o pensamento inovador.

Antes de analisarmos mais profundamente algumas das fontes mais comuns de ansiedade digital que obstruem nosso objetivo de clareza ideal, lembre-se de uma coisa:

························
Seja sempre impecável com suas próprias palavras.
························

Ao lecionar em Harvard, percebi um aluno que sempre — *sempre mesmo* — pausava antes de falar. Fosse para responder a uma pergunta ou apresentar algo para a turma, dava para ver quanto tempo e cuidado ele tomava antes de falar. Até hoje, isso parece-me ser uma habilidade crucial de liderança, que fez aquele aluno se destacar da multidão. Ser impecável com suas próprias palavras envolve ouvir de verdade e entender o que a outra pessoa está dizendo antes de responder com atenção e consideração — tanto online como presencialmente.

O gerente de marketing de uma organização orientada ao cliente certa vez enviou um e-mail sarcástico e desafinado ao CEO pedindo uma aprovação. Em vez de responder instintivamente, com algo do tipo *Tenha NOÇÃO!*, o CEO tirou um tempo para responder graciosamente: *Quero informá-lo que nesta situação o sarcasmo não ajuda.* Caso alguém lhe envie um e-mail passivo-agressivo, como *Presumo que está terminando isso para mim, certo?*, resista à tentação de responder, *Não, sou só um funcionário idiota que nunca terminou nada na minha vida toda!* Em vez disso, use fatos e seja específico: *Estou trabalhando nisso neste momento, e você o receberá no prazo combinado, sexta-feira às 10h*, ou então, *Nosso planejamento indica que devo terminar isso na quarta-feira, mas aqui vai um esboço. Por favor, me informe caso precise de alguma outra coisa.*

Ao ser impecável com sua própria linguagem, você não apenas lança luz sobre uma comunicação negativa ou inapropriada, mas também mostra aos outros pelo exemplo a forma certa de responder.

RECEBI UM E-MAIL CONFUSO, E AGORA?

COMO LIDAR COM AMBIGUIDADE

- Pergunte-se: está confuso pela escolha do meio de comunicação, pelo tom ou pela mensagem em si? Se for pelo meio, mude para outro. Às vezes, uma conversa por telefone é melhor do que por e-mail, assim como o e-mail é melhor para passar atenciosidade e perspectiva do que a mensagem de texto. Caso a questão seja o tom, presuma que a outra pessoa teve a melhor intenção e responda com fatos. Se o problema for a mensagem em si, solicite mais clareza.

- Se a mensagem continuar obstinadamente ambígua, peça uma segunda opinião de alguém em quem confia.

- Manifeste-se e admita que precisa de esclarecimentos. Peça que o autor da mensagem responda o seguinte: qual é o problema? O que precisa ser feito? Como posso realmente ajudar?

SERÁ QUE SOU O PROBLEMA?

COMO EVITAR CRIAR ANSIEDADE DIGITAL

Ao escrever para outros, sempre pergunte-se o seguinte:

- Minha mensagem está clara?

- Há outra maneira (ou duas ou três maneiras) de o destinatário interpretar minha mensagem?

- Se minha mensagem estiver confusa, há outro meio e estilo que posso usar para transmiti-la com mais clareza?

- Se tenho mais poder, estou sendo grosso, vago ou apressado sem querer?

DESDE QUANDO O E-MAIL É UM
TESTE DE RORSCHACH?

O teste de Rorschach, também conhecido como teste do borrão de tinta, foi inventado pelo psiquiatra suíço Hermann Rorschach em 1921. O teste psicológico solicita que o participante avalie uma série de borrões de tinta e diga quais formatos ou imagens está vendo. Depois, suas percepções são avaliadas para determinar seus processos de pensamento, suas preocupações e sua personalidade. Por exemplo, quando você observa um dos borrões de tinta, você vê as asas de um morcego ou de uma borboleta? Duas mãos unidas em oração? Um demônio usando uma capa? Sorvete derretendo em uma calçada? As respostas não dizem praticamente nada a respeito dos borrões, mas revelam muito sobre como você funciona emocionalmente.

No trabalho, nos deparamos diariamente com o equivalente dos borrões de tinta. Veja um:

Jane Robinson
Re:
Para: Erica Dhawan

Por que você não terminou isso? - Jane

Num primeiro olhar, essa é uma comunicação bem direta, provavelmente escrita com pressa. Mas o que o e-mail de Jane *realmente* quer dizer? Será que foi assim que aprendeu a escrever e-mails na faculdade de negócios, ou há algo mais acontecendo, por exemplo, um jogo de poder digital?

Colocarei *você* no jogo, ao estilo de Rorschach, à medida que exploramos os quatro tipos mais comuns de linguagem corporal digital que causam ansiedade. Sem estarem numa ordem específica, são os seguintes:

- Brevidade.
- Agressividade-passividade.

- Respostas lentas.
- Formalidade.

BREVIDADE

o que isso significa?????

precisamos conversar

VC CONSEGUE ME ENVIAR ISSO HOJE

Breve? Sim. Você fez meu coração parar? Sim, de novo!

Uma das primeiras experiências que tive quando trabalhava em uma grande agência de consultoria me ensinou muito sobre como as comunicações curtas e diretas ao ponto podem ser estressantes. Na época, achava que compreendia os sinais e as deixas muito bem, mas não era tão boa quanto pensava.

Eu morava e trabalhava em Nova York, e me comunicava quase que diariamente com um sócio sênior britânico que trabalhava em Londres. Com 5.500km nos separando, nunca havíamos nos encontrado pessoalmente, usando exclusivamente e-mail ou telefone para conversarmos. Como eu era uma associada mais jovem, estava ávida para provar o meu valor, e o sócio de Londres parecia estar entusiasmado em trabalhar comigo também. Infelizmente, 90% das vezes, eu não fazia ideia do que ele queria ou pensava.

Como o líder sênior de um projeto no qual trabalhávamos, ele naturalmente estabeleceu o tom do nosso estilo de comunicação. Seus e-mails eram tão curtos como haicais. Será que *Envie um briefing sobre este cliente* é tão diferente de *A neblina flui para a margem. O clangor de uma boia vermelha*? Imitando sua brevidade, respondi: *Detalhes, por favor*. O tempo máximo ao telefone que conseguia com ele era entre 7-10 minutos, quando estava entre reuniões de clientes e no aeroporto para viajar, e o feedback que eu recebia nesses fragmentos de conversa apenas me deixavam mais confusa. *Trabalhe mais nisso*, dizia ele, e, alguns dias depois, *Vamos iterar*, embora a colaboração implícita nessa frase nunca ocorresse. E ele nunca me disse *no que* eu precisava trabalhar mais ou iterar. Com o passar do tempo, senti que era impossível que eu tivesse êxito. E, pior, ele estava infeliz com meu trabalho — eu sabia disso —, mas como não me dava nenhuma orientação ou feedback que fosse além de algumas frases no e-mail, eu não conseguia resolver o que estava errado.

Eu não consegui fazer o trabalho para o qual me sentia capaz, pois (a) nunca recebi um feedback digital apropriado e (b) o desequilíbrio de poder me deixou numa posição que não me permitia exigi-lo. Fui deixada com uma ansiedade constante relacionada ao projeto que só terminou quando pedi as contas.

A brevidade das altas camadas de poder não é exatamente incomum. No Morgan Stanley, havia uma piada interna dizendo que, quanto mais sênior você fosse, menos letras precisava para expressar sua gratidão em um e-mail ou mensagem de texto. Você começava a carreira com *Muito obrigado mesmo!* e, depois de uma promoção ou duas, isso era diminuído a *Obrigado*. Outra promoção produzia um *Valeu* ou *VLW*. Um líder sênior escreveu apenas *V*. Ele era tão importante, ocupado e requisitado que nem sua mãe podia esperar mais caracteres em suas mensagens.

Os líderes seniores têm uma reputação merecida por enviar mensagens de texto desleixadas e e-mails ainda mais desleixados. Frases ruins, gramática com erros, ortografia atroz — *não temos tempo para essas coisas!* A brevidade *pode* fazer com que uma pessoa pareça ser importante, mas também pode prejudicar sua empresa. Receber um e-mail descuidado significa que será necessário gastar tempo decifrando o que ele quer dizer, o que causa atrasos e potencialmente leva a erros custosos.

Um executivo, a quem chamarei de Tom, era renomado tanto por seu descuido quanto por sua brevidade. Certa vez, quando um subordinado direto enviou-lhe um e-mail perguntando, *Tom, você quer que sigamos com este plano ou deveríamos coletar mais informações?*, Tom respondeu, *sim*. Valeu, Tom, vamos seguir em frente, ou coletar mais informações, ou não faremos nada. Imagine quanto tempo sua equipe desperdiçou debatendo sobre quanto tempo deveriam esperar até que alguém mostrasse que ele não havia respondido à pergunta!

O especialista em engajamento de funcionários Dr. Jaclyn Kostner diz o seguinte aos executivos, sobre o desleixo: "Você precisa encontrar tempo; de outro modo, não está apto à vaga e outra pessoa deveria estar em seu lugar. Ou, talvez, você precisa delegar algumas responsabilidades, pois não há desculpas por enviar e-mails crípticos às pessoas."[3] Os líderes não precisam responder a *todas* as mensagens, mas, quando uma orientação importante de trabalho é necessária, suas comunicações devem pelo menos ser *claras*. Pense em como meu primeiro relatório do projeto teria sido melhor se meu chefe, fluente em haicai, tivesse tirado dez minutinhos para me explicar seus objetivos?

Como destinatários de mensagens crípticas, pensamos exageradamente nas coisas num esforço para preencher palavras e pensamentos ausentes, causando muito estresse e confusão. Certa vez, tive uma cliente, a quem chamarei de Janet, com quem tive um relacionamento comercial de vários anos. Nós estávamos planejando um evento que ocorreria alguns meses depois. Enviei a ela um cronograma para revisarmos, dois dias antes de nossa reunião por telefone. Ela respondeu com um e-mail que dizia: *Sim, vamos conversar. Também precisamos discutir o orçamento*. Meu coração parou. Presumi que ela diria que o orçamento havia secado e que eu não seria paga adequadamente por meu trabalho. Fiquei furiosa, mal consegui dormir naquela noite e ainda estava de mau humor quando peguei o telefone.

"Esqueci quanto tínhamos combinado que seria seu pagamento", disse Janet de cara. "Pode me lembrar para que inclua no orçamento?"

Eu havia desperdiçado tempo e energia desnecessariamente me preparando para o pior. Meu relacionamento com Janet permaneceu intacto, mas, por causa do desequilíbrio de poder, fiquei propensa à ansiedade sobre nosso arranjo comercial, o que serviu para atrasar meu foco sobre o que *realmente* precisava fazer.

COMO RESPONDER A MENSAGENS CONFUSAS?

Veja algumas coisas que pode fazer caso receba mensagens curtas e nada claras:

- Se for solicitação de trabalho, faça perguntas pedindo esclarecimento, como *Você pode dizer o que precisa que eu faça?* ou *Obrigado. Para quando precisa?*

- Se está com dúvidas sobre algo, peça detalhes de que precisa para ter uma ideia melhor do que a outra pessoa quer, bem como da tarefa a ser feita.

- Mude o canal de comunicação para telefone, vídeo ou reunião presencial para dar contexto adicional.

Se você sente que há uma constante desconexão entre suas mensagens e as respostas que está obtendo:

- Pergunte-se: está claro o que o destinatário precisa fazer, por que deve fazê-lo e quando precisa entregar?

- Pergunte-se: estou usando o canal certo de comunicação? Será que uma chamada rápida por telefone não daria mais contexto do que um e-mail?

PASSIVIDADE-AGRESSIVIDADE

Conforme meu último e-mail,

Vou assumir a partir de agora...

Perdi alguma coisa?????

Todos já sentimos isso. Aquele momento em que precisamos interpretar expressões que *poderiam estar* perfeitamente claras, mas que dão um nó em nosso estômago mesmo assim. O que ela realmente quer dizer quando escreve, *Conforme meu último e-mail*, ou, *Só para lembrar...*?

Ela parece ser tão sábia e gentil quanto uma deusa nórdica — mas o que de fato está dizendo é, "Você não leu o que escrevi. Preste mais atenção, pelo amor!" ou, "Termine isso! Está atrasado! Estou esperando!"?

Às vezes, percebemos a linguagem codificada como se fosse uma microagressão, que alimenta sentimentos já não muito bons entre os colegas de trabalho. Outras vezes, dizemos a nós mesmos que é provavelmente apenas uma expressão que o chefe aprendeu na faculdade e não percebe como isso passa a impressão de condescendente e sufocante quando escrito.

Veja um exemplo: Melissa e Rosalee eram colegas de trabalho que se deram bem imediatamente. Porém, quando começaram a trabalhar juntas no mesmo projeto, as coisas começaram a dar ruim.

Considere a seguinte conversa que tiveram no GChat:

> Melissa: Ei, moça! Sei que está ocupada, mas poderia me enviar aquele relatório hoje?
>
> Rosalee: Ei! Claro, amiga. Tecnicamente, tenho até amanhã, mas sim, o que você precisar!
>
> Melissa: Muuuuito obrigada! Na verdade, o cronograma do projeto mostra que era para ontem, mas não queria te incomodar, então, só para garantir que estamos falando a mesma língua daqui pra frente, vou te enviar o link do cronograma 😄😄😄 valeu por enviar o relatório rápido, vamos tomar um café daqui a pouco?
>
> Rosalee: Agradeço o convite, mas não, na real tenho que trabalhar no relatório agora. Não se preocupe, vou rever o cronograma também, agora mesmo. Curta seu dia, Melissa. 😎👊👊👊

Aposto que essas duas não vão fazer uma refeição juntas tão logo. Em vez de aliviar a conversa fazendo o convite para o café, Melissa deveria ter sido mais direta desde o início, indo ao ponto claramente e evitando uma linguagem vaga, como *Sei que está ocupada, mas* e *só para garantir que estamos falando a mesma língua.* Melissa poderia ter escrito: *Ei! Meu calendário diz que você deve terminar o relatório hoje. Pode me dizer quando vai conseguir me enviar?* Uma mensagem muito simples mostrando a fonte de sua informação (seu calendário), juntamente com um pedido claro e direto.

Danielle René, escritora e profissional de marketing em Washington, D.C., postou no Twitter sobre as formas sutis como as pessoas usam a linguagem digital cotidiana para difamarem umas às outras.[4] *Conforme meu último e-mail* foi a principal escolha para corrigir sutilmente ou até envergonhar o remetente. René também pediu que seus seguidores no Twitter lhe enviassem suas melhores hostilidades ambíguas, pedido esse que viralizou (10 mil retweets, 40 mil curtidas e mais de mil respostas).[5] Para mim, o vencedor incontestе foi um e-mail com o assunto *Lembrete Amigável* e as palavras, *queria jogar minha mensagem anterior no topo de sua caixa de entrada, pois sei que está muito ocupado.*

Alguns destaques da pesquisa de René no Twitter:

@chocolateelixir: Adoro encaminhar e-mails anteriores e dizer "corrija-me se estiver errado, mas aqui você disse que…"

@darkandluuney: "Só para reiterar…" e, depois, destaca e coloca em negrito o que foi dito claramente na sequência de e-mails.

@crumr018: "não sei se meu e-mail chegou para você, pois não obtive resposta"

@_verytrue: ADORO um "Alguma novidade sobre isso?" (O remetente chegou até a anexar um e-mail em sua mensagem de e-mail!)

Em todos esses casos, os destinatários podem não entender as entrelinhas do que está realmente sendo dito, mas será que esse é o objetivo? Ao obter gratificação por escrever, *Só para reiterar…* e *Alguma novidade sobre isso?*, o *remetente sente-se melhor.* Mesquinho? Certamente.

Seja para o bem ou para o mal, as comunicações digitais não nos permitem ver as reações imediatas uns dos outros — e é por isso que buscamos maneiras de expressar a irritação "educadamente". A palavra-chave aqui é "educadamente". Embora algumas expressões possam ser consideradas passivo-agressivas, a verdade é que as pessoas ocupadas (especialmente as mais velhas) em geral as usam como uma forma legítima de dar um retorno, sem qualquer insinuação de passividade-agressividade.

Tenho dificuldade com uma expressão usada por vários clientes meus. *Obrigado por sua paciência*. Sempre que a vejo, não consigo decidir se vão me deixar no vácuo com uma data futura incerta ou se realmente apenas precisam de mais alguns dias do que o combinado para darem um retorno. Eu sei — na maioria das vezes estão dizendo: "Desculpe meu atraso com isso, está levando mais tempo do que eu achava." E ponto. Não é preciso perder o sono por isso.

Sentimentos de Passividade-Agressividade por Trás de Expressões Comuns	
Conforme meu último e-mail	Você realmente não leu o que escrevi. Preste atenção desta vez!
Para referência futura	Permita-me corrigir seu "erro" gritante e que vccê sabia existir.
Só para aparecer no topo de sua caixa de entrada	Você é meu chefe, esta é a terceira vez que pergunto. Preciso que você termine essa p*rra.
Só para garantir que estamos na mesma página	Vou salvar o meu aqui e garantir que todo mundo que vir este e-mail no futuro saiba que sempre estive certo.
Bola pra frente	Nunca mais repita isso.

Então, como devemos classificar nossa própria expressão *só dando um retorno sobre isso* sem nos engajarmos na passividade-agressividade? Quando é considerado OK manter o chefe informado sem parecermos idiotas? Quando é melhor enviar uma mensagem de texto em vez de um e-mail? Quando usar o telefone para ligar e esclarecer algo?

MATRIZ DE CONFIANÇA E PODER

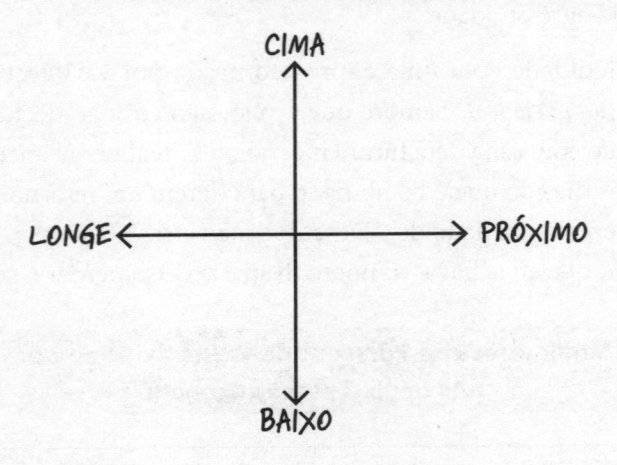

Bem, voltemos à Matriz de Confiança e Poder.

Quem entre nós dois tem mais poder? Quanto você e eu confiamos um no outro?

Se você tem um alto nível de confiança, optará por chamadas telefônicas e não hesitará em responder de forma rápida e informal. Se tem menos confiança ou um espaço maior nos níveis de poder, seja específico e educado em suas respostas e use canais formais. (Em geral, é uma linha muito tênue entre mensagens que parecem educadas ou passivo-agressivas.)

COMO LIDAR COM MEU COLEGA OU CHEFE PASSIVO-AGRESSIVO?

- **Evite responder a mensagens ou e-mails quando está bravo ou frustrado.** Isso evita a má comunicação, o desperdício de tempo e o arrependimento. Caso se sinta emocionalmente invadido, salve sua mensagem de e-mail como rascunho, revise-a e envie-a quando estiver num humor melhor.

COMO LIDAR COM MEU COLEGA OU
CHEFE PASSIVO-AGRESSIVO?

- **Seja racional.** Pense bem em sua resposta e dê à pessoa exatamente o necessário para ela agir. Presuma que ela tem boas intenções. Coloque-se no lugar dela e pergunte: "Por que será que cometeu um erro desse?" Às vezes, apenas acrescentar um rápido informe ao destinatário para que ele não tenha que ler e-mails anteriores (*"É isto que preciso de você"* ou *"Aqui estão as datas"*) é útil.

- **Demonstre empatia e encorajamento.** Substitua imperativos como "Faça isto" com subjuntivos como *"Poderia fazer isso?"* Ao dar feedback, comece sua mensagem expressando apreciação, com palavras como *"Muito obrigado por"* ou *"Fez um trabalho excelente..."*

RESPOSTAS LENTAS:
POR. QUÊ. VOCÊ. NÃO. ME. LIGA. MAIS.

Caso seu colega, normalmente feliz, ignorou seu animado "Olá!" no corredor, você sabe que há algo errado. Se o "chá de gelo" continuou quando voltou à sua mesa, você tentaria descobrir o que aconteceu. Não é tanto o silêncio de seu colega que o deixa tão ansioso, mas a mudança nos padrões comportamentais.

Em nosso mundo digital, o denominado "chá de gelo" pode aparecer como e-mails e mensagens de texto atrasados e até no comportamento fantasma que, por sua vez, desencadeia um fenômeno que chamo de "ansiedade pelo timing" — a intensa preocupação que sentimos quando nos pegamos remoendo os potenciais significados dos tempos das respostas digitais. A ansiedade pelo timing pode durar horas, dias ou semanas. Será que a outra pessoa estava apenas... ocupada? Será que seu e-mail chegou mesmo? Não foi parar no spam? Ou será que a outra pessoa não está respondendo de propósito e praticando o que denomino *resposta silenciosa*?

OS SINAIS DO SILÊNCIO

Às vezes recebemos a resposta para um e-mail totalmente destituída de expressão ou emoção que parece até um panfleto qualquer jogado na rua. Caso isso ocorra, é impossível não pensarmos, *Estou exagerando*? Seria possível que a outra pessoa está apenas sendo direta e indo ao ponto?

O uso coletivo e universal que fazemos das instantâneas mensagens de texto em tempo real geralmente nos deixa estranhamente frustrados quando não recebemos respostas imediatas a respostas em outros canais. Imagine que acabou de enviar um e-mail a um colega de trabalho de outra equipe com as palavras *Jantar daqui a pouco*? Dois dias depois, nada de resposta. Porém, seu colega teve tempo para postar mais uma foto de seu cachorrinho no Facebook e no Instagram. Em vez de enviar outro e-mail, você "curte" a foto do cachorrinho dele nas redes sociais, esperando que o coraçãozinho faça com que ele se sinta culpado e responda ao seu e-mail. Passa uma semana até que ele responda *Desculpe pela demora!!!* Quando por fim se encontram, o fato é que ele estava realmente sobrecarregado com fatores estressantes (não é fácil treinar um cachorrinho) e não estava em condições emocionais para um jantar com outra pessoa. Lembra-se da época do correio de voz, quando responder após uma semana era aceitável? Veja uma ilustração da montanha-russa emocional em que andamos com as respostas demoradas.

Outros cenários também são ambíguos. Minha amiga Margaret me disse que, quando saiu de uma empresa para começar em outra, uma ex-colega de trabalho parou de falar com ela. Margaret enviou uma mensagem de texto à colega para dizer que estava indo embora, e a resposta só veio após oito dias. Na cabeça de Margaret, uma demora de dois dias era o mesmo que parar de falar totalmente com ela. Outra amiga, Julie, me contou que, quando alguém demorou uma semana para responder a uma mensagem urgente de texto, ela ficou tão irritada que não quis mais responder. Ao interpretar o silêncio de uma semana como estar sendo "ignorada", ela devolveu na mesma moeda. Infelizmente, não há regras definidas para sabermos definitivamente quando alguém está usando o silêncio como uma arma. O mais importante é que todos precisamos estar cientes que nossa linguagem corporal digital emite sinais, deliberados ou não.

Ghosting é um termo relativamente novo para descrever o ato de não responder a e-mails ou mensagens de texto — especialmente quando uma segunda mensagem foi enviada sem qualquer retorno. Alguns meses atrás, outro amigo meu, Neill, enviou uma mensagem à sua amiga Shelly pelo WhatsApp: *Pode me ligar quando ler isso?* A notificação apareceu no telefone de Shelly, mas ela estava brava com Neill na época e não queria responder, então deu um jeito de fazer parecer que não havia lido a mensagem dele: não a abriu no aplicativo mas a leu nas notificações da tela. Ao perceber que Shelly de fato não havia aberto a mensagem, Neill presumiu que ela de fato não a lera. De sua parte, Shelly sentia-se livre de perigo desde que não abrisse a mensagem. Após um tempo suficiente ter passado, ela finalmente abriu a mensagem no WhatsApp e respondeu, *Ah, acabei de ler! Já te ligo.* (Ambos me disseram depois que foram essas as mensagens trocadas.)

Por causa da expectativa por respostas imediatas, os sistemas de mensagens atuais tornam quase impossível dar uma respirada entre uma e outra. Todos já nos sentimos como Shelly ou Neill alguma vez. Não podemos presumir que nossa propensão por respostas rápidas (ou lentas) seja compartilhada pelos outros. Porém, em nosso ambiente de trabalho, é essencial estabelecer normas acordadas com relação aos aplicativos de mensagens e aos parâmetros de tempo para que não venhamos a "dar um ghost" uns nos outros por, digamos, uma simples comunicação sobre uma reunião próxima.

EVITE O GHOSTING

Caso esteja esperando por uma resposta:

- Não tire conclusões precipitadas. A menos que seja crucial obter uma resposta "para ontem", lembre-se de que as pessoas têm muito a fazer.

- Caso mande duas mensagens e não obtenha respostas, mude para um canal diferente.

Caso precise responder a alguém:

- Se puder responder em 60 segundos ou menos, responda imediatamente.

- Se for urgente, responda imediatamente ao remetente ou informe-o que *está trabalhando nisso*. Marque em sua agenda para responder.

- Para assuntos sem urgência, não se estresse. Separe um tempo para responder mais tarde, à sua conveniência.

FORMALIDADE: INSISTINDO COM A CERIMÔNIA

O mundo profissional está indiscutivelmente menos formal do que até mesmo uma década atrás. Desde o jeito como nos vestimos a como interagimos com nossos superiores e subordinados, os tempos certamente mudaram. Até meus clientes dos quatro principais escritórios de contabilidade do país ou advogados corporativos concordam que a formalidade está saindo do ambiente de trabalho em geral. Por esse motivo, aumentar um pouquinho o nível de formalidade pode fazer parecer que há um jogo sutil de poder. Às vezes, ser formal demais pode fazê-lo parecer antipático ou distante — deixando-o em desacordo com os outros.

"Muito obrigado" é a expressão favorita da etiqueta básica por bons motivos. *Muito obrigado pelo jantar. Muito obrigado por retornar minha ligação tão rápido.*

Muito obrigado por seu tempo. No entanto, o que dizer dos colegas de trabalho, especialmente os que estão no mesmo nível que você, que usam essas duas palavras para reforçar seu próprio poder profissional? *Vou precisar do relatório para as 17h. Muito obrigado. Estarei pronto às 8h. Muito obrigado.* Quando "muito obrigado" é usado dessa maneira, deixa de ser uma simples expressão de gratidão e passa a ser um decreto real — e, desnecessário dizer, é difícil não ficar de cabelo em pé quando um colega passa a impressão de estar lançando sua coroa e seu cetro ao nosso redor.

Quando as pessoas com quem trabalha mudam de repente de amigáveis para formais, pode ser inquietante. Por exemplo, quando seu chefe começa um e-mail com *Prezado Steve*, em vez das expressões costumeiras (por exemplo, começar a mensagem sem mesmo mencionar seu nome), o que você, Steve, deve entender do fato? E se aparecer um *Atenciosamente* em vez do *Valeu!* na assinatura de e-mail de um colega de longa data?

Trina, por exemplo, é conhecida por seu estilo informal de comunicação em sua equipe. Certo dia, ela pega o time de surpresa ao enviar um e-mail longo listando diversos pedidos de trabalho, cada um destacado numa cor diferente. Orgulhosa por sua clareza e objetividade, Trina estava certa de que isso traria bons resultados. Ao confirmar o recebimento da mensagem ao mesmo tempo que tentava ser engraçada, Dianne, membro da equipe, respondeu para todos os destinatários com um comentário descontraído: *Nossa, que e-mail colorido! ;) Que equipe disputada a nossa!* Trina respondeu, *Bem, sou a gerente aqui...* Oh-oh. Trina sentiu que Dianne se esqueceu de sua posição e sinalizou *seu* descontentamento usando a carta da hierarquia. Embora esse tom *tenha* conseguido relembrar Dianne de que era Trina quem mandava, também influenciou seu relacionamento.

ASSINADO, SELADO E ENTREGUE

Saudações e assinaturas também insinuam níveis de emoção, dependendo de sua formalidade ou informalidade. Se você normalmente assina *Sinceramente* ou *Atenciosamente* em suas mensagens, tudo indica que prefere manter os destinatários a uma certa distância formal. É bom ser autêntico se você é naturalmente mais formal. Mas, se está tentando desenvolver amizades próximas no trabalho, esse tipo de formalidade pode custar.

Essa amplitude no tom se estende às nossas descrições de funções também. Um ex-executivo do Bank of America certa vez descreveu sua experiência lá assim: "Sempre que queria obter uma resposta de alguém na organização que não me conhecia, acrescentava meu título formal na assinatura de e-mail, indicando que eu era o vice-presidente. As respostas eram sempre mais rápidas." Alternativamente, se você começa e-mails com *Ei*, ou se encerra um e-mail curto com uma carinha feliz, os destinatários terão a certeza de que você é alguém bem informal.

Até os pronomes que usamos em nossos e-mails sinalizam o nível de formalidade que preferimos, sem mencionar a dinâmica de poder dentro de um relacionamento. O psicólogo James Pennebaker descobriu que "em qualquer interação, a pessoa com o status mais alto usa menos 'eu' (sim, menos) do que aqueles com status mais baixo."[6] Pennebaker testou essa teoria com sua própria correspondência ao analisar as trocas de e-mails na universidade onde lecionava. Sobre suas descobertas, ele relatou: "Sempre presumi que eu era o tipo de pessoa receptiva e igualitária que tratava as pessoas basicamente da mesma forma. Quando os alunos da graduação me escreviam, seus e-mails eram repletos de eu, mim, e meu/minha. Minha resposta, embora bastante amigável, era notadamente distante — era difícil aparecer um 'eu'. E, então, analisei meus e-mails ao reitor do meu curso. Meus e-mails pareciam uma salada cheia de 'eus'; seus e-mails de retorno praticamente não tinham 'eu'".[7]

Para reduzir a ansiedade entre os membros de uma equipe, ao mesmo tempo em que criam uma transparência maior, os líderes devem criar diretrizes claras com relação ao uso de cc, Responder a Todos, títulos e outros sinais usados para denotar hierarquia. Mike, presidente de uma grande empresa de tecnologia, disse a seus funcionários que qualquer mensagem em que ele aparecia no campo cc acabava numa pasta separada que ele conferia semanalmente e que não deveria esperar uma resposta. De forma geral, os funcionários de Mike eram mais intencionais do que a maioria das equipes que conheci. Graças às normas claras, eles sabiam quando usar cada campo e o que fazer caso se encontrassem enredados em uma infindável sequência de e-mails.

QUAL NÍVEL DE FORMALIDADE DEVO ADOTAR EM MINHA LINGUAGEM CORPORAL DIGITAL?

- Se for um novo relacionamento, siga o nível de formalidade da pessoa que tem mais poder.
- Se for um relacionamento de longa data e confiável, e a formalidade mudar (de forma repentina ou gradual), pergunte-se por que, ou considere verificar com a outra pessoa.
- Se for um relacionamento de longa data com uma diferença óbvia de poder e a formalidade mudar, siga o exemplo da pessoa mais poderosa e espelhe-se nessa mudança.

Como em qualquer forma de comunicação, será uma boa presumir que a outra pessoa tem a melhor intenção ao interpretar a linguagem corporal digital dela. Não conclua automaticamente que está sendo isolado só porque o comportamento digital de outra pessoa é confuso. Dê a ela o benefício da dúvida: talvez ela estivesse com pressa, correndo com um prazo ou (mais provavelmente) distraída. Quem nunca passou por isso? Em geral, somos os últimos a saber que ofendemos alguém involuntariamente.

Se o fato ainda o incomodar, entre em contato com a outra pessoa por telefone ou videochamada, se não der para conversar pessoalmente. Explique a fonte de sua ansiedade abertamente, sem ser apologético ou acusatório de forma exagerada, e peça esclarecimentos. Fazer isso o ajudará a criar confiança e conexão, não importa a distância.

●

CAPÍTULO 3

O que Você Está *Realmente* Dizendo?

Como Ler as Entrelinhas

Quando eu era pequena, minha mãe sempre repetia: "Erica, cuidado com a postura!" Eu tentava, mas andar encurvada era sempre mais confortável do que ficar com as costas eretas. E não era só minha mãe, não — meus professores também me chamavam a atenção devido à minha má postura. Porém, só quando consegui meu primeiro trabalho que me alinhei definitivamente. "Sua postura sinaliza sua confiança", um dos meus mentores me disse, acrescentando: "Andar encurvada passa uma imagem nada profissional." Como sempre associei minha má postura com minha própria preguiça, percebi que era irrelevante se me sentia bem encurvada ou não. O que importava era o que isso comunicava aos outros *sobre* mim.

Pense sobre a última vez em que participou de uma reunião. Quem estava na cabeceira da mesa? Quem chegou alguns minutos atrasado? Quem fez questão de sentar-se perto de quem? A cadeira de quem estava informalmente distante da mesa? Quem passou a reunião toda vendo os e-mails? Esses estão entre os sinais e deixas que ilustram indiretamente confiança, influência e poder no trabalho.

Agora: você conseguiria identificar esses mesmos sinais e deixas durante sua última teleconferência, videochamada, troca de mensagens de texto em grupo ou no canal do Slack? As mensagens instantâneas de texto e as discussões por e-mail durante teleconferências tomaram o lugar das conversas paralelas que distraem durante as reuniões presenciais. A política de posicionamento à mesa agora aparece por meio de Para, CC ou CCO, e da ordem em que seu nome aparece (primeiro? Último? Em algum lugar do meio?). O contato visual offline tem o poder de dizer *muito*. Hoje em dia, um e-mail curto escrito em uma fonte limpa com um ponto no final na última frase tem o poder de intimidar a milhares de quilômetros de distância. O entusiasmo e o concordar com a cabeça recorrentes nas reuniões presenciais agora aparecem como pontos de exclamação, emojis e respostas rápidas. Entradas, saídas e apertos de mão de despedida costumavam nos dizer como foi a reunião. Atualmente, com base no tom da abertura e do fechamento dos e-mails dos colegas, podemos apenas imaginar como eles se sentem com relação à mesma reunião.

A linguagem corporal digital pode ser fundamentalmente casual, mas *casual* não é o mesmo que *descuidado*. Em todas as boas comunicações, cada palavra e sinal conta, especialmente numa era em que não podemos mais depender do som e do tom de nossas vozes, e na qual o contato visual está ausente.

Neste capítulo, exploro como a linguagem corporal do mundo real é traduzida online em palavras, pontuação, timing e escolha do meio; as inúmeras maneiras que as palavras digitadas podem ser mal interpretadas pelo destinatário; e como ganhar controle dessas palavras antes de clicar em *Enviar*.

A seguir, você verá os sinais mais importantes da linguagem corporal digital que enviamos diariamente, e o que com que correspondem na vida real.

- Prioridade = Escolha do Meio
- Emoção = Pontuação e Símbolos
- Respeito = Timing
- Inclusão = Para, Cc, Cco, Responder para Todos
- Identidade = Sua Persona Digital

ESCOLHA DO MEIO DIGITAL:
A NOVA MEDIDA DA PRIORIDADE

Escolher o melhor meio a usar — e-mail, Slack, telefone ou mensagem de texto — é essencial e depende do contexto. Primeiro, qual é o nível de importância ou de urgência da mensagem? Segundo, com quem está se comunicando? Você quer dizer ao seu colega sobre um errinho de digitação na apresentação que ele está prestes a fazer? Se sim, o que é melhor — e-mail, Slack, telefone ou mensagem de texto? E se, em vez de seu colega, for seu chefe?

Por mais efetivo que seja, cada canal de comunicação transpassa um conjunto de significados e entrelinhas subjacentes. Aprender como navegar nesse confuso conjunto de significados ocultos é uma marca que revela conhecimento digital e — em última instância — profissionalismo.

Exemplo: como a mais nova indicada a CEO de uma grande organização, Adriel precisava de informações sobre um cliente especialmente difícil. Tarde da noite, ela enviou a Brian, chefe da contabilidade, um convite de reunião que ocorreria logo cedo no dia seguinte.

Era mais ou menos assim:

NOVA REUNIÃO: (SEM ASSUNTO)
8h – 9h, Sexta-feira
De: adriel@doe.com
Para: brian@doe.com

Brian estava lá no horário marcado, embora estivesse extremamente ansioso. Quando ele e Adriel começaram a conversar, o alívio em sua linguagem corporal era palpável. Quando ela mencionou isso, ele deixou escapar: "Quando recebi o convite ontem à noite, não consegui mais dormir. Achei que seria demitido." Sua chefe ficou surpresa. Para ela, o convite de reunião não era nada além de uma afirmação neutra: *Arranje tempo para sua chefe. Aqui está a data.* Mas, para ele, receber um convite de reunião sem qualquer contexto parecia tão frio e impessoal que só poderia significar uma coisa: ele não era mais digno até mesmo das gentilezas básicas do escritório e estava prestes a ir ao olho da rua, provavelmente algemado. Sem saber como ler a escolha do meio feita por Adriel, Brian presumiu o pior.

ALTERNANDO CANAIS

Mudar de canais pode indicar uma mudança na urgência da mensagem — ou até denotar a proximidade de um relacionamento. Quando eu era criança, meu pai, médico, sempre levava seu pager. Toda vez que bipava, meus irmãos e eu sabíamos que ele precisava nos deixar, ir até o telefone de seu escritório e ligar para o hospital para atender a um de seus pacientes. Naquela época, eu tinha meu próprio instrumento, meu código particular de urgência, na forma do Mensageiro Instantâneo do AOL. Se minha melhor amiga me enviasse a mensagem *911*, eu deveria ligar para ela imediatamente da minha casa para ouvir as últimas fofocas.

Quando tiramos um tempo para enviar uma mensagem de texto, telefonar ou até passar pela sala de um colega no escritório para dizer "Mandou bem!", estamos comunicando conexão e respeito. Mas, se um chefe envia feedback positivo sobre um projeto por e-mail, deixando de fora a parte "Mandou bem!" e inundando o funcionário com inúmeras perguntas sobre isso, aquilo e aquele outro, o funcionário pode ficar confuso sobre o que está acontecendo. O que significa toda essa atenção esquisita e total? Tem algo *errado* com o projeto? Por que o chefe está se comunicando de forma tão rápida que o funcionário não tem tempo de analisar as coisas ou responder? Quando os chefes têm bastante tempo de serviço — e não seriam chefes se não tivessem —, tudo que fazem ou dizem carrega um peso transferencial, então damos ainda *mais* urgência para uma mudança iniciada pelo chefe.

Dito isso, mudar de canais pode ser usado para o bem de qualquer um. Qualquer chefe (ou funcionário) pode retomar o controle dos pedidos de entrada ao mudar para o meio de sua escolha. Por exemplo, se você acabou de receber uma mensagem de texto, mas quer diminuir o ritmo das coisas e pensar melhor em sua resposta, enviar um e-mail passa a mensagem inequívoca de que a questão merece uma abordagem mais cuidadosa. Alternativamente, se você é a pessoa tentando entrar em contato com alguém, pode estabelecer uma conexão melhor (e provavelmente obter uma resposta mais satisfatória) ao enviar um pedido usando o meio preferido da *outra pessoa*.

Por fim, há aquelas vezes em que você percebe que escolheu o canal errado e ponto. Por exemplo, após três respostas na sequência de e-mails, você percebe que os detalhes de sua conversa são complexos demais para discuti-los de forma assíncrona e que marcar uma videoconferência ou uma reunião presencial é uma maneira muito melhor de proceder.

(NÃO) LIGUE PARA MIM!

Alguns anos atrás, Alisa e eu, colegas de trabalho do mesmo setor, estávamos nos conhecendo, principalmente por e-mail. A certa altura, fizemos planos para um jantar no sábado. Posteriormente naquela semana, percebi que precisaria remarcar o jantar. Era a terceira vez em três semanas que eu cancelara e me sentia terrível. Não queria parecer inconstante ao enviar ainda outro e-mail a Alisa, então, liguei para ela e, quando não atendeu, deixei uma mensagem de voz. Duas horas depois, ela me enviou uma mensagem de texto: *Aconteceu alguma coisa?* Quando lhe disse que precisava cancelar nosso jantar de sábado, ela ficou aliviada. Depois, descobri que ela presumira que algo catastrófico havia acontecido. Afinal, por qual outro motivo eu teria mudado de meios tão abruptamente?

Tal montanha-russa de emoções é familiar à maioria de nós. Mais desconcertante do que é dito (ou não dito) é a mudança no padrão de *como* ou *quando* algo é dito. Muitas vezes, presumimos o pior quando nos deparamos com uma linguagem corporal digital inesperada, sendo que na maioria das vezes não é nada demais. *Estava mal interpretando os sinais. Estava apenas ansiosa.*

Quando Alisa e eu finalmente nos encontramos presencialmente, ela confessou que tinha "telefonofobia". Na casa dos quarenta anos, ela havia se acostumado tanto em se comunicar por mensagens de texto e e-mails com colegas e amigos que ficava nervosa, e até entrava em pânico, quando seu telefone tocava do nada. Ela não é a única. Muitos de nós (que crescemos com as mensagens instantâneas como a forma básica de comunicação) estamos tão acostumados a controlar quando e como respondemos às mensagens e e-mails que, quando chega uma chamada telefônica, a tratamos como uma bomba que está programada para detonar na calçada. Sentimo-nos vulneráveis, despreparados e até invadidos, especialmente se ainda não estabelecemos um relacionamento com a outra pessoa por e-mail.

Todos temos nossas preferências por certos meios — mensagens de texto, é claro, são universalmente populares — e não gostamos de outros, como Zoom ou falar ao telefone. Sarah, que tem 25 anos e trabalha em uma agência de publicidade, certa vez desabafou suas frustrações sobre a escolha que seu chefe fizera do meio: "Toda vez que envio um relatório para meu chefe por e-mail, ele me liga de volta comentando e fazendo perguntas em vez de fazer isso por e-mail! Tenha dó!" Sua exasperação é similar à telefonofobia de Alisa, que faz com que ela "sinta-se pega despreparada ou colocada contra a parede" se receber uma ligação não agendada, assim, do nada.

Dito isso, algumas pessoas sentem que um telefonema é mais eficiente, pessoal e colaborativo do que um e-mail. E é, mas com uma ressalva. Embora conferências por telefone ou vídeo sejam um meio popular, elas também fazem aumentar as multitarefas desenfreadas, sem mencionar o fato de que pausas esquisitas, específicas desses meios, em geral nos fazem perceber as pessoas de forma diferente, especialmente se as estamos conhecendo pela primeira vez.[1]

"Oi, está me ouvindo?"

"... O quê? ... Ah, sim, estou te ouvindo! Oi!"

"Eu disse está... ah, ótimo! Certo, então vamos falar...

"O que é ótimo?"

"[suspiiiro]... Acho que está com delay na chamada..."

"... É..."

NÃO ESTOU TE OUVINDO

Sou velha — ou nova — o bastante para me lembrar de uma série de comerciais na TV da operadora de telefone Verizon, no início da década de 2000, em que os telespectadores viam um interlocutor com um telefone ao ouvido em pé num campo de milho, depois num barco no Rio Hudson, depois num playground e, por fim, no topo de uma montanha com neve. "Está me ouvindo agora?", continua berrando ele. Bem, se a voz dele era audível no topo de uma montanha em 2001 usando 2G, por que não consigo entender o que os outros estão dizendo em uma chamada no Zoom em minha sala de estar? O fato é que a tecnologia sempre tem seus limites.

Mita Mallick, ex-chefe de diversidade e inclusão na Unilever, e agora na Carta, certa vez tentou expressar uma opinião durante uma reunião por Zoom com outros 25 colegas. "Fui interrompida umas três vezes, e quando tentei falar novamente, outras duas pessoas estavam falando ao mesmo tempo e interrompendo-se", contou ela.[2] Quando por fim conseguiu falar, acabou não podendo avaliar a resposta de ninguém. A mesma coisa aconteceu quanto contou uma piada — será que alguém deu risada? Será que concordaram com as questões por ela levantadas? O que aquelas faces inexpressivas *significavam*?

Os delays que experimentamos em tecnologias como Microsoft Teams e Zoom (e até durante alguns telefonemas) vão se somando. Pausamos entre as frases esperando um concordar com a cabeça dos colegas que nos encoraje, e, quando isso não ocorre, o silêncio pode parecer literalmente insustentável. Se *não* pausarmos, corremos o risco de interromper outra pessoa sem querer. Se fizermos uma pausa longa *demais*, todos na reunião ficarão quietos. Além de desperdiçar o tempo de todos, os delays alteram como percebemos uns aos outros. E pior, o mecanismo das videochamadas nos permite olhar ou para nossa tela ou para a câmera, mas não para as duas ao mesmo tempo, impossibilitando o contato visual.

Aqui vai um conselho — antes de qualquer sessão do Zoom ou do Webex, reconheça o óbvio: o formato da videochamada é inerentemente esquisito. Não é culpa de ninguém. É apenas a tecnologia. Para minimizar a estranheza, peça que todos fiquem com as câmeras ligadas, que sinalizem com o recurso da mãozinha levantada se desejarem falar e que os fundos não tenham distração. Outra dica? Assuma o controle das pausas. Após terminar de falar, pergunte se todos entenderam o que disse. Há alguma pergunta? Se houver, acrescente-as no chat e espere dois minutos antes de começar a respondê-las.[3] Isso camufla o delay enquanto os participantes processam e formulam suas perguntas.

A escolha de canal feita por uma equipe variará com base na cultura organizacional, mas todos os líderes deveriam estabelecer normas sensatas e fáceis de seguir a suas equipes. Em geral, isso significa que o responsável deve tirar tempo para analisar o uso que a equipe faz de meios digitais, perguntar à equipe onde há os maiores desentendimentos ou estranhezas e definir um caminho claro à frente. Um ótimo exemplo desse tipo de formato pode ser visto na página 124.

É importante respeitar os limites dentro de cada meio. Quando não é uma emergência, é possível esperar até o horário comercial. Se um e-mail de última hora sobre uma reunião marcada para a manhã seguinte é enviado fora do horário comercial (7h — 18h), provavelmente uma mensagem de texto deve ser enviada também. Evite enviar uma dúzia de mensagens instantâneas em sequência se não obteve uma resposta à primeira ou à segunda. Prefira o e-mail para dar atualizações direcionais ou fazer pedidos profissionais (isso também garante que haja registro de suas comunicações). Os telefonemas ou as videochamadas são a melhor opção para ter discussões colaborativas mais profundas e para a tomada de decisões.

É claro, há exceções a essas regras de limites. Talvez precise enviar uma mensagem rápida de texto às 22h informando a mudança repentina no horário da reunião com o cliente de amanhã. Mas, se for cruzar os limites, tenha um motivo extremamente bom para fazê-lo, e não torne isso um hábito. Cruzar o limite habitualmente é o caminho mais rápido para o burnout da equipe.

SERÁ QUE ENVIO UM E-MAIL, UMA MENSAGEM DE TEXTO OU AGENDO UMA REUNIÃO?

Antes de escolher um canal, use as seguintes perguntas para guiá-lo:

Estou tentando ter uma conversa rápida?

A minha mensagem aborda muitos detalhes?

Preciso de uma resposta muito rápido?

Qual é o nível de formalidade no relacionamento com o destinatário?

(Falaremos mais profundamente sobre quais fatores influenciam sua escolha do meio no capítulo 5: "Comunique-se Cuidadosamente".)

PONTUAÇÃO E SÍMBOLOS: A NOVA MEDIDA DA EMOÇÃO

Você recebe uma mensagem de um colega: *Acabei de enviar o planejamento para o Jason!* Hã? O quê? Você digita, redigita e muda de ideia um monte de vezes, e ainda não sabe como responder. Por que está se estressando com algo tão sem consequências? Porque cada uma das quatro opções a seguir transmite um significado diferente, e infinitesimalmente sutil.

Como mencionei na introdução, as deixas não verbais (expressões faciais, gestos, tom e altura de voz) compreendem quase três quartos de como nos entendemos presencialmente. Como sabemos, a tela do nosso computador filtra esses e outros sinais e deixas, excluindo muitas das qualidades que nos tornam humanos, forçando nossa adaptação à lógica emocional — caso exista — dos computadores.

Para compensar, nossa linguagem se tornou muito mais informal. Num esforço para infundir nossas mensagens com tom ao mesmo tempo em que nos resguardamos de possíveis desentendimentos, talvez digitemos *Sinto muuuuito mesmo, DESCULPA!!!!!*, em vez do bom e velho *Sinto muito* após perdermos uma videochamada ou cancelarmos um almoço no último minuto. Para esclarecer nossos sentimentos ainda mais, implementamos conteúdos simbólicos que vão de emojis e hashtags a "curtidas" e kkkks. Porém, em vez de esclarecimento, muitas vezes isso cria *mais* confusão.

QUANDO VOCÊ ESTÁ SORRINDO

Brody e Jessica são ambos relativamente novos funcionários que trabalham para a mesma empresa. Brody veio de uma startup; Jessica teve experiência nos maiores escritórios de advocacia dos EUA. Recentemente, os dois receberam a tarefa de colaborar em um projeto. Não demorou até que Jessica se irritasse com seu novo colega.

Por quê? Bem, Brody tinha o hábito de enviar e-mails breves repletos de emojis e abreviações. Jessica respondia ao e-mail usando um estilo formal e profissional — sem abreviações ou emojis — na esperança de que Brody entenderia o recado de que estava sendo informal demais. Ele captou a mensagem, mas não como ela pretendia. Para Brody, ela era uma dominadora imperiosa, nervosinha e sem rosto. Ele, pelo contrário, foi criado à base de coraçõezinhos, carinhas felizes e pontuação entusiasta. Para ele, isso representava sinais de acessibilidade, amizade e camaradagem. Jessica achava isso simplesmente rude e pretensioso. Os dois continuaram irritando um ao outro até o fim do projeto, momento em que passaram a falar mal um do outro para toda a organização.

Nenhum dos dois estava certo ou errado. Cada um tinha seu próprio estilo de comunicação. Porém, com todo respeito à Jessica, emojis e pontuação são ferramentas úteis para infundir emoção em comunicações digitais que de outro modo seriam unidimensionais e chatas. Até mesmo no Zoom ou no Webex, ferramentas como chat ou o joinha transmitem nossa energia e até humanidade.

Considere seu próprio uso de pontuação e símbolos. Como você quer que seu relacionamento com a pessoa a quem está enviando a mensagem progrida? Se está em busca de formalidade e sente-se desconfortável usando sinais em excesso, então atenha-se aos fatos nus e crus e encerre suas frases com pontos. Outra coisa, caso a linguagem corporal digital do seu chefe ou cliente seja formal, meu conselho é espelhar tal formalidade. Por outro lado, se quer criar proximidade e a outra pessoa parece ser receptiva, vá em frente e capriche nas carinhas felizes e nos kkkks.

ESTOU TÃO FELIZ!!!!!!!!!!

Em um dos meus episódios favoritos de *Seinfeld*, Elaine, editora de livros, chega em casa certo dia e descobre que seu namorado, que também é um de seus autores, escreveu os recados de telefone dela num pedacinho de papel. Em seguida, acontece o seguinte diálogo:

> Elaine: Fiquei curiosa, por que não usou um ponto de exclamação?
>
> Jake: Como assim?

> Elaine: Veja, aqui você escreveu, "O bebê de Myra nasceu", mas não colocou um ponto de exclamação. Digo, se o filho de um de seus amigos próximos tivesse nascido e eu tivesse deixado o recado para você, teria usado um ponto de exclamação.

> Jake: Bem, talvez eu não use meus pontos de exclamação de forma tão aleatória quanto você.

Aí reside o problema: o que fazer com relação a uma pontuação que até o advento das mensagens de texto e dos e-mails era usada moderadamente, quando chegava a ser usada? Uma pontuação que a maioria das pessoas *desprezava*? Certamente, o retorno do ponto de exclamação é um dos mais épicos na história da pontuação — e é um alerta àqueles de nós que não acompanham intuitivamente os novos tempos.

Tradicionalmente, os pontos de exclamação incorporam três significados básicos: urgência, emoção e ênfase, qualidades enfatizadas offline levantando ou franzindo as sobrancelhas, batendo os dedos, falando rapidamente ou, para os verdadeiramente animados, ficar se levantando na ponta dos pés.

Hoje, os pontos de exclamação, espalhados por textos e e-mails, transmitem cordialidade. Eles tornaram-se tão obrigatórios nos e-mails que é um risco parecer ser rude ou frio se não usá-los. Um ponto de exclamação no fim da primeira frase de um e-mail estabelece um sentimento cordial que ressoa pelo restante da mensagem.

> @springroove
>
> **A cultura adulta do e-mail é encerrar todas as frases com um ponto de exclamação e, depois, revisar para ver quantos são socialmente aceitáveis.**

(Anônimo. Post de Twitter. 20 de fevereiro de 2019, 15h42. https://twitter.com/springrooove/status/1098337153648611329?lang=en)

Às vezes, o uso pródigo do ponto de exclamação é uma forma de atrair e manter a atenção do leitor. Basicamente, os pontos de exclamação gritam: "Ei! Escute! Estou falando com você!" Entre os nativos digitais, no entanto, seu uso é muito menos distorcido ou significativo. Eles são um emblema quase obrigatório de amizade, mais "venho em paz" do que "há um rato de meio metro na garagem!" As mulheres usam mais pontos de exclamação do que os homens, visto que os pontos funcionam como a versão textual de sorrisos, risadas e concordância com a cabeça que normalmente abundam nas amizades femininas. Como minha amiga Karen me disse certa vez: "Enviar um e-mail sem pelo menos um ponto de exclamação é uma das coisas mais terríveis que uma mulher pode fazer."

É claro, como tudo na vida, pode haver exageros. Por exemplo, Bella levou duas semanas para responder ao e-mail de Sheila sobre um novo esforço da equipe. *Desculpe a demora!!!!*, escreveu Bella por fim. Sheila, irritada e um pouco ressentida, nem se preocupou em responder. "Quatro pontos de exclamação para um 'desculpe a demora'? Que falsidade." Sob a perspectiva de Sheila, pontos de exclamação demais eram um sinal de fingimento e falso entusiamo. Mas será que são mesmo?

Embora em geral interpretemos os pontos de exclamação como algo positivo, a maioria dos escritores, editores e manuais tradicionais de ensino recomenda usá-los com a máxima cautela possível (ou seja, não os use sempre). Caso o faça, e hoje em dia todos fazemos isso, use-os criteriosamente, visto que em situações sérias eles podem ser interpretados como exageradamente intensos e até imaturos.

PONTOS DE EXCLAMAÇÃO: UMA CARTILHA!!!!

Entenda — de verdade — o que um ponto de exclamação pode significar. Em geral, usamos os pontos de exclamação quando queremos dizer algo em altíssima voz ou até de modo muitíssimo legal. "O ponto de exclamação é a forma mais rápida e fácil de animar um pouquinho as coisas", escreve Will Schwalbe, coautor de *Enviar: o guia essencial de como usar o e-mail com inteligência e elegância*. Um ponto de exclamação acrescenta velocidade às suas palavras ao mesmo tempo em que também serve como um marcador de sinceridade, um substituto a "é realmente isso mesmo que quero dizer!" Isso é especialmente verdadeiro quando três ou quatro pontos de exclamação são usados em sequência. *Você está sendo sarcástico? Não!!!!* Cuidado, porém, que os pontos de exclamação também podem imitar um grito quando usado com caixa-alta ou em um contexto estressante: NÃO!!!!

Na minha experiência, usar mais de um ponto de exclamação pode começar a ficar complicado.

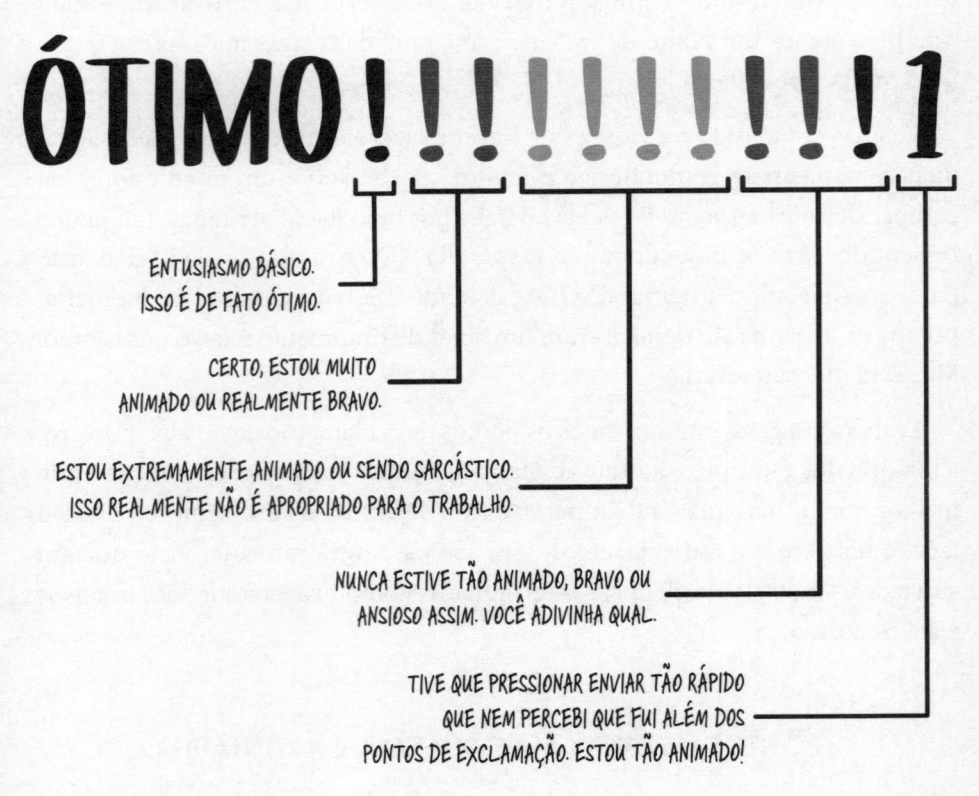

Em resumo, quando se trata de pontos de exclamação, é mais seguro errar para o lado do minimalismo.

As pressões de ser uma mulher!!!! As pesquisas mostram que as mulheres sentem-se obrigadas a usar pontos de exclamação para passar um ar de amizade, acolhimento e acessibilidade, ao passo que os homens em geral os usam para sinalizar urgência.[6] *Não* usar exclamações suavizadoras pode fazer surgir inquietações. Uma vendedora que conheço tinha o hábito de responder aos e-mails dos membros da equipe com um *OK*, deixando-os no vácuo sobre se concordava com eles ou se estava subindo pelas paredes de raiva. A simples consciência sobre tal percepção (e mudar para *OK, ótimo!*) trouxe dinamismo, mais confiança e camaradagem à sua equipe. Vamos nos aprofundar nesse assunto no capítulo 8, "Gênero: *Ele Disse, Ela Disse, Eles Disseram.*"

LÁGRIMAS, LÍNGUAS, PISCADAS E CARRANCA: INTRODUÇÃO AOS EMOJIS

Além da simples carinha feliz, os emojis proporcionam textura e contexto às nossas sofisticadas comunicações digitais. Quais são os equivalentes na linguagem corporal? Bem literalmente, nossos rostos. No mundo real, suplementamos nossas expressões com gestos de mãos e braços e com o tom de nossa voz (mais alta e feliz; ríspida e brava; animada e entusiasmada). Os emojis não são nada além de rostinhos feitos para imitar a amplitude emocional dos nossos rostos humanos.

Em 2015, o Dicionário Oxford de Língua Inglesa revelou sua palavra do ano: "emoji do rosto com lágrimas de alegria", outrora conhecido por nós como 😂. A decisão recebeu avaliações mistas. Alguns disseram que declarar que uma carinha feliz era uma "palavra" representava uma afronta à língua inglesa. Outros a receberam como o primeiro passo rumo ao desenvolvimento de uma língua universal. Acredito que os emojis são cruciais para aprimorar a eficiência no ambiente de trabalho e cultivar uma cultura corporativa de clareza ideal — e que até os executivos deveriam usá-los para esclarecer seu tom nas interações profissionais.

Hoje, até mesmo para os comunicadores mais habilidosos, os emojis se tornaram um atalho essencial. Eles aparecem não apenas em mensagens de texto e de chat, mas também em slides de PowerPoint, discussões em videochamadas e e-mails. Ao usar emojis, podemos nos expressar de forma mais rápida, vívida e (literalmente) colorida. Dito isso, em geral criamos mais confusão do que pretendíamos quando fazemos uso maior de emojis em detrimento de palavras.

?

recebi o e-mail de confirmação para o projeto – me ligue quando puder para falarmos sobre isso!

Os seres humanos enviam 6 bilhões de emojis diariamente, com uma média de 96 emojis enviados por pessoa em um período de 24 horas.[7] Juntamente como o Dicionário Oxford de Língua Inglesa, a academia também percebeu o fenômeno. "Estamos em uma nova fase de desenvolvimento da linguagem", afirmou Susan Herring, professora de ciência da informação e linguística na Universidade de Indiana. "Cada vez mais representações gráficas, como emojis, GIFs, adesivos e memes estão sendo incorporados na linguagem usada online."[8] Em 2015, a Chevrolet lançou um comunicado à imprensa usando apenas emojis.[9] Pura jogada publicitária, mas, mesmo assim, demonstrou como os emojis podem ser usados como uma linguagem mais ou menos universal.

Dito isso, os emojis não se tornarão a primeira língua de ninguém tão cedo. Ainda são um tipo de gíria — mais bem usados para acentuar, e não substituir, as palavras em si. E se a clareza é nosso objetivo quando nos comunicamos, os emojis podem não ser tão universais como pensamos.

Primeiro, é extremamente importante adaptar o uso de emojis para seu público. Quando uma carinha feliz é apenas isso mesmo, e quando é algo totalmente diferente, como um compromisso futuro? Quando o locador israelense Yaniv Dahan recebeu uma série de textos com carinhas felizes de dois locatários potenciais, ele ficou convencido de que achara os inquilinos ideais. Eram ambos tão positivos e entusiastas! Suas mensagens de texto irradiavam otimismo e até alegria — uma carinha feliz, uma garrafa de champanhe, um bolo. Após mais algumas trocas de mensagens carregadas de emojis, Dahan reservou o apartamento para o casal, na espera de que assinassem o contrato. E continuou esperando. Por fim, ficou claro que seus inquilinos ideais tinham é dado um bolo nele, provavelmente com suas "carinhas felizes" e uma garrafa de champanhe sob o braço. Dahan ficou no vácuo.

Diferentemente da maioria das pessoas, Dahan se recusou a esquecer o fato. Ele recorreu à justiça e levou seus potenciais inquilinos apaixonados por emojis para o tribunal de pequenas causas, em que o casal foi multado em US$2,2 mil. O juiz deixou bem claro: o casal "agiu de má-fé" ao usar emojis para "ludibriar" Dahan a uma falsa sensação de segurança. O juiz acrescentou ainda que "esses símbolos, que transmitem ao outro lado que está tudo em ordem, foram enganosos, visto que na época, os réus já tinham muitas dúvidas quanto à sua intenção de alugar o apartamento."[10]

Ou seja, enviar o emoji errado pode lhe custar não apenas uma má comunicação, mas também dinheiro. Assim, tenha cuidado.

Ao decidir se deve ou não usar um emoji, ou se está quebrando a cabeça para interpretar um, considere o seguinte: você se sente confortável em usar esses símbolos? Uma equipe com que trabalhei certa vez tinha quatro integrantes colaborando em um projeto internacional de pesquisa por meio de chat em grupo. Sempre que James compartilhava um novo insight, Ivy respondia com um emoji de carinha feliz. Toda santa vez. Tais respostas curtas e simbólicas fizeram com que John duvidasse das intenções de Ivy. Será que ela estava *realmente* animada ou estava sendo sarcástica? Da parte dela, Ivy estava apenas usando um atalho que era comum entre seus amigos chineses e estava tentando mostrar seu apoio.

USE EMOJIS COM CUIDADO

Não acredite em estereótipos. Os emojis não são apenas coisa dos "jovens". Claro, as crianças e os adolescentes precisam diferenciar-se como indivíduos, um impulso que historicamente faz surgir o uso livre e criativo da linguagem. Mas as gerações mais antigas quase sempre acabam adotando o vocabulário das gerações mais jovens, e os emojis não são exceção. "Animal", "foi mal" e "maravilha" pareciam esquisito ou juvenil inicialmente, mas são usadas atualmente por todas as idades. Qualquer ambiente de trabalho que tolere "foi mal" não terá problemas com um executivo sênior usando uma carinha feliz.

Pense antes de enviar um emoji. Entenda que, dependendo de seu sexo, sua cultura e seu país de origem, o uso de emojis será recebido de formas diferentes. Um estudo recente demonstrou que o uso exagerado de emojis sugeria incompetência no trabalho, e que as mulheres mais jovens tinham mais chances de estarem injustamente envolvidas.[11] Nas nações ocidentais, o emoji de joinha sinaliza concordância ou aprovação, enquanto que na Nigéria, no Afeganistão, no Iraque e no Irã, ele significa "sente-se aqui" e é considerado vulgar, ofensivo e não muito legal em geral. Juntamente com dialetos ou sotaques regionais, o uso de emojis é geralmente entendido como um significante de "localização geográfica, idade, sexo e classe social".[12] Alguns países, por exemplo, entendem o emoji de berinjela pelo que ele é, um vegetal esquisito, de cor azul/preta. Porém, em outros países, como nos EUA e na Irlanda, esse emoji é considerado um símbolo do pênis. Decifraremos o mundo dos emojis com mais detalhes no capítulo 9, "*Geração: Velha Guarda, Jovem Guarda*".

COLOCANDO UM PONTO-FINAL
NO PONTO FINAL

Era uma vez, o ponto final; juntamente com a vírgula, era indiscutivelmente a pontuação mais chata do mundo, usada exclusivamente para encerrar uma frase como esta. Atualmente, mais do que qualquer outro símbolo de pontuação, o ponto — e sim, estamos falando do mesmo pontinho preto — evoluiu ao nível em que agora ele sinaliza algo totalmente diferente, neste caso, uma fúria fria e cruel, realmente sem qualquer diferença de uma expressão facial furiosa.

Diferentemente de qualquer outra pontuação, o ponto final tomou um significado exagerado, desproporcional e geralmente não intencional na comunicação digital. Imagine que alguém lhe envia uma mensagem de texto, *Pode cuidar do meu cachorro à noite?* Sua resposta é, *Claro.,* e parece um pouco incerta e em cima do muro. Por contraste, *Claro!* transmite animação e até disposição (você ama aquele cachorro!). É ficar na retaguarda usar *Claro*. Sim. Aham. Que outra coisa entender desse *Claro*. além de algo como: "Eu poderia cuidar do seu cachorro, mas tenho que cancelar meus planos para a noite e você está me incomodando com seu pedido, mas o atenderei porque sou seu amigo, embora fique ressentido com você o tempo todo e, ah, sabe? Você me *deve*."

Em 2016, a psicóloga Danielle Gunraj fez um estudo que testava como um grupo de participantes entendia mensagens curtas de texto terminadas com um ponto final,[13] e depois contrastou suas descobertas com a percepção desse mesmo grupo com relação a pontos finais que apareciam em mensagens manuscritas. Gunraj descobriu que, nas mensagens de texto, as frases que terminavam com pontos finais tinham mais chances de serem consideradas insinceras. Com relação às mensagens manuscritas, os pontos não exerceram efeito algum na sinceridade entendida.

Essas mesmas descobertas não se estendem aos e-mails. Nesse caso, os pontos finais podem ser usados da mesma forma que os usamos offline, sem dar a impressão de raiva ou insinceridade.

Minha amiga Aria é a CEO de uma organização sem fins lucrativos, a DoSomething.org. Conhecida por sua personalidade amigável e otimista, ela usa emojis, pontos de exclamação e até GIFs ocasionais com sua equipe. Recentemente, ao dar uma resposta correndo no canal da equipe no Slack, Aria escreveu apenas *ok*. Tudo certo, não? Mais tarde naquele dia, a assistente dela lhe disse que seus colegas tinham achado seu *ok* "totalmente assustador". Todos presumiram que Aria estava furiosa com eles. Acreditando que entendiam sua persona digital, com apenas duas letras Aria os havia deixado completamente confusos. Em resumo: quando um amigo ou colega encerra uma mensagem de texto com um ponto final, isso é geralmente visto como agressivo e um motivo para se alarmar.

OS TRÊS PONTINHOS...

Se um ponto final já pode deixar alguém de cabelos em pé, então uma sequência deles, formalmente conhecida como "reticências", pode causar ainda mais confusão. Será que insinuam que a pessoa está perguntando algo? Ou afirmando algo? O que exatamente esses três pontinhos significam? Se você recebe uma mensagem com reticências, deve deduzir magicamente o que o remetente está dizendo? As respostas variam?

Infelizmente, a resposta a todas essas perguntas é *sim*. Falando de forma geral, as reticências significam omissão de informações ou a expectativa de que alguém continuará com uma pergunta ou afirmação. Um *Não.*, com ponto final, encerra uma conversa rapidinho, ao passo que *Não...* a deixa no ar, esperando a continuação. Em alguns casos, vi as reticências sendo usadas como um instrumento de hostilidade, um convite ao ofensor para especular sobre seus erros e consertá-los (*Não sei se meu e-mail chegou, visto que não recebi respostas...*). Outras vezes, são usadas para expressar humor ou sarcasmo (*Esses óculos aí...*). E, ainda, também sinalizam "Espere", "Hum" ou "Não sei".

O QUE AS RETICÊNCIAS SIGNIFICAM?

As reticências são a pontuação mais passivo-agressiva, então, use-as com cuidado. Hesitação, confusão, apatia, falaremos sobre isso mais tarde — são todas transmitidas pelos três pontinhos. As reticências sugerem que algo está acontecendo, mas deixa você imaginando o que é esse algo. Para ter uma clareza ideal, evite usá-las, a menos que sinalizem eficazmente um pensamento não terminado.

Os mais velhos as usam de forma diferente. Por que as gerações mais velhas usam tanto as reticências? Já é difícil definir o tom das mensagens de texto, e ainda nos enviam *kkk...* ou *olá...* Especialmente para essas gerações, que tipicamente ficam longe dos pontos de exclamação, as reticências parecem um término mais suave do que um ponto final, visto que elas... vão se afastando. Mas para os nativos digitais (os que nasceram após 1985), as reticências podem transmitir um toque de sarcasmo quando lidas online.

DESCULPE, MAS *QUAL* ERA A PERGUNTA?

Como todos sabem, na escrita não digital, o ponto de interrogação sinaliza pergunta, interesse e até frustração, o equivalente a pendermos a cabeça para um lado e estreitarmos os olhos.

Historicamente, o ponto de interrogação é sempre convocado para exprimir certa tensão. Por exemplo, Fernando está almoçando em sua mesa quando seu chefe se aproxima dele. "O que está fazendo?", pergunta o chefe. O primeiro pensamento de Fernando é: *meu chefe está realmente interessado na minha vida ou seria esta uma maneira suspeita de dizer "parece que não está fazendo nada"?* Talvez o chefe queria dizer "você não deveria estar fazendo isso", ou até, "tenho uma tarefa para você." Agora, imagine a dificuldade de entender o contexto de um ponto de interrogação comunicado por e-mail ou chat, faltando, como se dá, as expressões faciais, o tom da voz ou a linguagem corporal óbvia de alguém que está ao lado de sua mesa.

E se uma pergunta é suplementada por três pontos de interrogação, em vez de um? E que tal cinco????? Múltiplos pontos de interrogação transmitem urgência, impaciência e possível pânico. Por exemplo, se seu amigo lhe pergunta, por mensagem de texto, *Está na sua mesa?*, você acharia a pergunta normal. Provavelmente ele está pensando em passar para dizer um oi. Mas se a mensagem fosse, *Está na sua mesa???????*, talvez ficaria com um frio na barriga. Em geral, quanto mais pontos de interrogação há em uma mensagem, mais intensa é a emoção por trás da pergunta, especialmente entre as mulheres. (Aprenderemos mais sobre as diferenças entre os gêneros no capítulo 8: "Gênero: *Ele disse, ela disse, eles disseram*.")

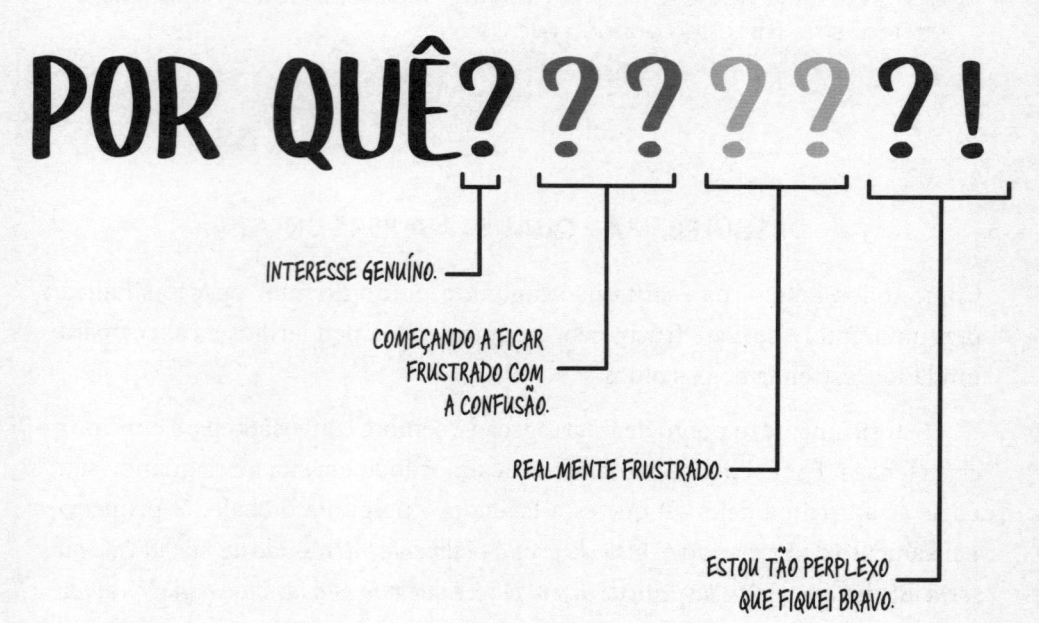

A COISA FICOU MUITO GRANDE: CAIXA-ALTA

Quando estamos nos sentindo realmente animados com algo ou impacientes com uma coisa prestes a acontecer, como demonstramos isso? Se você for como a maioria das pessoas, talvez bata os dedos sinalizando "*Vamos!*", levante a sobrancelha, aperte a mandíbula ou até, sei lá, dê um *berro*. Exclua essas expressões da linguagem corporal física, e ficamos com a CAIXA-ALTA.

Podemos interpretar um e-mail escrito em CAIXA-ALTA como hostil, ameaçador ou indignante, mas e se foi escrito por sua avó que só descobriu o e-mail dois meses atrás? De forma geral, quem está *atrás* da tela aparece em sua escrita *na* tela. Se duas pessoas têm altos níveis de familiaridade e confiança, além de um contexto compartilhado, muito provavelmente interpretarão as mensagens uma da outra com mínimos desentendimentos — mesmo se uma delas receber uma mensagem em CAIXA-ALTA. Considere o exemplo a seguir:

● **John**   10:02 AM   >
PODE ME ENVIAR ISSO HOJE
Esta mensagem pode sinalizar urgência ou raiva.

● **John**   10:02 AM   >
O QUE ISSO QUER DIZER???
Esta mensagem pode sinalizar interesse ou
frustração.

● **John**   10:02 AM   >
PRECISAMOS CONVERSAR
Pode ser um pedido urgente de reunião,
ou apenas uma digitação rápida.

Para decifrarmos a caixa-alta nas mensagens de John, precisamos inicialmente entender sua relação com o destinatário. Se John e o destinatário são colegas de trabalho, então, claramente, John está em seu direito. Se John e o destinatário são amigos próximos, então ele está provavelmente sendo casual e digitando muito rápido. Se John é seu chefe, bem, fodeu, sinto muito.

COMO USAR CAIXA-ALTA

- Para evitar ansiedade no destinatário, procure limitar o número de mensagens enviadas com caixa-alta.
- Se você usa caixa-alta no trabalho, vão presumir que você está GRITANDO, algo que será bom apenas em situações cômicas.
- Priorize o uso de caixa-alta apenas em situações urgentes com sua equipe.

Temos então a "pontuação mista". Riana recebe uma mensagem seca de sua chefe, Theresa, que diz: *"Riana-Pode, por favor, NÃO enviar esses e-mails sem minha aprovação?!?"* Riana fica confusa não por uma coisa, mas por *quatro*: o hífen, a fonte em itálico, a caixa alta e o ?!?

Por quê? Bem, sua chefe raramente usa tais floreios, fazendo com que Riana interprete seu e-mail como sendo desproporcionalmente raivoso. Mais tarde, Riana descobre que Theresa estava atacando todo mundo ao seu redor após perder um grande cliente — e que nada disso tinha *qualquer* coisa a ver com Riana.

Todos nós já lidamos com pessoas que por algum motivo começam a atacar indiscriminadamente os alvos mais próximos usando quaisquer ferramentas à disposição — um telefone, uma caneta, um vaso de flores ou, nesse caso, a pontuação. Toda a emoção ficou encapsulada por hífens, itálico, pontos de interrogação e de exclamação!

TIMING: A NOVA MEDIDA DE RESPEITO

Em 2017, Paige Lee Jones (@paigeleejones) publicou sua maior implicância no Twitter: "Recebi uma resposta automática dizendo 'ausente do escritório por motivo de férias' após responder, depois de quatro minutos, ao e-mail pedindo que me manifestasse de forma URGENTE."[14]

Quando falamos cara a cara ou por telefone, levamos em média apenas 200 milissegundos (ou seja, 0,2 segundos) para responder à outra pessoa.[15] Também fica claro para a maioria das pessoas quando uma conversa acaba — vamos embora ou desligamos o telefone.

Porém, a comunicação presencial ou por telefone exige que ambas as partes estejam disponíveis ao mesmo tempo. Isso é menos possível hoje em dia, com a correria que temos no dia a dia e com a necessidade de alguns em colaborar com colegas em fusos horários diferentes. Isso, de fato, é um benefício fundamental da comunicação digital — não precisamos estar sincronizados no mesmo momento ou lugar para termos um diálogo em tempo real. A pessoa normal leva 90 *minutos* para responder a um e-mail, e 90 *segundos* para responder a uma mensagem de texto.[16] A comunicação digital nos permite interagir com os outros em nossa conveniência, mas isso também significa que pode ser D-E-V-A-G-A-R. Se formos sinceros, a maioria de nós fica desconfortável com pausas e silêncios. *Por que está tudo tão quieto? Há algum problema?* Nossos cérebros inventam várias explicações para a ausência de uma resposta imediata, especialmente em situações em que a confiança é baixa e a dinâmica de poder está desequilibrada.

As conversas digitais são em geral *assíncronas*, ou seja, você e eu não estamos necessariamente conversando em "tempo real". Por exemplo, eu posso enviar um e-mail enquanto você está na esteira da academia. Posso ter começado nossa conversa, mas você provavelmente só virá a se engajar nela daqui uma, duas, três ou mais horas. As conversas assíncronas nos dão mais controle sobre quando e como respondemos, mas, se você é a pessoa esperando a resposta, as lacunas no tempo de resposta podem produzir ansiedade. Responder à mensagem de texto urgente de seu funcionário pedindo ajuda só cinco horas depois tem o potencial de deixá-lo se sentindo bravo ou solitário. E aquele balãozinho com três pontinhos no iMessage? Sim, é útil para lhe dizer quando alguém está digitando, mas quando ela fica lá como um coração pulsando (ou será *seu* coração pulsando?), cada milissegundo pode durar uma eternidade. Então, quando ela some de repente, você fica imaginando se está sendo ignorado ou esquecido, ou se apareceu algo melhor do outro lado.

Num mundo digitalmente dependente, a menor pausa entre as mensagens assume um significado quase lírico. Acontece que, na maioria das vezes, uma falta de resposta não significa nada; a outra pessoa ficou ocupada, estava fazendo outra coisa, não percebeu que chegou uma mensagem, estava com o áudio desligado ou se esqueceu de onde deixou o telefone.

Certa noite, acabou a bateria do meu telefone quando estava já atrasada para um jantar com minhas amigas. Elas, que já estavam no restaurante, ficaram muito preocupadas — ao ponto de uma delas ligar para meu marido, que, por sua vez, tentou me ligar diversas vezes, sempre caindo na caixa postal. Meu marido trabalha em um banco, e, em seu mundo, tudo precisa de uma resposta rápida (seu celular nunca fica abaixo de 50% de bateria). Ele ficou tão preocupado e nervoso que saiu de seu *próprio* jantar e cruzou a cidade para se encontrar com *minhas* amigas para que juntos pudessem tentar me encontrar.

Consegue imaginar esse cenário ocorrendo apenas dez anos atrás? Isso não aconteceria, pois uma década atrás, se não tivesse notícias de alguém após uma hora, você esperava mais uma hora — e, bem, o mundo continuava.

Contraste tal cenário com hoje, quando o silêncio digital assumiu significados novos, potencialmente ameaçadores. No ambiente de trabalho, mais do que deixar as pessoas preocupadas, o silêncio em geral faz com que nossos colegas sintam-se desprezados — especialmente se uma "confirmação de leitura" mostra que a mensagem foi lida e a outra pessoa não respondeu. Como uma amiga minha disse certa vez: "Nunca sei se a pessoa realmente leu a mensagem. Se sim, por que não responde? Está brava comigo? Está me ignorando?" Quando confrontada com a possibilidade de que a outra pessoa está ocupada ou que precisa de mais tempo para responder com atenção, sua resposta foi: "É, acho que pode ser. Só sei que tem um monte de gente que não responde para deixar na cara que estão bravos com você."

Muito possivelmente, as pessoas que você acredita estarem bravas, não estão. Normalmente, nem estão pensando em você! Considere a possibilidade de que a pessoa do outro lado da comunicação está apenas sobrecarregada. Como disse Sarah, minha cliente, "Às vezes não respondo porque não tenho tempo para dar a resposta que acho ser a melhor, então espero até mais tarde. Depois, me esqueço e a outra pessoa acha que não me importei o suficiente para responder, quando, na verdade, me importei demais."

Adam Boettiger, consultor bem conhecido de marketing digital, disse ao *New York Times*: "Vimos um aumento da ação de não responder, em vez de apenas declinar educadamente. Você deleta a mensagem e espera que ela suma, assim como quando alguém bate à sua porta e você finge que não está em casa."[17]

QUAL É UM TEMPO ACEITÁVEL PARA RESPONDER?

- O consenso de etiqueta diz que é aceitável esperar até 24 horas antes de responder a um e-mail.

- Para mensagens de texto e instantâneas: responda rapidamente durante o horário comercial, ou corra o risco de parecer ser rude e ofender a outra pessoa.

- Se receber uma mensagem fora do horário comercial, sinta-se livre para ignorá-la até o novo ciclo de horário comercial. Se isso acontece raramente, considere responder com uma mensagem rápida alertando o remetente sobre o fato de que não responderá até mais tarde. É melhor responder com *Recebido! Dou um retorno até terça-feira* do que deixar o remetente esperando até que você dê uma resposta completa.

Cada meio — mensagens de texto, e-mails, telefone, videochamadas e tudo mais — tem seu próprio temporizador embutido. Os e-mails são mais rápidos que os telefonemas. As mensagens de texto são mais rápidas que os e-mails. Apesar de termos nossos telefones constantemente conosco, há momentos ideais para fazermos uma chamada. Quando estas não são agendadas com antecedência, ligue nos minutos :20 ou :50 da hora atual, quando os outros normalmente terminaram as outras chamadas planejadas para aquela hora ou para a marca de :30 minutos. Dias da semana durante o horário comercial, especialmente pela manhã, são os melhores momentos para enviar um e-mail que precisa de uma resposta para marcar uma videoconferência. Nos fins de semana e na parte da tarde, prepare-se para receber respostas mais curtas.

·····························

É perfeitamente aceitável definir seus próprios limites e normas de comunicação.

·····························

Podemos ajudar a diminuir as ansiedades com relação às expectativas de tempo de resposta com uma comunicação clara e simples. Ao enviar um e-mail em horário inoportuno, inclua um simples: *Não precisa responder até amanhã de manhã*. Se está respondendo depois de um tempo, considere reconhecer diretamente a lacuna temporal: *Muito obrigado por sua mensagem atenciosa mês passado! Está uma loucura aqui desde então, e é por isso que demorei tanto para responder ao seu e-mail. Sinto muito!* Para e-mails importantes de trabalho, seja sincero: *Sinceramente, lamento por ter deixado isso passar. No futuro, vou verificar duas vezes para ter certeza de que enviei minhas mensagens para você, para que isso não ocorra novamente.*

PARA, CC, CCO E RESPONDER PARA TODOS: A NOVA MEDIDA DA INCLUSÃO

Pense no e-mail como um evento esportivo. Você e qualquer outra pessoa no campo "Para" são os atletas. Se não inserir ninguém nos campos cc ou cco, estará só praticando, reunindo-se antes de uma partida ou batendo uma bola com o colega. Ao acrescentar observadores no campo "Cc", de repente outras pessoas começam a encher as arquibancadas. Insira mais pessoas no campo "Cco", e estará lotando a sala VIP com olheiros, técnicos e recrutadores. Deste ponto em diante, há muito em jogo. Se escolher responder apenas para o outro atleta, estará tendo uma conversa privada que ninguém mais pode ouvir, ao passo que "Responder para Todos" é equivalente à voz que ecoa nos alto-falantes e que o estádio todo consegue ouvir.

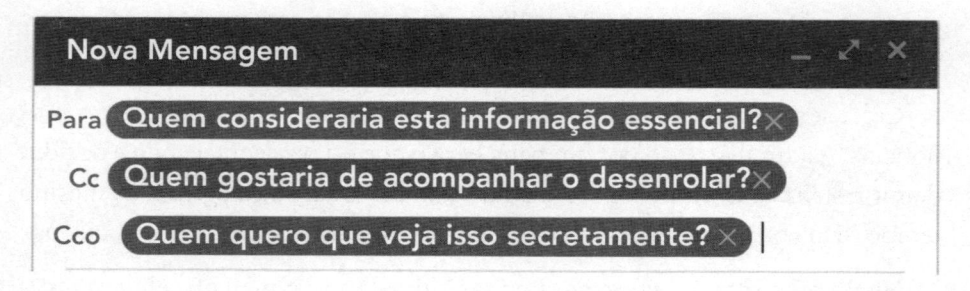

O uso de Cc e Cco é inerentemente capcioso. Uma de minhas clientes, Janine, disse certa vez: "Geralmente quero compartilhar um e-mail com minha chefe para sua referência. Mas se a colocar em Cco, parece que estou convidando-a para espiar minha conversa. E se a deixo em Cc, as outras pessoas acham que estou tentando me gabar ou ganhar crédito. Prefiro enviar o e-mail original e depois encaminhá-lo à minha chefe. Assim, parece que o enviei normalmente e depois achei necessário integrar a chefe para que tenha visibilidade do que está acontecendo." Infelizmente, o temor que Janine tem quanto a julgamentos e sua interpretação do Cc e Cco acabou criando ainda mais trabalho para ela.

Alguns dos meus outros clientes têm um medo primordial (e razoável) do Responder para Todos: "Prefiro a transparência", explica Steven. "Meu trabalho exige que eu envie e-mails para grupos de pessoas de modo a obter feedback. Contudo, não importa o que faça, sempre há alguns que vão no Responder para Todos — mesmo quando inicio o e-mail com a mensagem em negrito e caixa-alta dizendo, '**NÃO RESPONDA PARA TODOS**'. Então, agora tenho que colocar em Cco para proteger a caixa de entrada de todo mundo, para que não fique entupida com feedbacks não solicitados vindos do Responder para Todos."

Em uma organização com a qual trabalhei, fui recordada de que clicar no botão errado pode levar a consequências graves. Durante quase sete anos, Corinne trabalhava nessa empresa, em que era constantemente atormentada por uma colega especialmente cruel que chamaremos Melissa. Corinne não era exceção; equipes em toda a organização sabiam sobre a reputação de Melissa ser vingativa. Mas ela nem pensava em sair de lá, pelo menos durante alguns anos, até que se aposentasse. Trabalhar com ela tinha seu preço, mas Corinne adorava o trabalho e decidiu aguentar.

Certa sexta-feira à noite, enquanto fazia hora extra, Corinne recebeu ótimas notícias. A administração por fim percebera o que estava acontecendo e decidiu demitir Melissa. Corinne fez seu melhor para disfarçar sua alegria e, ao mesmo tempo, não conseguiu esperar até segunda-feira para ver a reação dos outros..

No domingo à noite, ela examinou seu calendário e e-mail no celular preparando-se para a semana que se iniciaria. Uma mensagem chegou com o assunto *Atualização Excelente!*, fazendo referência a um novo projeto que a empresa iniciaria. Ainda eufórica com as notícias de sexta-feira, Corinne encaminhou impulsivamente o e-mail para seus amigos mais próximos do trabalho, acrescentando, *Ah, achei que a atualização excelente seria sobre a demissão de Melissa!!*

Dois segundos depois, o e-mail que ela havia enviado chegou em sua própria caixa de entrada. Como era de se esperar, ela entrou em pânico. Com um temor crescente, ela examinou o campo de endereços e sua mensagem abaixo, *Ah, achei que a atualização excelente seria sobre a demissão de Melissa!!* Ela havia pisado na bola. Ao clicar em *Responder para Todos*, "todos", nesse caso, significava mais de trezentas pessoas da empresa, que tinha um total de quinhentas.

Corinne tentou freneticamente cancelar o envio do e-mail e pediu ajuda de um amigo do TI — sem qualquer sorte. Em seguida, tentou ligar e enviar uma mensagem de texto para a chefe — sem resposta. Ela passou uma noite terrível em claro, chegou cedo ao trabalho na manhã seguinte e ouviu instruções para se dirigir ao RH, onde foi demitida subitamente.

Não levou muito tempo até que ela encontrasse um novo emprego, mas sua experiência com o Responder para Todos deixou uma cicatriz duradoura. Hoje em dia, ela diz: "Verifico três vezes cada e-mail que envio, e definitivamente não uso meu telefone pessoal para o trabalho!"

Responder para Todos, Cc e Cco são necessários na maioria dos ambientes de trabalho, mas questione-se quem realmente precisa ser incluído. Isso envole discernimento, pois alguns insistem em fazer parte de tudo. Responder para Todos deveria ser limitado a informações de alta prioridade que você quer compartilhar com a equipe inteira: reuniões, anúncios, agendas e detalhes que envolvem a organização como um todo. Esteja sempre consciente sobre a dinâmica de poder e os níveis de confiança entre seus destinatários — e evite tirar conclusões precipitadas quando receber uma mensagem que o pegue desprevenido.

SUA PERSONA DIGITAL:
A NOVA MEDIDA DE IDENTIDADE

Antes de contratar qualquer pessoa, seja uma babá ou um consultor de marketing, faço uma pesquisa sobre a pessoa no Google. A maioria dos empregadores faz isso, porém, cada vez mais ouço histórias de colegas de trabalho que fazem isso uns com os outros, e de pais que fazem isso com os amigos dos filhos. Minha vizinha confessou certa vez que tinha até pesquisado no Google sobre nosso porteiro. Em um mundo digital, quem somos online é provavelmente a primeira impressão que mostramos ao mundo e, como na vida real, as primeiras impressões são as que ficam.

Vamos separar os componentes de nossas personas digitais:

Seu nome. Às vezes, o nome realmente diz tudo — especialmente se você trabalha em equipes com as quais nunca se encontrou presencialmente. Se tudo que sei é seu nome a partir de um e-mail, de um convite para reunião ou do canal no Slack, quais conclusões posso tirar? Digamos que você se chame Cristiana. Você prefere Cristi (o que sugere que é mais casual) ou Cristiana (que mostra formalidade no trabalho)? E se opta por Cris (sinalizando que pode ser mulher, homem ou gênero não binário)? Os destinatários de suas mensagens criam imagens de você com base em seu nome, portanto, escolha sabiamente. Nas redes sociais, use apenas o nome, sem nomes moderninhos do meio, sem nomes de personagens de filmes etc. Seja você mesmo.

Seu e-mail. Sua conta é no Yahoo!, no Hotmail ou no Gmail? Há números após seu nome, indicando um endereço possivelmente antiquíssimo? Você usa o e-mail pessoal ou um da empresa? Seu e-mail comercial pode sinalizar seu nível de poder, e também explicar por que seus e-mails são tão formais. Além disso, dar seu e-mail pessoal pode sugerir um desejo de manter o contato em longo prazo fora do trabalho.

Sua foto de perfil. Há uma foto em seu e-mail no Outlook ou no Gmail? E no perfil do Zoom ou do Webex? Uma foto de pôr do sol me diz muito sobre o fenômeno natural e quase nada sobre você. É bom dar um rosto às mensagens que as pessoas veem ao adicionar uma foto profissional e nítida. A qualidade da imagem também importa. Uma foto com resolução baixa passa uma impressão negativa, ao passo que uma de alta qualidade sinaliza que você é estratégico quando à sua marca pessoal.

Seus resultados de pesquisa. Após pesquisar seu nome no Google, quais são os primeiros três sites que aparecem? Você tem seu próprio site? Está destacado no site da empresa? Foi citado no jornal local num tópico político controverso? Tudo isso me passa uma impressão de quem você é. Idealmente, o que as pessoas descobrem deveria dizer que você é profissional e confiável, o oposto de alguém com, digamos, fotos na delegacia facilmente encontradas. Não deixe de atualizar seu LinkedIn para que as pessoas possam encontrar facilmente coisas sobre sua vida profissional.

• • • • • •

Agora que analisamos as diversas formas que a linguagem corporal digital pode assumir, a parte dois do livro mostrará como cada um desses novos sinais afetam as equipes holisticamente — como podemos usar a linguagem corporal digital para demonstrar apreço (Valorizar Visivelmente), para encontrar consonância (Comunicar-se Cuidadosamente), para redefinir o trabalho em equipe para uma era digital (Colaborar Confiantemente) e, por fim, para colocar esses três pilares juntos para formar equipes caracterizadas pela segurança psicológica (Confiar Totalmente).

PARTE DOIS

As Quatro Leis da Linguagem Corporal Digital

AS QUATRO LEIS DA LINGUAGEM CORPORAL DIGITAL

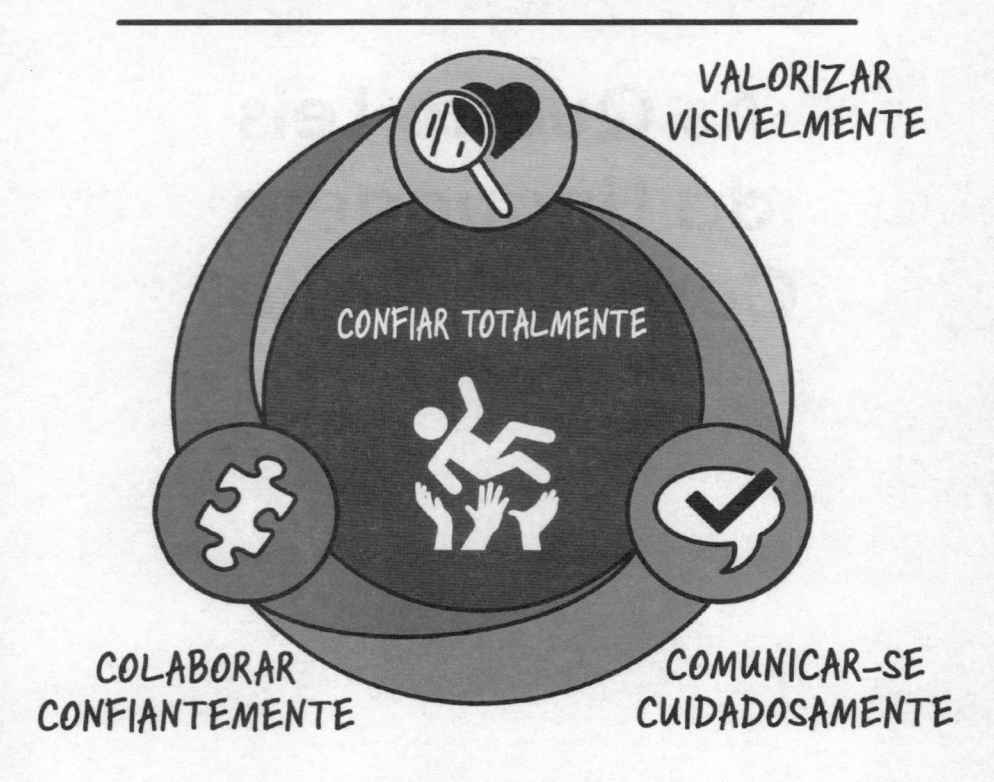

●

CAPÍTULO 4

Valorizar Visivelmente

Pare de Me Desrespeitar!

Lembra-se de como se sentiu quando alguém olhou no seu olho, deu-lhe um aperto de mão firme e disse, sinceramente, "muito obrigado"? No ambiente de trabalho digital, nós **Valorizamos Visivelmente** ao estarmos atenciosamente perceptivos quanto às outras pessoas e claramente comunicar "estou lhe ouvindo" e "entendo o que está dizendo", usando as novas deixas e sinais da nossa linguagem corporal digital. Valorizar Visivelmente significa ser mais sensível ao tempo e às necessidades dos outros, ler as comunicações digitais com cuidado e atenção e respeitar as outras pessoas — sem estar com pressa para fazê-lo.

Vou chamá-lo de Jim. Eu estava em Nova York e ele em Dallas. Eu tinha acabado de abrir minha própria empresa de consultoria, e Jim estava começando sua carreira após a pós-graduação. Durante nossa entrevista por vídeo, ele respondeu de forma rápida e inteligente às minhas perguntas. Ele parecia interessado no trabalho de colaboração que eu realizava e também se comunicava muito bem. Ávida para começar, contratei-o na hora como meu novo estrategista de marketing.

Escolhi bem — Jim era um funcionário fantástico. Eu adorava sua iniciativa e como precisava de mínima supervisão. À medida que eu corria adiante com minha empresa, ele sempre se ajustava ao meu ritmo, terminando quaisquer tarefas administrativas que eu lhe pedia por mensagem de texto ou e-mail, sem precisar de muitas orientações. Sempre que eu enviava uma solicitação de trabalho, a resposta comum e rápida que ele dava — *Ótima ideia* — me passava a confiança de que ele tinha tudo sob controle. (E minha resposta típica *Vlw* me passava a impressão de que reconhecia seu trabalho.)

Pulemos agora seis semanas, para a conversa que tivemos por telefone:

> Eu: Então, como estão as coisas? Porque, para mim, está tudo indo muito bem!
>
> Jim: Não, não está.
>
> Eu: Não está? Espera, o quê?
>
> Jim: Não, as coisas não estão bem e estou pensando em pedir demissão. Hoje.
>
> Eu: Hoje? Espera, *como assim?*
>
> Jim: Veja, tenho meu mestrado e não quero fazer trabalho administrativo. Achei que trabalharia muito mais com marketing. Tipo, lembra-se do que discutimos durante a minha entrevista? E agora mal falamos sobre o que você está fazendo e sobre o panorama geral da empresa.

O fato é que, enquanto eu estava ocupada levando a empresa adiante, confiando a maior parte do tempo nos telefonemas semanais, Jim estava sentado lá em Dallas, cozinhando, sem saber como estava se saindo no trabalho e — ainda mais importante para um jovem profissional — sem saber exatamente *por que* estava fazendo aquilo. Quando ele escrevia *ótima ideia*, ele não estava querendo dizer "farei isso com alegria". Era um código para "farei isso a contragosto, mas realmente quero falar sobre meus objetivos de aprendizado também." Quando eu respondia *Vlw*, com a intenção de comunicar "realmente aprecio seu trabalho árduo", era interpretada por ele como sendo indiferente. Achava que estava sendo explícita, mas, no fim, Jim sentiu-se desvalorizado e desrespeitado.

Eu era uma líder sem experiência naquela época? Certamente. Se Jim e eu tivéssemos compartilhado um escritório, será que o teria tratado da mesma forma? De jeito nenhum. Em retrospecto, percebo que demonstrei muito desrespeito a Jim. Eu estava sempre entre 8 e 10 minutos atrasada para nossas chamadas semanais, desperdiçando o tempo dele e deixando-o irritando com cada e-mail que lhe enviava dizendo *foi mal, vou atrasar*. Às vezes eu encerrava nossa conversa por telefone para atender outra chamada sem explicar primeiro por que precisava atendê-la imediatamente. Quando voltava minha atenção a ele, nós dois tínhamos perdido nossa linha de raciocínio, forçando-nos a desperdiçar ainda mais tempo retomando o fluxo da conversa. Por fim, e ainda mais constrangedor, eu enviava e-mails incompletos, respondendo *algumas* de suas perguntas, mas não todas, visto que estava sempre ocupada priorizando tarefas mais urgentes.

Jim estava certo em defender a si mesmo e em ser honesto. Ele também me ofereceu uma chance para me redimir. A conversa que tivemos, por mais desconfortável que tenha sido, me recordou sobre a importância de Valorizar Visivelmente, de demonstrar respeito de forma consciente e aparente à outra pessoa em nossas vidas profissionais e pessoais.

Mais da metade de todos os funcionários relatam que não recebem o respeito que precisam ou querem de seus líderes.[1] Mas que bando de líderes ingratos, não? Mas poderia haver outra explicação? Será que tais líderes não estão expressando respeito de formas que alguns funcionários não reconhecem? À medida que os sinais de respeito mudaram, as habilidades que precisamos usar para fazer com que nossos colegas sintam-se valorizados também se alteraram.

O respeito tradicional sempre baseou-se em sinais que compartilhamos presencialmente. Cada interação pessoal gera sinais positivos que nossos cérebros entendem de forma inconsciente após centenas de milhares de anos de treinamento evolucionário. Porém, atualmente, como menciono ao longo deste livro, muitas de nossas interações não têm as deixas visíveis de significado e compreensão.

Quando os relacionamentos são mediados por telas, como tornar visível o invisível?

Após conversar com Jim, percebi que estava cometendo um erro que também é um dos maiores assassinos do engajamento atual: presumi que, se Jim não falava nada, então estava tudo certo. ("Notícia ruim chega rápido", diz o ditado, muito embora não dê para tocar uma empresa com base nele.) Com mais de 60% dos trabalhos em equipe atualmente sendo conduzidos digitalmente e por textos, não podemos mais depender de premissas para avaliarmos os sentimentos de respeito mútuo.[2] Minha falta de interação presencial com Jim significava que eu estava deixando passar muitas informações importantes. Tive que parar de depender de uma única conversa por projeto e começar a ter diversos pontos de contato, e deixar de lado uma apreciação *não explícita* e praticar o reconhecimento *explícito*.

Após nossa conversa, comecei a fazer questão de encerrar reuniões no horário para evitar causar atrasos. Jim e eu marcamos videochamadas semanais para avaliarmos o trabalho e garantir que ele se sentia valorizado e apoiado. O formato de vídeo me deu uma oportunidade de ler as deixas corporais dele, para que eu pudesse observar em primeira mão o que o deixava desconfortável e ver sua linguagem corporal quando parecia não conseguir expressar-se com palavras ou quando precisava de mais tempo para refletir sobre algo. Bem, "sentar-se" com alguém sem ficar com aquela troca de e-mails resolveu nossos desafios de comunicação muito rapidamente. Também tivemos a oportunidade de discutir os objetivos de aprendizado de Jim, por fim criando um projeto que ele completaria em conjunto com suas outras responsabilidades.

Em geral, melhorei (*muito*) meus contatos com Jim, dando-lhe feedback sobre suas contribuições e expressando apreciação por seu árduo trabalho. O resultado? Jim e eu acabamos trabalhando juntos por anos. E as lições que aprendi ainda me guiam.

Hoje em dia, aproveito as ferramentas digitais como videochamadas e "checagens" semanais ou bissemanais para garantir que minha equipe está sentido-se Valorizada Visivelmente. Para cada pessoa, escolho um meio de comunicação com base em seu estilo de personalidade (por exemplo, meus estagiários se comunicam melhor pelo Slack e gostam dos vales-presente da Amazon que ganham ao término do contrato, ao passo que minha equipe executiva prefere os e-mails e aprecia mensagens personalizadas), enquanto não deixo de expressar encorajamento ou gratidão o mais frequentemente possível. Não deixo perguntas sem respostas e quando me reúno com a equipe, não me permito qualquer distração digital.

···

Valorizar Visivelmente significa não presumir que as pessoas estão "bem". Significa ser proativo em demonstrar explicitamente que você entende seus desejos e valoriza sua participação.

···

Como mostra minha experiência com Jim, o respeito possibilita os líderes a desafiarem uma situação, não uma pessoa, e cria um ambiente em que os integrantes da equipe sintam-se valorizados para engajar em conversas saudáveis e até acaloradas. O respeito facilita a inovação e a criatividade ao permitir que os líderes aproveitem o poder do pensamento diversificado e das perspectivas múltiplas. Por outro lado, o desrespeito (seja intencional ou não) é o assassino silencioso da colaboração, da iniciativa e da satisfação no trabalho.

PARE DE ME DESRESPEITAR!

Quando eu estava em plena pesquisa para este livro, recebi um telefonema frenético de um cliente. O chefe de recursos humanos da empresa precisava de um favor. E *rápido*. Um dos líderes da empresa estava gerenciando um projeto de alto nível e enfrentava problemas para manter as equipes funcionando bem. Era uma startup menor, então esperava-se que as pessoas trabalhassem muito na expectativa de retornos futuros. Mas as equipes *não* estavam colaborando, e a comunicação estava travada. Todos sentiam isso também, o que afetava o moral assim como a velocidade ao mercado e os prazos com os clientes. Será que eu poderia ajudar?

"É claro!", respondi, acrescentando que, embora estivesse num período sabático para pesquisas, ficaria feliz em falar com o executivo e criar um plano de ação. O executivo e eu tivemos uma conversa longa e informativa durante a qual avaliamos algumas soluções. Ao término, ele parecia disposto a agir e me pediu que lhe enviasse uma proposta dentro de uma semana, e para que me planejasse para começar a trabalhar junto deles em três semanas. Certamente, disse eu. Trabalhei até tarde durante as noites seguintes e entreguei a proposta no prazo.

E depois, nada. Nunca mais ouvi falar dele. Posteriormente, conheci outros consultores que tiveram a mesma experiência de envolver-se em uma conversa entusiasmada com esse mesmo homem para depois ficar no vácuo após entregar o trabalho prometido. Minha conclusão foi a de que ele tratava todas as suas equipes da mesma forma — com uma total falta de respeito por elas e suas expertises.

Valorizar Visivelmente é algo fácil de dizer, porém, muito mais difícil de incorporar no ambiente moderno de trabalho. Abundam artigos falando sobre estabelecer respeito ao criar um código de ética ou ao lembrar-se de cumprimentar os outros no elevador — mas como isso se traduz em e-mails, mensagens diretas e videoconferências? A natureza inerentemente distante desses canais de comunicação facilita os comportamentos desrespeitosos — mesmo nas reuniões ao vivo.

Nunca me esquecerei de uma reunião que tive certa vez com Michelle, executiva sênior em uma grande empresa. Foram necessários cinco e-mails, dois acompanhamentos e um telefonema de confirmação com sua assistente para achar um horário em sua agenda. Apareci na hora marcada. Quase dez minutos depois, Michelle entrou na sala, cumprimentou-me e disse imediatamente: "Você escolheu o pior horário para esta reunião. Tenho uma apresentação importantíssima para fazer hoje mais tarde." Sugeri remarcar, mas ela pediu que sua colega viesse e assumisse seu lugar na reunião enquanto ela ficou por lá mesmo, preparando-se para a reunião seguinte em seu telefone.

A situação toda foi bizarra. Senti-me ainda mais desrespeitada por Michelle continuar sentada na sala com seu telefone do que se ela tivesse saído e deixado que sua colega assumisse a reunião. Não pude evitar recordar-me de Jim, o grande funcionário que quase perdi. Esse sentimento de ser desvalorizado e desrespeitado fica conosco. Por que algum dia recomendaria Michelle para qualquer pessoa em minha própria rede de contatos? Quem sabe quantas ótimas oportunidades ela perdeu ao longo dos anos como resultado de tratar os outros tão mal?

IMPLICÂNCIAS COMUNS A SEREM EVITADAS

- **Estar com pressa.** Enviar uma mensagem sem ler antes. Tentar acelerar uma teleconferência para começar outra. Alegar que está "ocupado demais" para ver como suas equipes estão indo.

- **Não respeitar o tempo dos outros.** Marcar duas reuniões para a mesma hora. Priorizar sua própria agenda ao marcar compromissos. Permitir que as teleconferências se alonguem demais. Enviar e-mails "urgentes" que de modo algum o são. Permitir reuniões inúteis recorrentes para seguir a agenda.

- **Esquecer-se de demonstrar gratidão.** Pegar o hábito de comunicar-se apenas por escrito sem incluir contatos de acompanhamento por telefone ou vídeo em que as equipes podem realmente ouvir um "muito obrigado". Enviar e-mails vagos. Não dar os créditos a todos da equipe ao enviar um entregável.

- **Fazer inúmeras tarefas durante reuniões presenciais e online.** "Só estou respondendo a uma mensagem...", rotineiramente ao longo das reuniões. Responder a e-mails e mensagens diretas em seu notebook. Ficar olhando para seu telefone quando os outros estão tentando fazer contato visual com você. Não colocar suas notificações no modo silencioso ou vibra durante discussões importantes.

Além do mais, no mundo digital, às vezes parece que temos opções demais — e um número igual de oportunidades para um desastre potencial. Quando deveríamos enviar um e-mail e quando é melhor enviar uma mensagem de texto? Quando um telefonema é esperado? Quanto tempo esperar antes de responder a uma mensagem? Qual é o padrão de tempo para agradecimentos e desculpas digitais? Se somos rápidos demais, arriscamos ser negligentes ou insinceros; se demoramos demais, arriscamos passar a impressão de não termos sentimentos. Será que os agradecimentos e as desculpas digitais carregam o mesmo peso e importância que aqueles ditos pessoalmente ou por telefone?

Hoje, não é mais seguro presumir que os outros "entendem o que queremos dizer". Isso também inclui sentirem que os estamos valorizando visivelmente ou não.

VALORIZAR VISIVELMENTE: OS PRINCÍPIOS

Considerando nossa transição provavelmente permanente para comunicações digitais, mais trabalho remoto, equipes mais horizontais e um ritmo mais acelerado de mudança, os novos princípios de Valorizar Visivelmente nunca foram tão cruciais.

Ler Cuidadosamente É o Novo Escutar

Nesta altura, você provavelmente reconhece que, embora outrora falássemos e compartilhássemos informações sentados à mesa ou pelo telefone, agora conversamos de forma escrita. Em vez de escutar os outros enquanto expressam suas ideias, nós lemos o que eles têm a dizer em um e-mail ou em outro meio digital. O problema, de acordo com uma pesquisa feita pela linguista Naomi Baron, é que compreendemos menos quando lemos numa tela do que quando lemos algo impresso.[3] Devotamos menos tempo para ler um trecho na tela, somos mais inclinados a fazer várias coisas ao mesmo tempo e tendemos a passar os olhos pelo texto em vez de lê-lo de forma lenta e cuidadosa.[4]

Por exemplo, esta foi uma recente troca por e-mail que tive com um cliente:

> você prefere conversar na quarta-feira ou na quinta-feira?

> sim

Isso me deixou pasma. *Ainda* estou pasma!

···

Sempre mencione detalhes em suas comunicações. Isso mostra que dedicou seu tempo para realmente ler a mensagem, pensar sobre as questões e importar-se com o trabalho que a outra pessoa fez.

···

Um motivo importante pelo qual lemos tão mal online é que, normalmente, estamos nos movimentando na velocidade da luz. Em vez de tirarmos tempo para lermos as mensagens com cuidado, passamos correndo por elas em busca de uma linha de chegada indeterminada (que é reiniciada todas as manhãs). Nossa necessidade por velocidade leva a comunicações como a mostrada há pouco — o equivalente digital de falar ao mesmo tempo que a outra pessoa.

Mas será que estamos *realmente* tão ocupados como pensamos? De acordo com Baron, simplesmente... não. Muito de nossa correria, e de nossa ansiedade quanto à correria, é artificial, o que acaba nos custando em precisão, clareza e respeito. Mas mesmo se você *estiver* realmente muito ocupado para responder à outra pessoa imediatamente, há maneiras de mostrar que não a está ignorando. Você pode demonstrar respeito, por exemplo, ao enviar uma mensagem curta (*Recebido!*) para informá-la que recebeu a mensagem ou e-mail e que os está analisando. Você pode dar uma estimativa aproximada de quando poderá responder com mais detalhes. Em última análise, o objetivo é mostrar que você realmente leu as mensagens da outra pessoa ao abordar todas as questões relevantes e responder a todas as perguntas. Caso isso não seja possível, informe à pessoa que retornará com mais respostas oportunamente. Assim, ela saberá que você não está ignorando as outras questões.

COMO POSSO DEMONSTRAR ESCUTA ATIVA EM UMA CONVERSA DIGITAL?

- Priorizando um retorno rápido, mesmo para dizer que responderá depois.

- Respondendo a todas as perguntas e comentários da mensagem, e não apenas a um ou dois.

- Perguntando *Posso te ligar?* ou marcando uma reunião presencial para questões mais complexas.

- Não interrompendo — e impedindo que os *outros* interrompam.

- Usando deixas verbais, como "Continue" ou "Estou ouvindo", para encorajar os outros a compartilhar ideias em videochamadas.

- Não usando o botão "mutar" como uma licença para fazer outras coisas.

- Fazendo perguntas de esclarecimento.

- Tomando notas ou enviando notas após a chamada.

- Dando tempo aos colegas de equipe para compartilharem ideias pelo chat durante uma videochamada.

Escrever Claramente É a Nova Empatia

Escrever bem e, acima de tudo, *conscientemente*, é uma marca crucial de respeito. Ponto final. (E não, não estou brava com você.)

A CMO de uma empresa farmacêutica estava se comunicando com sua equipe sobre o preparo da apresentação que seria feita numa reunião da diretoria. Ela compartilhou uma ideia rápida por e-mail — *Vocês acham que deveríamos acrescentar mais pesquisas sobre oncologia na apresentação?* Na mente dela, ela estava convencida de que havia dito, *Vamos acrescentar dois tópicos neste slide* —, mas seu cérebro estava lhe pregando peças. Duas semanas depois, sua equipe havia passado cerca de trinta horas preparando quarenta slides sobre a pesquisa de oncologia. A CMO não fazia ideia dessa quantidade e tinha francamente se esquecido sobre os dois tópicos que achou que tinha proposto. Mas sua equipe estava acostumada a responder totalmente aos pedidos dela, e raramente fazia perguntas, o que fez com que os integrantes se sentissem ainda mais desvalorizados quando seus quarenta slides se transformaram em dois tópicos de um slide.

Resumindo: se você é o chefe, esteja atento ao escrever "seus pensamentos", e separe-os das verdadeiras ordens de comando. Se é o funcionário, não tenha medo de fazer perguntas de esclarecimento logo no início. Isso é menos constrangedor e consome menos tempo do que um produto final ruim.

Ao escrever, cuide dos detalhes. Verifique o tom e pense em como sua mensagem pode ser percebida, especialmente com base em sua posição.

Muitas vezes, um e-mail mal compreendido é o resultado de uma palavra que faltou ou de uma pontuação confusa. A solução é simples: revise seus e-mails! Revisar é ao mesmo tempo um hábito e uma habilidade: ao fazer com que seja uma questão de orgulho enviar mensagens claras e inequívocas, você ajudará as pessoas a levar mais a sério o que escreve.

Um telefonema vale mais que mil e-mails.

Um cliente alemão me disse certa vez: "Eu estava tendo uma troca infindável de e-mails com dois colegas, um francês e um indiano, que escreviam um diálogo circular, falando sobre a mesma coisa e sem entender um ao outro. Fiz com que ambos participassem de uma teleconferência comigo, fiz algumas perguntas de algumas formas diferentes, e chegamos ao âmago da questão. Às vezes, penso que ficamos sempre tentando adivinhar o que os outros querem dizer numa sequência de e-mails, quando na verdade, não fazemos ideia."

Uma boa conversa por telefone está se tornando rapidamente uma arte obsoleta. O que é muito ruim, visto que um telefonema pode economizar muito tempo enquanto, ao mesmo tempo, gera boa vontade. (Reconheça, não dá para explicar *tudo* digitalmente!)

Caso tenha recebido uma mensagem ou e-mail vago ou confuso, não tenha medo de solicitar uma conversa por telefone e, se possível, uma reunião por vídeo ou presencial. Se for um assunto delicado, solicitar uma chamada rápida mostra que você está sendo atencioso. Em vez de fazer com que pareça indeciso, esperar um pouco antes de responder a perguntas mostra à outra pessoa que você está escutando e levando seu trabalho a sério.

Com tantas plataformas escritas à nossa disposição, também podemos acabar fazendo perguntas demais por e-mail ou chats em grupo. Reuniões por telefone, vídeo ou presenciais evitam que nossas caixas de entrada fiquem entupidas com pergunta após pergunta sobre detalhezinhos, em vez de exigir que formulemos as perguntas *certas*.

No início de qualquer projeto, vale mais fazer perguntas abertas do que aquelas cheias de nuances. "Isso me ajuda a ver se a outra pessoa entendeu o que eu disse", contou-me certa vez um líder. Solicitações do tipo "Explique o que entende por um projeto bem-sucedido" ou "Ajude-me a entender quais são os melhores próximos passos" eliminam uma sequência exagerada de e-mails frenéticos, garantido que todos na equipe estejam esclarecidos sobre os objetivos do projeto e seus papéis individuais.

VALORIZAR VISIVELMENTE NA PRÁTICA

Pratique o Reconhecimento Radical

A ausência de respeito pode transformar detalhezinhos em problemões. Permita-me explicar.

Nunca me esquecerei de uma teleconferência de trinta minutos que tive certa vez com quatro colegas na qual o organizador esperou até o vigésimo sexto minuto para perguntar: "Alguém aí tem alguma ideia para compartilhar?" Até então, em vez de aproveitar os quatro especialistas no assunto que ele tinha à disposição na chamada, ele passou a maior parte da reunião palestrando! Ele nos deu a impressão de ser não apenas rude e egocêntrico (tudo bem, ele *era* isso mesmo), mas por não permitir que ninguém dissesse nada, ele estava enganando a *si mesmo*.

Sempre que organizo reuniões digitais, geralmente peço aos participantes remotos que liderem partes da agenda. Eles sentem-se valorizados e, além disso, todos podem conhecer os nomes dos outros, ver seus rostos e estilos de apresentação. Normalmente, marco uma discussão com base em pré-leituras enviadas um ou dois dias antes da reunião. Durante meus workshops ao vivo via internet (em que alguns participantes estão na mesma sala comigo enquanto outros assistem online), começo a sessão de perguntas e respostas pedindo aos participantes virtuais que façam suas perguntas primeiro, fazendo questão de relembrar às pessoas na sala que não são as únicas participando do evento.

Qualquer um pode criar novas normas e rituais para ajudar a garantir que a cultura de uma empresa valorize o reconhecimento e o respeito. Por exemplo:

Scott Gerber, CEO da Young Entrepreneur Council, envia mensagens por vídeo para transmitir sua gratidão.[5]

Um líder sênior chinês chamado Xu faz videoconferências mensais de sessenta minutos com seus funcionários de todas as filiais para atualizá-los sobre o desempenho da empresa. As equipes também usam essas oportunidades para contar suas histórias de sucesso. A maioria começa com uma breve apresentação dos novos participantes e uma "celebração" dos aniversários do mês. Após seis meses, Xu está colhendo os benefícios. "As pessoas sentem-se mais engajadas, mais partes da missão", diz ele, "pois sabem exatamente como estão se saindo em todos os níveis."

Aria Finger, CEO da DoSomething.org, uma organização sem fins lucrativos, recompensa os funcionários de maneiras singulares. Entre as poucas ações simples, mas memoráveis, que implementou, ela premia todos que estão na DoSomething.org por três meses com "um emoji pessoal no Slack", e a empresa celebra os participantes de equipe que se destacam em uma cerimônia de "premiação". [6] A DoSomething.org foi eleita um dos melhores lugares para trabalhar pela *Crain's* e tem uma alta taxa de retenção comparada a seus pares.[7]

Outro executivo que conheço administra uma organização com mais de mil funcionários. Ele liga para todos em seus aniversários, dá os parabéns, e lhes agradece pelo trabalho árduo. Por mais assustador que isso possa parecer, o impacto foi tremendamente positivo.

Participantes de um estudo publicado pelo *Journal of Personality and Social Psychology* receberam um de dois e-mails solicitando ajuda para escrever uma carta de apresentação. A metade recebeu um e-mail com uma frase incluindo as palavras *Muito obrigado!*, e os demais receberam o mesmo e-mail sem a demonstração de gratidão. O estudo descobriu que aqueles que receberam o e-mail com o *Muito obrigado* demonstraram duas vezes mais disponibilidade em ajudar.[8]

Todos esses são bons exemplos de como podemos demonstrar reconhecimento em nossa linguagem corporal digital dentro de nossos ambientes de trabalho. É provavelmente desnecessário dizer que as expressões de gratidão e respeito não precisam ser chiques ou formais, tampouco exigem muito tempo. Digitar apenas duas palavras a mais — *muito obrigado* — pode produzir resultados incríveis.

Reconheça Diferenças Individuais

Uma de minhas clientes, Lisa, que é executiva de tecnologia, certa vez compartilhou comigo sobre os desafios que enfrenta para atender às necessidades tanto dos introvertidos como dos extrovertidos. "Já é difícil gerenciar as diferenças entre introvertidos e extrovertidos em reuniões presenciais com minha equipe", contou-me ela. "Agora, percebo que os introvertidos não falam durante as teleconferências ou as rápidas trocas de e-mails por causa das vozes sonoras que ainda monopolizam a conversa." Lisa também notou que sua equipe inteira estava compartilhando menos notícias ruins com ela nas chamadas em grupo porque os integrantes temiam que isso pareceria desrespeitoso, como se estivessem "puxando o tapete" dos outros.

Para resolver isso, Lisa criou um processo de acompanhamento para cada teleconferência sobre estratégia. Ela pede a cada integrante da equipe que envie um e-mail diretamente para ela até o fim da semana respondendo a duas perguntas: "Quais são as más notícias que eu não quero ouvir?" e "O que posso não ter percebido em nossa última conversa?" Ela faz isso por dois motivos.

Primeiro, perguntar sobre as más notícias cria um espaço regular para falar sobre os desafios na empresa. Segundo, os introvertidos na equipe de Lisa exigem mais tempo para processar ideias, e tendem a falar mais por e-mail ou em conversas individuais. Ao lhes dar o espaço para pensarem nas perguntas, Lisa recebe insights excelentes que não teria obtido na reunião, enquanto reduz o pensamento grupal cultural de forma geral. Ela também está ciente das diferentes formas pelas quais os membros da equipe engajam-se em conversas e faz o que pode para ir até eles numa posição em que estejam confortáveis — durante um telefonema individual após a reunião, talvez, ou em um almoço com poucas pessoas. Resumindo: *todos* sentem-se mais respeitados.

COMO SE CONECTAR COM INTROVERTIDOS

- Agende momentos de pouca atividade entre longas reuniões.
- Pratique esperar cinco segundos antes de começar a falar.
- Envie perguntas alguns dias antes de uma reunião para que tenham tempo de processar e se preparar.
- Encoraje-os a enviarem um e-mail ou uma mensagem de texto para você com suas ideias após uma reunião.
- Crie um limite de tempo para que as vozes mais sonoras não monopolizem a conversa.
- Pare de interromper. Use ferramentas como chat ou a mãozinha levantada para designar quem vai falar na sequência, e escolha um moderador para garantir que a fila seja respeitada.

COMO SE CONECTAR COM EXTROVERTIDOS

- Marque reuniões regulares por vídeo ou presenciais para que possam conversar sobre as coisas com você.
- Crie grupos menores para que tenham a chance de expressar suas ideias antes de se juntarem ao grupo maior.
- Mantenha espaços de convivência em seu escritório ou online para que possam se recarregar com interações sociais entre os blocos de trabalho.

E temos então as situações *incomuns*. Sue era a chefe de licenças em uma grife com capital aberto. A cada trimestre, ela se reunia com Doug, o CFO, para analisar o orçamento da equipe. Quatro vezes por ano, a equipe dela fazia horas extras, planejando e documentando cada aspecto do complicado orçamento. Embora Sue e sua equipe tivessem bastante respeito mútuo, o mesmo problema sempre aparecia na época dos orçamentos.

Era o seguinte: Doug preferia discutir o orçamento sozinho com Sue. Desnecessário dizer, isso fazia com que a equipe dela se sentisse excluída do projeto em que tinha trabalhado tanto para realizar. O que desmotivava ainda mais era que nunca havia qualquer reconhecimento do trabalho da equipe ou qualquer explicação quanto a subsequentes alterações no orçamento. Quando Sue finalmente se inteirou do problema, ela iniciou dois processos simples. Primeiro, fez questão de que o nome de todos aparecesse na apresentação final, o que esclarecia quem havia criado o quê. Após cada reunião trimestral de orçamento com Doug, ela também agendava logo em seguida uma reunião de uma hora com sua equipe, na qual discutia os comentários e feedback de Doug. Ela também passou a escrever um e-mail de acompanhamento ao CFO reconhecendo os esforços individuais dos integrantes da equipe, citando a contribuição que cada um havia dado para o produto final. É claro, ela colocava todos da equipe em cc para que pudessem testemunhar tais elogios.

Em nossos ambientes de trabalho cada vez mais competitivos, em que tanto o ritmo quanto a tecnologia facilitam perdermos de vista a conexão humana, esse tipo de processo de valorização faz diferença.

TORNE-SE UM NINJA DAS REUNIÕES

Valorizar visivelmente exige que você "fique de olho no relógio" — e digo isso literalmente. Pode parecer excessivamente tático para alguns, mas acredito que, quando você não respeita o tempo dos outros em reuniões por telefone, vídeo ou presenciais, está enviando uma mensagem implícita de que não os valoriza mesmo.

Vejamos o exemplo de Jonathan, que foi convidado para uma teleconferência da equipe uma noite antes de ela ocorrer. Por ter sido convidado tarde, pareceu que foi esquecido antes mesmo de a conversa começar. Para piorar as coisas, ninguém lhe disse *sobre o que* a reunião seria. Quando ela iniciou, ele logo percebeu que a maioria dos outros não fazia ideia do porquê estava lá também, quem mais viria, quanto tempo a reunião duraria ou por que o que estava sendo discutido não poderia ter sido comunicado via e-mail.

Após cinco minutos de reunião, Jonathan interrompeu o organizador. "Desculpe a interrupção", disse ele, "mas, antes de realmente mergulharmos no assunto, poderia nos dizer o que deveremos ter realizado ao término da chamada e qual será a agenda? E será que poderíamos fazer apresentações de dez segundos para que todos saibam quem está participando?" Imediatamente, um propósito claro foi estabelecido. Todos tinham clareza sobre o valor que esperava-se que trouxessem à reunião e o que deveriam esperar dali em diante.

Como os líderes podem criar reuniões que valorizem e respeitem suas equipes?

Projete reuniões com uma agenda transparente e um plano para oferecer passos claros de ação ao término. Isso mostra respeito pelo tempo de seus colegas, ao mesmo tempo em que expressa responsabilização. No início da reunião, diga: "Ao término da reunião, deveremos alcançar os objetivos A, B, C…" Ao término, recapitule as conquistas ou liste o que ficou faltando.

Ao início de cada reunião ou teleconferência, separe cinco minutos para as apresentações. Peça a todos que digam alguma novidade pessoal ou profissional. Isso permite mais vulnerabilidade, familiaridade e confiança, além de ajudar a todos os envolvidos a entender de onde seus colegas vêm. Vinte quatro horas antes da reunião, distribua uma agenda que encoraje integrantes diferentes a liderar uma parte da reunião. Faça perguntas periódicas pedindo sugestões, em vez de esperar até o fim. Permita que todos contribuam. Se estiver em uma teleconferência, não use o botão "mutar" para minimizar as pausas estranhas e fazer outras coisas ao mesmo tempo.

Saiba quando excluir outros das reuniões em deferência ao tempo deles. Por exemplo, o diretor digital de uma empresa da Fortune 500 remove regularmente líderes seniores de convites para reuniões recorrentes quando suas contribuições não são mais necessárias.

Dito de forma simples, todos valorizamos nosso tempo, e demonstrar nosso respeito a ele tem um impacto enorme na felicidade das pessoas e no comprometimento geral ao trabalho.

COMO FAZER REUNIÕES MAIS VALIOSAS PARA TODOS

- Esteja certo de que todos possam responder à pergunta "por que estou nesta reunião ou conversa?"

- Marque reuniões que consumam o menor tempo possível. Considere a Lei de Parkinson: o trabalho se expande ao tempo disponível para sua realização.

- Comece e termine as reuniões no horário.

- Envie uma agenda clara ou defina o resultado pretendido antes da reunião.

- Ofereça sessões online de uma hora para "atendimento virtual" de modo a lidar com questões menores que não comprometam o tempo da reunião em grupo.

- Audite reuniões recorrentes e elimine aquelas que não agregam valor.

- Não crie uma reunião com mais de oito participantes a menos que seja uma sessão de estratégia mais ampla de equipe, um debate aberto ou uma atualização a nível organizacional.

- Se convidou um líder sênior a uma reunião, diga claramente se a participação é opcional e se um representante é necessário caso ele não possa participar.

PROÍBA A MULTITAREFA

São 16h15 de uma quarta-feira, e estou respondendo aos meus e-mails em uma aba, fazendo compras para o Natal em outra, e escolhendo um restaurante para o jantar em meu celular. Quando estou prestes a fazer o pedido do presente perfeito de Natal, uma voz me chama de volta à realidade.

"Erica, o que você acha? ... Erica. Erica? Erica!"

Certo. Estou também em uma *teleconferência.* "Desculpe, estava no mudo aqui", explico, muito embora não fosse verdade, pois estava focada em outras coisas. Sobre o que os outros estavam falando? Planejamento da empresa?

"Sim, concordo totalmente com a última fala", solto, fechando rapidamente a meia dúzia de abas no meu navegador e inspirando profundamente. Será que todos sabem que eu não estava escutando? "Ah, maravilha, ótima notícia", diz alguém. "Obrigado, Erica." Passei ilesa. Foi por pouco.

Todos temos fraquezas, e a minha eram as abas no navegador e o botão de mudo. Como todos sabem, é perigosamente fácil fazer multitarefas durante um telefonema ou uma teleconferência, embora eu saiba muito bem que isso reduz minha escuta ativa. Pelo menos, não sou a única. Em um estudo, cerca de 65% dos participantes admitiram que fazem outras coisas ou enviam e-mails enquanto participam de teleconferências.[9]

É por isso que fiz questão de banir o uso da ferramenta "mutar" em todas as minhas reuniões virtuais. Também tento planejar reuniões que sejam direto ao ponto e engajadoras para que todos os participantes fiquem menos tentados a deixar suas mentes divagar.

Certa ocasião, apresentei um workshop para trinta pessoas em uma empresa farmacêutica. Todos pareciam engajados, com a exceção de uma mulher no fundo que não conseguia tirar os olhos de seu celular. Mesmo quando eu ficava a um metro dela, seus olhos estavam colados na tela. Isso me incomodou, e até distraiu outros participantes. E ela era uma das pessoas mais importantes na sala! Todos já fizemos isso. Nosso objetivo, portanto, é estarmos cientes dos perigos da multitarefa e percebermos como ela afeta nossa *própria* atenção.

• • • • • •

No fim, o objetivo de Valorizar Visivelmente é muito simples. Trata-se de fazer com que as pessoas sintam-se apreciadas no ambiente de trabalho. Use as técnicas deste capítulo para garantir que esteja valorizando conscientemente sua equipe online. Use a avaliação a seguir para analisar se Valorizar Visivelmente está presente em sua equipe. Marque um quadro após cada frase. Quanto mais "Concordar Plenamente", mais alto é o nível de Valorizar Visivelmente em sua organização.

	Concordo Plenamente	Concordo Parcialmente	Discordo Parcialmente	Discordo Plenamente
O trabalho excelente é reconhecido e recompensado em sua organização.				
Sua expertise e habilidade são valorizadas e usadas.				
Seu tempo é respeitado.				
Você não está trabalhando demais nem está esgotado.				
Obtenha a avaliação completa em ericadhawan.com/digitalbodylanguage [conteúdo em inglês]				

•

CAPÍTULO 5

Comunicar-se Cuidadosamente

Pense Antes de Digitar

Nós nos **Comunicamos Cuidadosamente** ao enviar mensagens que expressam o que queremos dizer e afirmam o que precisamos — de quem e para quando —, desta forma eliminando a ambiguidade frustrante nas equipes.

Sendo eu a filha mais nova em uma família de imigrantes indianos, aprendi com certa facilidade a gramática básica do inglês. Mas ainda não tinha muitas das deixas contextuais que vinham naturalmente aos meus colegas. Lembro-me de certa vez quando convidei uma colega do colégio para vir jantar com minha família em um restaurante local. A certa altura, ela sussurrou para mim que os garçons estavam nos achando "rudes". Não foi algo que dissemos, mas nosso tom e cadência. Veja, em inglês indiano, quando alguém pede algo, é usada uma entonação com um contorno decrescente, então parece mais uma afirmação do que uma pergunta. A maioria dos norte-americanos está acostumada a fazer pedidos que terminam com um contorno crescente. Naquele momento, soube exatamente o que minha amiga quis dizer: sem saberem disso, todos na minha família passaram a impressão de estar dando ordens para os funcionários!

Ao se comunicarem, as pessoas fazem uso inconsciente de uma vasta gama de deixas de "contextualização" que ajudam os outros a avaliar o significado por trás das palavras. Por exemplo, dizer "adoro este filme" e fazer um sinal positivo com a cabeça sinaliza algo totalmente diferente de "adoro este filme" e rolar os olhos ou piscar.

Como observei anteriormente, somos todos "imigrantes" no ambiente digital de hoje em dia, ou seja, as deixas sutis que nos ajudam a entender o que os outros podem *realmente* estar dizendo exigem tempo, paciência e até reflexão.

Considere, por exemplo, a história do Docstoc, um recurso online de compartilhamento de arquivos lançado em 2007. No primeiro dia após o lançamento, Docstoc atraiu 30 mil usuários.[1] O CTO Alon Shwartz considerou esse número um motivo de celebração. Trinta mil usuários! Mas, quando compartilhou o número com o CEO da empresa, Jason Nazar, levou um balde de água fria. Veja a conversa resumida:

> Shwartz: Conseguimos 30 mil. Que ótimo!
>
> Nazar: Conseguimos 30 mil? Que horrível!

Ao que parecia, o sucesso de Shwartz era o fracasso de Nazar — e estavam trabalhando no mesmo projeto! (Leitores mais velhos sem dúvida se lembrarão da cena do filme *Noivo Neurótico, Noiva Nervosa,* quando um terapeuta pergunta ao protagonista, Alvy Singer, com que frequência fazia sexo com a namorada. "Quase nunca", respondeu ele. "Talvez três vezes por semana." Ao responder à mesma pergunta, Annie, sua namorada, respondeu: "Constantemente. Diria que três vezes por semana.")

Por fim, Shwartz e Nazar perceberam que nunca haviam tirado um tempo para definir o que seria considerado sucesso. A conclusão de Shwartz? "Se você não definir o que é o sucesso e não se engajar em validação mútua, como saberá quando o atingiu?" Ele acrescenta: "É difícil alcançar um objetivo que não está definido claramente."[2]

Histórias como essa são muito comuns. As reclamações vão desde "nossos departamentos não têm uma linguagem em comum" a "ninguém sabe o que nossa divisão está querendo fazer." No fim das contas, tudo se resume a um grande muro: ninguém está se Comunicando Cuidadosamente.

Até 80% de todos os projetos sofrem por falta de clareza e detalhes.[3] Uma pesquisa recente mostrou que 56% dos projetos estratégicos fracassam como resultado de uma má comunicação.[4] Só nos EUA, isso chega a uma perda de US$75 milhões para cada US$1 bilhão gasto.[5]

Quando conheci minha cliente Selena, ela estava no limite. Em uma nova função como gerente de uma equipe de design, ela estava atarefada desenvolvendo relacionamentos com uma equipe espalhada pela costa leste dos EUA. O problema era que estava tendo conflitos com um dos designers seniores, que lhe havia enviado um esboço desleixado e incompleto pela segunda vez. *Tudo ok*, Selena respondeu, incluindo uma lista do que tinha gostado e do que ainda precisava ser arrumado. *Ok, vou enviar as mudanças logo mais*, veio a resposta. Mas quando o novo esboço chegou, nenhuma das mudanças que Selena havia solicitado foram feitas, fazendo-a telefonar para ele e *mandar* que fizesse as alterações. O designer ficou indignado. *Você me disse que estava tudo ok. Agora está me atacando?*

Sem as deixas como contato visual, tom de voz ou linguagem corporal para esclarecer a intenção de Selena, o designer interpretou seu *Está tudo ok* como um feedback mais ou menos direto. Não era o caso — era um aviso sutil. O mesmo caso se deu com as mudanças que Selena propôs — foram entendidas como *opcionais*. Quando o designer as ignorou, seria uma surpresa o fato de Selena ter achado que ele não a estava escutando ou que ele acreditava que sua chefe tinha agora mudado de ideia?

Gentilmente, expliquei para Selena que o problema estava com *ela*. Seu modo natural de engajar-se com colegas era bem-intencionado, mas fora da realidade numa era digital. Se quisesse ter êxito em seu novo papel de líder, ela teria que ser muito mais clara. O problema não era sua falta de habilidade com pessoas — ela estava fazendo tudo que podia para criar conexão com seus gestores e equipe —, mas ela precisava ajustar sua linguagem corporal digital.

A boa notícia? Selena percebeu que a clareza superava a gentileza e também ajudaria seus colegas a prosperar. Ela mudou seu estilo de feedback, tornando-o mais direto — incluindo até marcadores em sua lista de solicitações. Rapidamente, o designer entregou o que Selena queria. E estava excelente.

Outrora, as pessoas podiam "esclarecer" o que os outros diziam ao observar suas reações físicas — uma expressão de dúvida, um olhar surpreso, a indicação de um sorriso. Isso ainda funciona na vida real, não apenas no mundo digital contemporâneo. Mesmo nas videochamadas, há uma desconexão quando não podemos dizer se as pessoas estão ou não olhando para suas câmeras, ou avaliar muito bem suas expressões nos quadrinhos em que aparecem. Hoje, é responsabilidade de todos considerar as potenciais formas em que nossas comunicações podem ser interpretadas (ou má interpretadas) e ajustar nosso estilo de escrita e tom apropriadamente.

Comunicar-se Claramente significa expor sinais claros que mantenham todos informados e alinhados. Não significa que todos precisam concordar — o que quase nunca ocorre —, mas que os objetivos sejam compreendidos e compartilhados. Quando os integrantes da equipe estão genuinamente alinhados quanto aos objetivos e às expectativas, esse nível alto de compreensão mútua liberta todos para se concentrarem em serem os melhores no que fazem.

· ·

Comunicar-se Claramente significa ir direto ao ponto considerando o contexto, o meio e o público.

· ·

A velocidade e o ritmo da mudança na maioria das empresas hoje em dia tornam a implementação do Comunicar-se Claramente ainda mais difícil. Os líderes das companhias costumavam passar meses elaborando uma visão robusta de alinhamento estratégico antes de comunicarem-na numa campanha presencial visando investidores, filiais e clientes. Hoje, eles precisam disseminar a informação *rápido*.

Ou seja, espera-se que as pessoas apresentem suas ideias numa lista com marcadores, usando títulos como substitutos às ideias que os fundamenta. O caos universal de e-mails não lidos, mensagens diretas, de texto e convites para reuniões faz com que a maioria de nós anseie a era mais simples e fácil de telefonemas, visitas no escritório e jantares ininterruptos com clientes. Naquela época, dava para esperar um dia antes de finalmente respondermos a uma mensagem na caixa postal (*Retornar ligação para Jack*, anotávamos num papelzinho, que depois perdíamos.) É desnecessário dizer que Comunicar-se Cuidadosamente no atual mundo de altíssima velocidade e abreviações demanda uma abordagem mais concreta.

COMUNICAR-SE CLARAMENTE: OS PRINCÍPIOS

Visto que a maioria de nós se comunica na grande parte do tempo usando os polegares, precisamos de novas *regras* que ajudem a nos comunicar de forma clara e persuasiva.

Pense Antes de Digitar

Eram 20h de um domingo, e eu estava esgotada e cansada. Infelizmente, não consegui relaxar antes de começar a enviar alguns e-mails antecedendo uma manhã cheia de segunda-feira, que envolviam reuniões e viagem. Exausta, escrevi um e-mail para minha cliente Katie, incorporando orientações específicas relacionadas aos desafios que ela enfrentava com a equipe, juntamente com o rascunho da apresentação que compartilharia posteriormente com eles durante a semana. Parecia boa, pensei: escrita clara, títulos em negrito, marcadores e itálico. Digitei *Katie* no campo Para, e, quando seu e-mail apareceu, pressionei *Enviar. Pronto.*

Dois segundos depois, meu alívio deu lugar ao pânico. Eu havia enviado o e-mail para *outra* Katie de *outra* empresa. Essa "outra Katie" era uma potencial cliente, uma mulher com quem esperava trabalhar algum dia. Senti-me constrangida — devo ter parecido muito burra para ela. Se apenas tivesse tirado alguns segundo para pensar claramente e ser mais cuidadosa quanto à minha comunicação, eu poderia ter evitado tudo isso.

Pode parecer óbvio, mas esse tipo de coisa acontece o tempo todo. E quando clicamos em *Enviar*, cedemos o controle sobre aonde nossas palavras vão parar. Um e-mail particular que enviamos a um conhecido pode aparecer posteriormente em um post em sua página pública do Facebook. Mensagens e posts podem ser copiados, encaminhados, alterados e atualizados de formas que distorcem seu significado fundamental, sem mencionar a tradução instantânea (e nem sempre correta) a quase qualquer idioma. O e-mail de um cliente pode aparecer sem sabermos que o chefe do nosso chefe está incluído em Cco.

Tudo isso significa uma coisa: precisamos ter *muito cuidado*.

Um conhecido meu, ex-executivo de uma manufatureira, enviou a seus colegas um e-mail de doze parágrafos com um aviso amigável sobre uma possível aquisição futura. Sem seu conhecimento, duas palavras de seu longo e-mail foram copiadas (fora de contexto, também) e amplamente encaminhadas para toda a organização: *aguarde demissões*.

A administradora de um hospital passou pelo caos constrangedor e doloroso que o Responder para Todos pode criar quando enviou um e-mail para toda a equipe do hospital sobre o esboço de uma norma controversa. Apesar de seus melhores esforços para retomar o controle, ela passou a semana seguinte recebendo respostas dos cerca de 800 funcionários.

Nossa cultura veloz significa que nem sempre tiramos o tempo necessário para revisar ou realmente considerar as palavras que escrevemos antes de pressionarmos *Enviar*. Mas, atualmente, reler um e-mail antes de enviá-lo (e não dez vezes *após* tê-lo enviado) é *obrigatório*. Com que frequência você ouve "Mas eu lhe enviei um e-mail", "Você não recebeu meu e-mail?" ou "Tenho certeza de que falei sobre isso no e-mail" quando está olhando diretamente para o e-mail em questão e a informação simplesmente não está lá?

A primeira regra para Comunicar-se Claramente? *Vá com calma.*

EXPERIMENTE ESTE CHECKLIST PARA PENSAR ANTES DE DIGITAR

- Quem precisa ser incluído nesta mensagem?
- O que quero que o destinatário faça após ter lido a mensagem?
- De que contexto ou informação a pessoa precisa?
- Qual é o tom apropriado?
- Qual é o melhor momento para enviar esta mensagem?
- Qual é o melhor canal para veicular a mensagem?
- Como me sentiria se esta mensagem fosse "printada", encaminhada ou compartilhada de outro modo? O que posso fazer para mudar isso? Ou deveria alterar para um telefonema ou reunião presencial?

Se você não tirar alguns momentos para ir com calma, considere o cenário a seguir, muito comum, como algo que possa acontecer. Roz envia um e-mail para seu colega Jon:

> Oi, Jon, como foi sua viagem à estação de esqui no fim de semana? Ei, será que poderia me enviar o resumo de vendas compartilhado em seu grupo na sexta-feira? Preciso montar um relatório de vendas para a equipe. Outra coisa, alguma conta não reportou os números? Muito obrigado pela ajuda! — Roz

Segundos depois, Jon responde via mensagem de texto:

> Sim, conseguimos US$457 mil para fev!

Sempre disposto a agradar, Jon achou que a conversa foi ótima (o fato é que ele mal pensou sobre isso depois). Ele havia ajudado Roz, e agora podia seguir para o próximo item da agenda. Um ganha-ganha. De sua parte, Roz ficou irritada por diversos motivos. Primeiro, ela precisava do resumo *completo* de vendas; segundo, Jon não respondeu à sua pergunta; terceiro, Roz enviou um e-mail, mas Jon respondeu por mensagem de texto (*por quê?*); e, por fim, Jon pulou as cortesias, sem ao menos reconhecer os cumprimentos simples de Roz. (Ironicamente, ela teria ficado incomodada caso ele tivesse levado tempo *demais* para responder.)

É fácil presumir que suspender a cognição antes de digitar é coisa de "jovem", algo comum aos denominados nativos digitais. Mas minha pesquisa mostrou que os culpados de tal crime específico de linguagem corporal digital são de todas as idades e níveis nas organizações, incluindo (e especialmente) executivos, que são responsáveis por comunicar tantas mensagens que a maioria prefere velocidade em vez de clareza. O resultado é uma confusão disseminada em todas as equipes.

Joe, um antigo cliente meu, tinha uma equipe com baixo nível de engajamento. Conforme cavocamos para descobrir o porquê, percebemos que muitos dos membros da equipe diziam estar sobrecarregados. Geralmente trabalhavam nos fins de semana e até tarde da noite. Joe percebeu duas coisas: ele não havia criado limites de horário para as comunicações da equipe, e também era o culpado por enviar e-mails a qualquer hora. Seria alguma surpresa o fato de que suas equipes sentiam que precisavam estar disponíveis o tempo todo?

Assim, ele mudou algumas coisas. Hoje, suas equipes sabem que ele escreve e responde e-mails nas tardes do fim de semana, mas que não espera uma resposta até segunda-feira de manhã. Joe foi ainda mais longe e criou um novo acrônimo, RNS ("Responda na Segunda"). Desta forma, ele não precisa esperar para enviar o e-mail (e arriscar esquecer-se totalmente), mas sua equipe ainda tem o fim de semana sem preocupações.

Não desafine

O tom — a atitude geral, ou personalidade, da escrita — é outro elemento-chave do Comunicar-se Cuidadosamente. Pergunte-se: quem é o destinatário? Quem é o público? Qual é o contexto em jogo? Adapte sua comunicação de acordo com isso ou, como digo a meus clientes, não deixe de "ler o ambiente".

Naturalmente, isso significa prever como suas palavras provavelmente serão compreendidas pelos outros. Ao escrever um texto, ou ligar para seu chefe ou colegas, por exemplo, é melhor manter um tom neutro até desenvolver uma afinidade que aponte para outra direção. Concentre-se em ser informativo ou persuasivo. Edite a si mesmo de modo a permanecer com os fatos essenciais.

Offline, um tom alto de voz pode transmitir ênfase (*Isso é importante!*), servir como um sinal de mudança (*Na verdade, isso é o que importa*) ou expressar sentimentos extremos (*Estou furioso!*). Um tom mais suave de voz expressa "Não sei", sinaliza calma ou indica que talvez seja o momento de outra pessoa falar. A boa notícia é que você também pode modificar o volume de sua voz *digital*.

Considere a seguinte mensagem de e-mail: *ISSO NÃO ESTÁ BOM, PRECISA DE MUITO TRABALHO!!!!* Parece Zeus ordenando que um deus menor assassine alguém — tudo em caixa-alta, estrutura breve e uma cerca maluca feita com pontos de exclamação. Se alguém estava tentando arrancar a sua cabeça, cumpriu com a missão. Mas se essa mesma pessoa estava tentando expressar respeito, ops!

Tenha cuidado, portanto, com o efeito *visual* de sua mensagem.

Ethan, um gerente a quem orientei, disse-me certa vez sobre uma interação com uma líder sênior que o deixou sentindo-se desvalorizado e menosprezado. Como solicitado, ele havia enviado a essa líder um plano detalhado para aumentar a produtividade. O plano definia uma forma diferente de trabalhar que Ethan tinha certeza de que poderia ajudar as equipes a evitar ter que duplicar seus esforços ao criarem novos níveis de transparência. Ele estava animado com o plano, e até incluiu perguntas específicas para a próxima reunião com a equipe. Esperando uma resposta positiva, talvez até algumas perguntas de aprofundamento, o que ele acabou recebendo da executiva foi isto: *blz*.

Perdão, *o quê?* Blz o quê? Salão de beleza? Ethan sentiu-se confuso e insultado. Sua proposta era clara e abrangente. Será que não pedia uma resposta à altura? Será que a executiva estava sequer *pensando* no plano de Ethan — ou será que o estava dispensando abertamente? Será que blz significava que ele poderia continuar, ou seria um comando sutil para colocar sua ideia tonta em banho-maria? Era impossível dizer. Outra coisa, será que a líder sênior achava Ethan tão sem importância que nem se deu ao trabalho de escrever mais do que três letras? Até mesmo algo prosaico, como *beleza, em breve dou um retorno,* teria expressado mais respeito e atenção do que blz.

COMO ESCREVER MENSAGENS QUE AS PESSOAS DE FATO ENTENDERÃO?

- Passe tarefas por e-mail usando os "3Qs". Todas as mensagens devem ter um Quem claro (o nome de uma pessoa específica em vez de um grupo); um O Que claro (uma descrição explícita); e um Quando claro (hora e data exatas, 4h = prazo de 4 horas, 2D = prazo de 2 dias).

- Especifique no campo assunto ou na primeira frase se uma mensagem é uma informação geral, um pedido de decisão ou uma solicitação de informações.

- Crie acrônimos claros (NENR = Não É Necessário Responder; OQPDV = O Que Preciso de Você).

- Escreva a frase perfeita no campo assunto. Resuma o texto do e-mail, use prefixos modificadores e continue usando o mesmo assunto, a menos que o tema mude (não é o lugar para inserir perguntas novas ou tangenciais). Se o assunto *mudar*, crie uma nova sequência de e-mails com um novo campo assunto.

- Divida mensagens longas em duas partes. Defina-as como "Resumo Rápido" e "Detalhes". Primeiro, saiba o que você quer e, depois, coloque isso no topo do e-mail.

- Facilite a leitura de suas mensagens. Use marcadores, subtítulos, espaço duplo, realces coloridos e negrito.

COMO ESCREVER MENSAGENS QUE AS PESSOAS DE FATO ENTENDERÃO?

- Mostre, em vez de escrever, anexando capturas de tela. São valiosas quando você precisa dar instruções a alguém, ou destacar slides em uma apresentação.

- Use frases "se.../então..." para aumentar a responsabilização, crie expectativas e forneça clareza sobre os passos seguintes.

- Apresente opções: pergunte, "Você acha que devemos fazer A, B ou C?" Procure não fazer perguntas abertas, como "O que acha sobre isso?" ou "Alguma ideia?"

Deficiências de tom vão muito além das discussões em equipe. Algumas chegam perto de acabar com uma marca.

A primeira semana de abril de 2017 não começou bem para o CEO da United Airlines Oscar Munoz, e não demorou até virar um desastre. Um vídeo viral apareceu mostrando um passageiro da United Airlines sendo arrancado de seu assento e arrastado pelo corredor de um avião por uma equipe de policiais. Teria sido o impedimento de um evento terrorista? É... não. A United tinha vendido mais passagens do que os assentos do avião, e quando um passageiro selecionado aleatoriamente se recusou a sair, ele, um médico, foi removido à força.[6]

Obviamente, isso exigia uma resposta rápida da empresa e de seu CEO. Os representantes da United, no entanto, tuitaram um pedido morno de desculpas por causa do overbooking, sem ao menos mencionar o passageiro, tuíte esse que foi unanimemente zombado e ridicularizado. Seis horas depois, Munoz tuitou seu próprio pedido público de desculpas, que foi amplamente recebido como patético, desafinado e o *oposto* de dizer, "Desculpe, nós pisamos na bola."

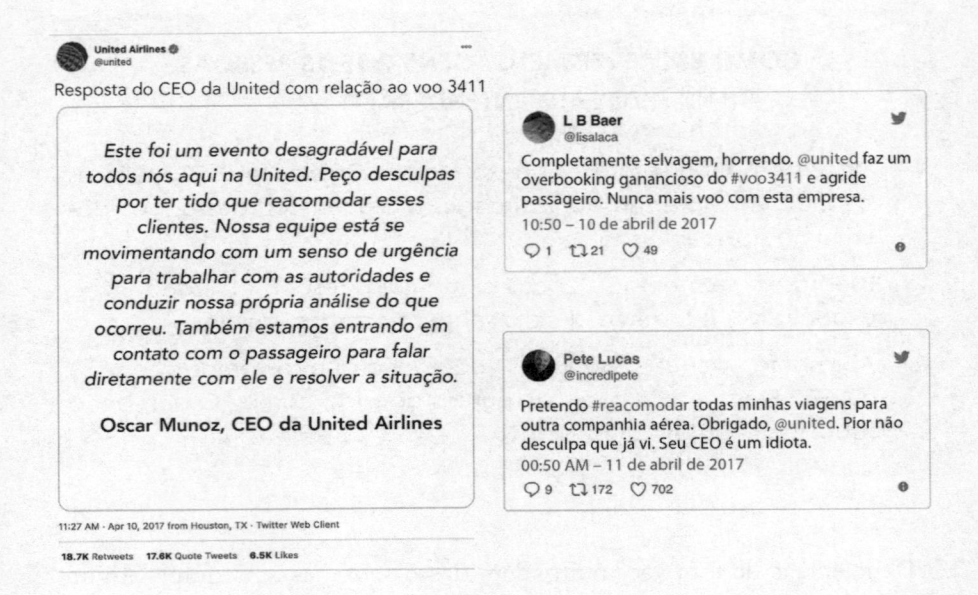

Mesmo com o pedido posterior de desculpas de Munoz e da United, o dano já havia sido feito. Tecnicamente, é claro, Munoz fez a coisa certa ao responder pessoalmente. Mesmo assim, seu tom estava desafinado e sua linguagem parecia vazia e inautêntica. O tuíte também apareceu tarde demais. A resposta mundial, raivosa e burlesca sobre como a United lidou mal com uma crise de relações públicas resultou numa queda temporária de US$1,4 bilhão no preço da ação da empresa.[7]

Não precisava ter sido assim. Em 2018, a Southwest Airlines teve sua própria situação terrível quando um motor explodiu em pleno voo, destruindo uma janela e matando um passageiro.[8] Quando o avião pousou, a empresa respondeu rapidamente.

Primeiro, a companhia aérea emitiu um breve anúncio em diversas redes sociais, relatando tudo que sabia. Um anúncio posterior trazia um link para um relato apropriadamente emocional emitido pela Southwest:

> É com imensa tristeza que comunicamos que houve uma fatalidade por causa deste acidente. Toda a família da Southwest Airlines está devastada e expressa seus mais profundos sentimentos de pesar aos clientes, funcionários, familiares e amados que foram afetados por esse trágico evento.[9]

Quando a companhia aérea coletou mais fatos, ela os comunicou ao mundo em tempo real, juntamente com um vídeo de seu CEO, Gary Kelly.[10] O cabeçalho do site da Southwest e sua imagem de perfil no Twitter mudou do dia para noite seu símbolo padrão — um coração vermelho, amarelo e azul — para um coração despedaçado. Todas as outras mensagens de marketing foram retiradas. Ficou óbvio que a equipe de relações públicas da empresa havia considerado o contexto mais amplo, colocado-se no lugar do público — e usado o tom certo.

SAIBA QUANDO MUDAR O CANAL

Muitos anos atrás, após um workshop de colaboração que eu havia ministrado em uma grande varejista, pediram-me que trabalhasse com dois funcionários que chamarei de Samantha e Tony e que concordaram em atuar como "campeões de colaboração", apesar de viverem em estados diferentes nos EUA e comunicarem-se basicamente por e-mail. Sua função, concordamos, seria continuar a modelar e reforçar os diversos comportamentos que havíamos discutido durante o workshop.

Bem, se Samantha e Tony eram campeões de colaboração, nem me pergunte como era quem ficou por último! As reclamações começaram quase imediatamente. De acordo com Samantha, Tony era um espertalhão presunçoso e irritante. Tentei manter-me acima da rixa ao dar dicas a Samantha para lidar melhor com o tipo particular de humor sarcástico de Tony. Ao mesmo tempo, também aconselhei Tony a deixar seu sarcasmo de lado e favorecer uma clareza ideal.

Ainda assim, parecia que nada que eu fazia funcionava, e a tensão entre os dois só aumentou. Um mês depois, Samantha não aguentou mais. Ela escreveu um e-mail enérgico e agressivo para Tony, detalhando como ela odiava seu tom, como seu sarcasmo a estava deixando louca e por que, em sua opinião, ele não estava levando o projeto a sério. A pior parte? Ela me colocou em cc e incluiu a seguinte frase no fim de sua mensagem:

Erica, acredito que você concorda comigo.

Aquele não foi um bom dia. Encontrei-me presa numa troca de e-mails, sentindo-me como uma professora pré-escolar sobrecarregada prestes a gritar, "Parem com isso!" Num esforço para tentar resolver as coisas, marquei uma videochamada.

No fim das contas, Samantha e Tony conseguiram tolerar-se — no limite, mas o suficiente para completarem seu período de — como era mesmo a auspiciosa expressão? — "campeões de colaboração". A questão não era que não conseguiam trabalhar juntos. Mas precisavam mudar o canal que estavam usando, de e-mails para videochamadas regulares. As videochamadas eliminaram a má comunicação que resultou de seus estilos completamente diferentes de e-mail, ao mesmo tempo trazendo deixas visuais que transmitiam suas emoções e (é verdade) suas boas intenções mútuas.

Temos também algumas pessoas que acertam logo de cara.

Uma empresa de aplicativos online chamada Zapier aparentemente descobriu o segredo para usar os canais certos de colaboração, criando até um guia para ajudar outras companhias a fazerem o mesmo.[11] A mão de obra da Zapier é totalmente remota, sendo quase tudo compartilhado por comunicação escrita. Todas as ferramentas de colaboração da empresa servem a um propósito claríssimo ao mesmo tempo em que imitam o ambiente de um escritório do mundo real.

Por exemplo, a plataforma de mensagens instantâneas Slack serve como o escritório virtual da Zapier, ou seja, "se você está no Slack, então está no trabalho."[12] Dentro do Slack, os funcionários criaram canais relacionados e não relacionados ao trabalho (correntes de mensagens), que vão de "marketing" e "hacking" a "cafezinho". Essas "salas" discretas garantem que as mensagens dos funcionários sejam vistas pelo público adequado, especialmente conforme as equipes crescem e ficam com mais de doze pessoas, diminuindo a possibilidade de duplicação nos canais.[13] Toda "sala" tem suas próprias normas que são revisadas e atualizadas com o tempo, assim como seus próprios moderadores. A Zapier também usa as ferramentas de integração do Slack, como Trello, GitHub e Google Docs, com cada uma, mais uma vez, servindo a um propósito claro. Por fim, a empresa mantém tudo organizado ao aderir às normas detalhadas que especificam quando e como usar cada ferramenta.

Uma das coisas mais poderosas que podemos fazer é nos darmos ao trabalho de especificarmos canais e formatos adequados às culturas. Você não precisa manter sempre o mesmo meio de comunicação, mas é necessário escolher o *certo* para a mensagem. Usar o canal errado no momento errado pode até ter consequências profissionais, pois isso poderia prejudicar a confiança em você ou até lhe dar a fama de ser simplório ou antipático.

Ensino meus clientes sobre as implicações da escolha certa do canal ao focar três fatores: **Comprimento, Complexidade e Familiaridade**.

COMPRIMENTO, COMPLEXIDADE E FAMILIARIDADE

Comprimento

Desses três fatores, *comprimento* é o mais fácil de gerenciar. Muitos de nós têm familiares ou colegas que enviam consecutivamente diversas mensagens compridas, visto que aparentemente não conseguem comprimir seus pensamentos ou ideias em uma ou duas. Se você quiser enviar a alguém uma atualização comprida (mais que um parágrafo curto), use e-mail e, pelo amor, evite os canais como mensagens instantâneas. Use títulos em negrito e sublinhados, inclua anexos se preciso e compartilhe brevemente o contexto específico logo no início para que os leitores entendam por que isso é importante. Resumindo: se sua mensagem não está de acordo com o meio, encontre um canal mais adequado.

Complexidade

Complexidade é muito mais difícil de resolver. A regra geral é que ideias maiores e mais amplas precisam de mais reflexão e/ou pensamento sutil. Caso esteja se preparando para trazer um argumento complexo, é melhor escolher um meio (incluindo uma plataforma ou um blog) que permita um nível maior de detalhes e que também suporte elementos de add-on, como fotos, vídeos ou espaço para feedback ou comentários.

Novamente, esteja sempre atento ao impacto *visual* de sua mensagem. Caso ela fique longa demais, você arrisca sobrecarregar as pessoas. Outra coisa, muitas palavras em negrito ou sublinhadas podem dar uma impressão de caos. Imagens (adequadas) podem esclarecer e reforçar a confiança, mas as supérfluas em geral só causam distração.

Esteja consciente também do *timing* das mensagens complexas. Não espere que sua equipe absorva um e-mail comprido como uma novela que você decide enviar às 17h de uma sexta-feira e responda refletidamente uma hora depois. Tampouco deve esperar até o último minuto para enviar mensagens complexas que possam precisar de respostas rápidas. Em ambos os casos, é melhor encerrar sua mensagem com um convite para um telefonema ou uma reunião presencial para tratar dos detalhes.

Uma vez mais, use sempre o canal que se adeque ao tom e à mensagem que quer transmitir, tendo em mente que só porque vivemos num mundo digital não significa que o digital é a única maneira de fazer as coisas.

Complexidade do Argumento	Melhores Canais a Usar	Por quê?
Alta	Artigos, blogs, apresentações visuais, videochamadas	Permite criar mais confiança; pode incluir elementos de suporte como fotos, vídeos e a opção de dar feedback ou fazer comentários
Média	E-mail, telefone e teleconferências em grupo	Permite uma discussão contextual
Baixa	Mensagens de texto, instantâneas e chats em grupo	Permite respostas rápidas e exige menos contexto

Familiaridade

Familiaridade refere-se não apenas ao nosso relacionamento com o(s) destinatário(s) do que escrevemos, mas também ao *conteúdo* do que estamos dizendo. Quem é seu público? Caso tenha um relacionamento próximo com alguém, enviar uma mensagem de texto pode ser uma disrupção bem-vinda e neutra. Porém, em um relacionamento comercial, a maioria das pessoas prefere se comunicar por e-mail, o que lhes permite ver o campo assunto e decidir quando (ou mesmo se) abrir e ler a mensagem.

Considere seu conteúdo. É pessoal e confidencial? Se sim, não deixe de criar confiança ao enviar uma mensagem particular, em vez de publicar num grupo de mensagens instantâneas.

COMPRIMENTO, COMPLEXIDADE E
FAMILIARIDADE: JUNTANDO TUDO

Agora já falamos sobre os três fatores envolvidos ao escolher o canal que demonstre melhor seu respeito pelo tempo e atenção limitados das outras pessoas. Com cada um, é claro, haverá variações ou circunstâncias especiais. Por exemplo, ouço com frequência que as videochamadas são uma opção preferida quando as reuniões presenciais não são possíveis. Mas, como todos sabemos agora, as videochamadas estão longe da perfeição, fazendo com que muitos sintam-se decididamente *não* colaborativos e mais como se fosse uma palestra em silos na qual uma ou duas pessoas tagarelam ao mesmo tempo enquanto os demais são forçados a ouvir. Mas há formas de contornar isso. O Zoom, por exemplo, oferece "Breakout Rooms" [salas simultâneas, ou de descanso] que colocam os participantes em salas separadas de qualquer tamanho. O Zoom também permite que os participantes usem um quadro branco visual durante as sessões, assim todos podem escrever e colaborar de forma simultânea, desta forma criando um contexto compartilhado.

Recentemente, uma organização me chamou para avaliar as comunicações digitais de uma de suas equipes, que compunham a maior parte da "cultura atualizada" daquela equipe. O líder da divisão queria saber por que havia tanta disfunção diária: prazos perdidos, e-mails ignorados, conversas desconfortáveis por chat e uma passividade-agressividade difundida entre os colegas.

Não demorei para descobrir que a equipe em questão estava usando as ferramentas de colaboração de todas as maneiras, menos a certa! Nas mãos da equipe, o chat do Microsoft Teams tornara-se a forma pela qual os membros evitavam a colaboração presencial. Eles também compartilhavam mensagens e documentos por meio de diferentes ferramentas de colaboração aleatoriamente, dificultando a qualquer um saber aonde ir para encontrar algo. Por fim, alguns estavam comentando sobre as tarefas usando mensagens instantâneas com dez palavras e sem explicar se sua resposta era uma opinião ou um pedido de ação.

Finalmente, a equipe e eu criamos normas sobre a melhor e mais adequada maneira de usar cada canal de comunicação. Veja o que fizemos:

Ferramenta	Quando Usar	Tempo de Resposta	Normas (como usar e não usar)
Skype Messenger (Chat interno)	Mensagens urgentes	O mais rápido possível	Use com menos de seis pessoas (de outro modo, telefone)
			Sempre determine sua disponibilidade no Skype
	Conversas simples e curtas		Evite perguntas ou conversas complicadas que exijam recursos visuais
E-mail	Fornecer informações direcionais, importantes e oportunas	Menos de 24 horas; depende da prioridade	Use identificadores no campo assunto para indicar urgência e expectativa de resposta
			Use para compartilhar anexos
	Garantir que haja um registro de sua comunicação		Evite quando uma resposta imediata for necessária
	Direcionar o destinatário a uma fonte online para mais informações		Não é para conversas aleatórias

(continua)

(continuação)

Ferramenta	Quando Usar	Tempo de Resposta	Normas (como usar e não usar)
Video-chamada	Use para reuniões, incluindo as externas que podem se beneficiar de interação visual (projetos, apresentações, slides)	Agende antes; depende da prioridade	Garanta o uso adequado de câmera e microfone
			Use "mudo" quando necessário
			Garanta que o organizador esclareça se a funcionalidade de vídeo é necessária para participação
			Grave as reuniões para aqueles que não puderam participar
Mensagem de texto (celular)	Comunicações urgentes	Dentro de 30 minutos em horário comercial; depende da prioridade	O uso pode ser ajustado se for o canal preferido do líder
	Use apenas quando não puder fazê-lo por outros canais		Evite enviar mensagens durante reuniões

Não foi difícil estabelecer as normas dos canais de comunicação. Não, a parte difícil foi garantir que as equipes *praticassem* esses novos comportamentos e não voltassem gradualmente às maneiras antigas. Cientes disso, identificamos dois ou três defensores dos canais cujo papel era encorajar as melhores práticas dentro de cada um e elogiar aqueles que estavam modelando os comportamentos certos. Por fim, desenvolvemos uma prática com o propósito de eliminar situações em que as pessoas duplicassem conteúdos sem necessidade em diversos canais ao usar a hashtag #elimineaduplicação.

A expressão virou um marco na cultura da equipe, ajudando a eliminar tempo perdido e a garantir que os colegas otimizem o uso de cada meio digital.

O COMPROMISSO ESTÁ NOS DETALHES

Um escritório de contabilidade, meu cliente de longa data, telefonou-me certa vez após o fracasso no lançamento de um produto voltado a um novo segmento de clientes.

O projeto fora lançado apenas alguns meses antes. Veja como fizeram. Primeiro, o departamento de marketing convidou 660 participantes (50% de todos os funcionários) para uma reunião na prefeitura organizada pelo CEO, que fez uma apresentação formal de PowerPoint seguida por uma sessão de perguntas e respostas de meia hora. Outros membros da equipe de marketing organizaram um chat de acompanhamento no Yammer (uma plataforma fechada de rede social) e um almoço especial para os gerentes de segundo nível. Todos diziam coisas como "esta é uma *grande* oportunidade" e "vamos promover uma mudança" para garantir que os funcionários entendessem a natureza extraordinária desse novo projeto. Ficaram todos perplexos quando, um mês depois, nada aconteceu. Todas as ideias ficaram presas na fase de planejamento, e muitas foram deixadas totalmente de lado devido a tarefas "mais urgentes".

Bem, veja *por que* nada aconteceu. Em momento algum a equipe de liderança pediu que os gerentes escrevessem compromissos claros e mensuráveis sobre o que eles e suas equipes planejavam fazer para engajar clientes, trabalhar com o departamento de marketing ou priorizar marcos.

Para colocar todos de volta aos trilhos, a equipe executiva e eu pedimos que cada membro da equipe comunicasse os detalhes da nova oferta para clientes atuais e potenciais até o término da semana. Em seguida, usamos o Microsoft Teams para acompanhar seu progresso, usando mecanismos para oferecer scripts, compartilhar perguntas frequentes de clientes e mobilizar os executivos em discussões de alta prioridade. Essa prática simples permitiu que as equipes fizessem compromissos menores e melhores e que se ativessem a eles.

A parte mais difícil de qualquer promessa? *Permanecer nos trilhos.* Quanto mais interligada for uma organização, mais a equipe precisa estar nos trilhos para atender pontos de contato e pedidos. Para reduzir a confusão, sempre aconselho escrever e acompanhar compromissos individuais e de equipe. Em cada fase do projeto, liste seus principais compromissos em andamento. Por exemplo: "Fornecerei à minha equipe os melhores recursos necessários nestas áreas: atualizações de sites, lançamento de produtos e comunicações." Em seguida, liste suas promessas específicas, como "contratarei dois engenheiros até o fim de setembro."

COMO GARANTIR QUE MINHA EQUIPE CUMPRA SEUS COMPROMISSOS?

- O compromisso é observável e mensurável?

- Se o compromisso for desempenhado bem, ele sustentará ou potencializará a mudança que vai ao encontro do objetivo ou marco declarado da equipe?

- As pessoas ou equipes têm todos os recursos necessários para cumprir o compromisso?

- O compromisso arrisca aumentar demais a equipe? A equipe precisará de suporte adicional?

Compromissos Fracos	Compromissos Poderosos
Na próxima reunião de equipe, compartilharei o que falamos no evento fora da empresa.	Vou me reunir com meus funcionários semana que vem para avaliar nossa projeção de receitas e completar uma análise de validação. Essa informação explicará os próximos passos que tomaremos para atingir nossas metas.
Falarei com o diretor sobre a necessidade de melhorar os resultados.	Coletarei informações e dados para demonstrar o que está ou não funcionando em nossa tentativa de mudar a cultura. Vou elencar as melhores práticas de outras empresas. Até o fim do mês, farei uma recomendação de implementação de cultura ao diretor.
Organizarei um evento de recrutamento.	Até o fim do mês, dois recrutadores da Midwest e eu participaremos de duas conferências estaduais em feiras de empregos para coletar as melhores práticas para organizarmos nossos eventos. Apresentaremos nossas recomendações na próxima reunião trimestral do grupo de talentos.
Usarei feedbacks de desempenho em meu trabalho.	Avaliarei meu feedback e refletirei sobre o conflito que surgiu entre meu diretor e eu. Implementarei uma estratégia para resolver esse conflito até semana que vem, com um plano sobre como lidar com cada uma de suas possíveis reações.

Comunicar-se Cuidadosamente estabelece a base a partir da qual uma equipe pode executar seus objetivos com sucesso. Pergunte-se: "O que quero que a pessoa lendo isto *faça* após comunicar esta mensagem?" Ao considerar Quem, O Que, Quando, Onde e Como de todas suas comunicações e incluir o contexto que os leitores dessas mensagens podem precisar para entendê-las mais completamente, o desempenho de sua equipe está no caminho da melhoria.

Outra coisa: não deixe de medir o sucesso com *detalhes*. Confirme que todos entendam com o que estão concordando, incluindo os responsáveis, as ações e os prazos esperados. Por fim, estabeleça um processo para avaliar regularmente essas métricas de sucesso para acompanhar o progresso e fazer ajustes contínuos sempre que necessário.

Dito de forma simples, Comunicar-se Cuidadosamente trata de garantir que todos os participantes relevantes estejam de acordo e alinhados. É mais difícil realizar isso quando está trabalhando com equipes digitais, mas não é impossível.

Lembre-se: *pense* antes de digitar, escolha o canal *certo* e foque o *detalhe* de sua comunicação.

Use a avaliação a seguir para analisar se Comunicar-se Cuidadosamente está presente em sua equipe. É só marcar o quadro ao lado de cada afirmação que mais se pareça com seu nível de concordância. Quanto mais quadros "Concordo Plenamente" forem marcados, maior será o nível preexistente de Comunicar-se Cuidadosamente em sua organização.

	Concordo Plenamente	Concordo Parcialmente	Discordo Parcialmente	Discordo Plenamente
Você entende as metas e os objetivos específicos de cada projeto da equipe.				
Após cada reunião, você não fica com dúvidas sobre os passos seguintes e tem minutos à disposição se precisar.				
Sua equipe tem um conjunto claro de normas com relação à seleção de canais e tempos de resposta.				
Você entende o que lhe pedem nas mensagens que recebe.				
Obtenha a avaliação completa em ericadhawan.com/digitalbodylanguage [conteúdo em inglês]				

●

CAPÍTULO 6

Colaborar Confiantemente

Trabalho em Equipe na Era Digital

Minha família indiana está repleta de gente que fala alto. É assim que fomos criados, como aprendemos o dialeto em nossa cultura. Na minha família, ou você fala alto ou ninguém o escuta. Como palestrante, às vezes nem preciso de um microfone, mesmo quando estou falando para cem ou mais pessoas.

Ainda assim, foi só quando comecei a compartilhar uma sala comercial com outro colega que também falava alto que percebi o inconveniente do meu próprio volume. O espaço dele, fechado com vidros, ficava em frente ao meu, porém, parecia que ele sempre estava gritando no meu ouvido. Não conseguia nem ouvir meus *pensamentos* perto dele, mas tinha medo de dizer algo. Haveria uma forma educada de pedir que considerasse falar mais baixo durante as reuniões e os telefonemas? Se pedisse que fizesse silêncio, será que ele ficaria ofendido e isso afetaria o fato de trabalharmos juntos?

Ensaiei algumas maneiras diferentes de dizer algo. *Deveria dizê-lo no almoço, casualmente no cafezinho ou quando passasse em frente da sua porta? Espere! Será que deveria pedir a alguém que o conhece melhor? Não, espere de novo! Vou escrever um e-mail!* Escrevi um, salvei nos rascunhos e deletei-o na manhã seguinte.

Mais tarde naquele dia, por fim lhe disse: "Você poderia falar um pouquinho mais baixo ou talvez fechar sua porta quando estiver em reuniões?"

"Claro, desculpe", respondeu ele.

E pronto. Não foi nada difícil. Imagine todo o tempo e energia que eu poderia ter economizado se tivesse tido a confiança de que meu pedido teria sido recebido de forma tão atenciosa e bem-intencionada (como foi).

A colaboração confiante nos exige deixar de lado quaisquer medos e ansiedades que possamos ter sobre o que os outros talvez pensem ou digam e expressar o que queremos! Claro que todos já tivemos algum colega que precisa de tudo para *ontem*. Todos seus e-mails têm URGENTE! no campo de assunto, e se isso não fosse enfático o suficiente, ele envia uma mensagem de texto após o e-mail e, se você não responder em alguma horas, o telefone toca e adivinha quem é? Talvez tenha até estourado um ou dois prazos de suas coisas para ajudá-lo a fazer algo — o prazo dele é importante! —, só para descobrir que o prazo dele estava só na cabeça dele.

Ou talvez você conheça a contraparte dele — ela tem o problema oposto. Habitualmente, ela é "*des*urgente". Concorda em terminar a parte grande de um trabalho, mas quando você envia diversos e-mails de acompanhamento, ela não responde, mesmo quando o prazo chegou e foi embora. Estaria ela estressada ou esgotada? Você não faz ideia, mas, enquanto espera uma resposta que nunca chega, você acaba perdendo seus *próprios* prazos.

Pessoas assim dificultam a colaboração, especialmente em um ambiente de trabalho digital. Em geral, os comportamentos negativos como esses no ambiente de trabalho baseiam-se em medo e ansiedade que se transformam em atrasos crônicos, passividade-agressividade e a erosão da confiança.

Com base na pesquisa feita pela CEB com mais de 23 mil funcionários, um estudo recente da *Fortune* mostrou que 60% de todos os funcionários precisam falar com pelo menos *dez* colegas diariamente só para completar suas tarefas.[1] Metade desses mesmos 60% precisa se engajar com mais de *vinte* colegas para fazer seu trabalho.[2] Nos últimos cinco anos, o tempo necessário para uma empresa vender algo para outra aumentou 22%.[3] Num mundo arraigado no trabalho em equipe, precisamos nos concentrar em ir além dos aspectos baseados no medo e negativos do ambiente de trabalho para encontrarmos as melhores formas de colaborar.

Nós Colaboramos Confiantemente quando expressamos claramente nossas necessidades, incluindo *quando* e *por que* precisamos de algo, não deixando espaço para má interpretações (ou medo e ansiedade).

Por que é tão difícil Colaborar Confiantemente no ambiente digital de trabalho?

Nos ambientes tradicionais de escritório, era fácil ir até a mesa de um colega para ter conversas curtas — "Você tem um minuto?" — ou compartilhar olhares pensativos com alguém do outro lado da sala. Outrora, esses eram ingredientes de uma cultura maior em que nossos relacionamentos sociais no trabalho serviam para fortalecer a confiança e a compreensão mútua. Tal qualidade espontânea está faltando muito no ambiente de trabalho atual. Em alguns casos, nunca chegamos a conhecer nossos colegas presencialmente. Podemos ter até dezenas deles, espalhados em departamentos e fusos horários diferentes.

Há mais chances de que os membros da equipe digam: "Desculpe, vi que você telefonou, não ouvi a caixa postal, poderia enviar um convite para videochamada?" ou talvez digam simplesmente que estão ocupados demais para marcar uma reunião. Ah, consideração, como faz falta! Tudo precisa ser feito *neste segundo*, e o fato é que o cérebro — e as agendas — da maioria das pessoas não funciona desse jeito.

COLABORAR CONFIANTEMENTE: OS PRINCÍPIOS

Fique Por Dentro

Colaborar Confiantemente trata de manter todas as partes relevantes informadas e atualizadas ao mesmo tempo em que faz contato para garantir a clareza contínua em *todos* os componentes.

Por exemplo, uma de minhas clientes, Kerry, COO de uma divisão em uma empresa de tecnologia, recorda-se de um exemplo de mal alinhamento entre os componentes de um projeto: "Eu precisava atualizar um executivo sênior sobre um planejamento de projeto que envolvia três equipes na minha divisão. Todas elas sabiam que tínhamos que enviar um planejamento a ele. As três equipes me passaram cronogramas diferentes para a apresentação final. Elas nem conversaram entre si sobre alinhar as agendas. Estou atolada com essas informações insuficientes, são 18h — e o executivo sênior espera que o planejamento esteja em sua caixa de entrada até meia-noite."

Veja outro exemplo. Uma empresa norte-americana do mercado de consumo estava planejando o lançamento de um produto de higiene pessoal em toda a Europa. Françoise Henderson, intérprete da equipe, estava trabalhando com diversos materiais de marketing. A certa altura, ela percebeu que os ingredientes de um produto incluído nas propagandas eram diferentes dos que apareciam na embalagem do produto (ao que parecia, alguns ingredientes eram proibidos na Europa).

"Porém, ninguém comunicou isso ao departamento de marketing", conta Henderson.[4] Cinco unidades separadas — marketing, comunicação, técnica, jurídica e embalagem — deveriam ser informadas das atualizações e mudanças ao longo do lançamento. Neste caso, ninguém estava alinhado.

···

Colaborar Confiantemente começa pela compreensão do que outros departamentos fazem — e estabelecer normas claras sobre como interagem entre si.

···

Se há alguém que entende o problema das lacunas de confiança na colaboração é Lisa Shalett, ex-sócia e ex-diretora de Estratégia Digital e Marketing de Marca no Goldman Sachs, que agora atua no conselho corporativo. Ela criou uma força-tarefa no Goldman Sachs composta por funcionários e departamentos equipados para lidar com uma vasta gama de assuntos, incluindo "jurídico, *compliance*, direito trabalhista, relações com funcionários, tecnologia, segurança de informação e risco operacional."[5] Por que havia tantos especialistas no grupo? "Para chegarem mais rápido ao sim", disse Shallet. "Ou, se chegarmos a um não, pelo menos ficaremos confortáveis em saber o porquê."[6] Ela sugere perguntar no início de cada projeto: "Quem precisará saber de tudo que estamos pensando em fazer? Quais são os riscos? Onde as pessoas terão que realmente entender os processos, os requisitos, as regulações?"[7] Mais crucialmente, ela defende identificar e priorizar as pessoas certas que podem melhorar o projeto, assim como aquelas que sabem prever melhor os gargalos, ou dizer que está tudo uma porcaria.

Ao fazer as perguntas simples "Quem poderia arruinar isto?" e "Quem precisará aprovar isto?", você pode evitar deixar de fora pessoas importantes que poderiam retardar seus esforços posteriormente, de um caixa na linha de frente a um novo representante do cliente a um gerente de risco. Shallet considera *todos* os stakeholders, além de sua equipe imediata, incluindo aqueles que talvez não tomem a decisão, mas que a implementarão. Além disso, ela pede que todos os departamentos envolvidos traduzam as propostas em termos fáceis de entender. Por exemplo, engenharia, gerência e jurídico usam linguagens diferentes. Para garantir que essas vozes díspares se entendam, espera-se que cada uma expresse suas ideias usando um linguajar claro e sem jargões.

Caroline, líder de equipe em uma empresa farmacêutica, designa "membros de equipe de projeto" e "orientadores de projeto". Os membros de equipe ficam envolvidos na tomada de decisão e na manutenção das atividades diárias, enquanto os orientadores compartilham expertise sobre assuntos específicos e são apenas incluídos em resumos de reuniões (mantendo-os por dentro) ou em conversas individuais. Os membros de equipe que *não podem* participar de uma reunião são responsáveis por indicar um substituto que tome decisões em seu lugar.

A atribuição desses papéis reduziu as reuniões de *brainstorming* com trinta pessoas que Caroline fazia para trocas de ideias com seis pessoas. As coisas agora são feitas de forma muito mais rápida e eficiente.

COMO CRIAR CONFIANÇA EM EQUIPE

- **Meça o sucesso em resultados, não em horas.** Evite importunar as pessoas por não trabalharem o suficiente nem fazer horas extras. Se lhes disser que precisam trabalhar oito horas por dia, mas elas sabem que conseguem terminar o trabalho em cinco, elas passarão mais tempo se distraindo do que terminando o trabalho.

- **Estabeleça papéis e expectativas claros.** As tarefas devem ser estruturadas como passos para realizar um objetivo em comum. Seja claro sobre a linha direta entre os dois. Normalmente, encerro um telefonema com a pergunta: quem vai fazer *o que* e até *quando*? Assim, fica claro para a equipe toda, e os indivíduos sentem uma sensação de responsabilização com relação a seus pares bem como ao líder da equipe. Conforme as tarefas vão sendo concluídas, gosto de usar um software de acompanhamento de projetos como o Trello para aumentar a responsabilização.

- **Concorde sobre a definição de sucesso.** No início de um projeto, faça três perguntas: o que *ótimo* significa? O que *terminado* significa? O que está fora de escopo? Daí, trabalhe regressivamente em grupo para decidir um prazo realista.

- **Esteja disponível.** Se os membros da equipe não conseguirem contatá-lo sobre uma pergunta de uma tarefa, há mais chances de que perderão força. Pense em todas as horas que poderiam ser potencialmente desperdiçadas se você não estiver disponível para responder a uma perguntinha em cinco minutos!

GANHE COM CONSISTÊNCIA

••

Para lutar contra a atual erosão de confiança no trabalho causada em geral pelas prioridades mutantes, é crucial sermos consistentes em nossas mensagens.

••

Qual é a melhor forma de criar e ganhar confiança pela consistência?

A resposta: **combata prazo irrefletidos; elimine cancelamentos crônicos; e pratique respostas pacientes.**

Combata Prazos Irrefletidos

A palavra "deadline" [prazo, em inglês] remonta à Guerra Civil dos EUA — quem diria? Na época, os campos de prisioneiros de guerra tinham limites conhecidos como "dead-lines" [linhas dos mortos] — os prisioneiros que as cruzassem seriam mortos.[8] Resumindo, deadlines eram algo *sério*.

Em alguns lugares, ainda são. Em uma unidade de produção, por exemplo, um prazo perdido pode causar o caos para inúmeros stakeholders na cadeia de suprimentos. Mas em outros ambientes, há menos em jogo ao não cumprir um prazo preciso, e os prazos são entendidos como rigorosos — calibrados para "o mais rápido possível" ou "a primeira coisa da manhã". Tais pedidos podem ou não parecer urgentes. Especialmente em setores criativos que envolvem interação e inovação, fica subentendido que os prazos não precisam ser cumpridos se a ideia não atingiu a completude. O problema surge quando uma pessoa ou equipe perde o prazo e causa um atraso no trabalho de outra pessoa.

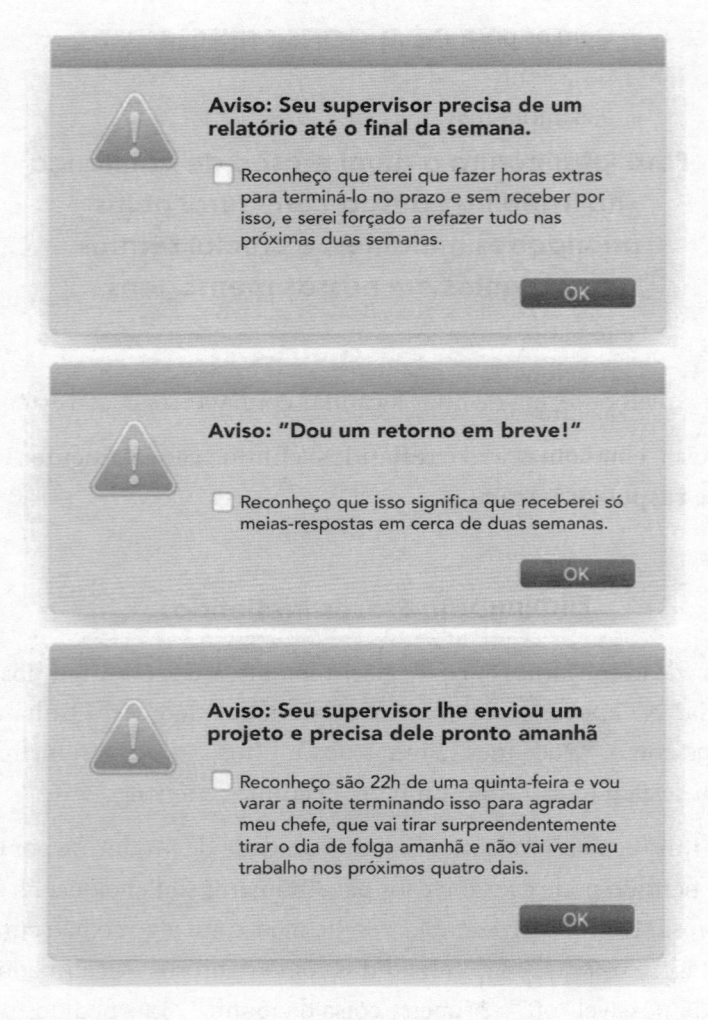

A maioria das organizações lida com todos esses cenários uma vez ou outra. Quando as pessoas colaboram a partir de lugares e fusos horários diferentes, com horários comerciais diferentes, superando barreiras linguísticas e outras coisas, cumprir os prazos fica muito mais difícil para todos. Sendo assim, é importante que os gerentes tenham um sistema em funcionamento que crie prazos realistas, esclareça as consequências de descumpri-los e considere as contingências para quando (inevitavelmente) algo der errado.

Seja cuidadoso com os prazos. Quando precisava marcar prazos importantes com sua equipe de gerentes, Mary, vice-presidente sênior da divisão de uma empresa hoteleira, sempre iniciava as reuniões de cronograma com uma notificação: "Estou pensando aqui e acredito que o prazo deva ser 1º de dezembro. Ainda não estabeleci a data. Quero que todos opinem."

Por que ela fazia isso? Para permitir que sua equipe se manifestasse sobre quaisquer problemas potenciais em vez de permanecerem calados por acharem erroneamente que ela já havia tomado uma decisão. Além disso, Mary *apreciava* e-mails de funcionários que não haviam se manifestado nas reuniões. O e-mail dava a esses funcionários a segurança psicológica de que precisavam para contribuir na conversa, ajudando-os a aceitar os prazos finais dela mesmo quando suas opiniões não mudavam nada.

Elimine Cancelamentos Crônicos

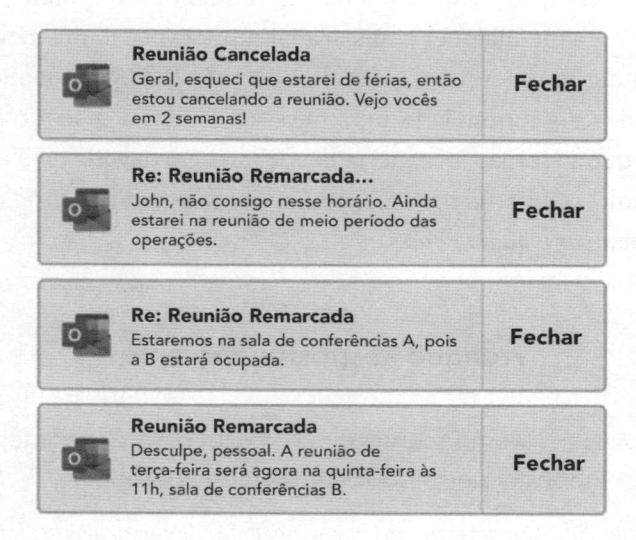

Cancelar reuniões é um problema real no ambiente de trabalho. E está piorando também, visto que estamos tão abarrotados de coisas e trabalhando demais (pelo menos é o que achamos). É fácil marcar um horário no calendário de outra pessoa — *por que não marcar para agora e cancelar depois se necessário?*

Porém, cancelar as reuniões cronicamente pode ter amplas repercussões, incluindo um moral mais baixo, tempo perdido de *brainstorming* em equipe e uma perda geral de confiança na liderança.

Veja um exemplo: Nadia gerencia uma equipe internacional de marketing em uma grande empresa de seguros. Sua equipe trabalhou três semanas no planejamento estratégico de um ano para o diretor de inovação, e ele cancelou a reunião a apenas algumas horas do início. Claro, a reunião foi remarcada depois, mas o cancelamento (*todo aquele trabalho*) fez com que a equipe se sentisse desvalorizada e invisível. E também sinalizou ambivalência — se a reunião fosse realmente importante, ela teria ocorrido.

Quase pior do que o cancelamento da reunião foi o e-mail brusco informando a notícia sem qualquer explicação. Embora você tenha inevitavelmente que cancelar algumas reuniões, quando isso ocorrer há uma maneira certa de fazê-lo. Ele deveria ter enviado uma mensagem direta dizendo *sinto muito* e explicar por que a reunião foi cancelada. Ele também deveria ter sido respeitoso em como comunicou seus motivos, como: *Entendo a importância da reunião...* ou *Vamos remarcar o quanto antes...*

Pratique Respostas Pacientes

desinscrever-se — uma mensagem enviada para a gigantesca corrente do Responder para Todos que foi longe demais

ops, realmente não deveria enviar e-mails antes de tomar meu cafezinho — uma autocorreção a um e-mail escrito e enviado rápido demais

Não quero ser rude, mas... — começo de um e-mail passivo-agressivo enviado um pouquinho antes da hora.

Como disse várias vezes neste livro, os canais atuais são assíncronos, ou seja, diversas mensagens podem chegar ao mesmo tempo, destruindo o próprio conceito de "sequência". Esquecemo-nos do truísmo que, em longo prazo, *menos* pressa significa *mais* velocidade. Mensagens perdidas ou cruzadas podem derrubar a confiança de colaboração ao criar a má compreensão, que leva a compromissos quebrados ou reuniões canceladas. Elas também podem levar à inação difundida ou, pior, ao caos.

As lacunas que todos experimentamos nos tempos de resposta trazem consigo outro problema: as circunstâncias podem mudar drasticamente antes de termos recebido uma resposta ao primeiro e-mail que enviamos. Além disso, nossa necessidade de uma resposta aumenta com cada segundo que esperamos, deixando-nos impacientes, ressentidos e estressados. Essa questão é especialmente pertinente aos líderes globais com equipes em diferentes fusos horários.

"Acordo em Nova York e tenho uma enxurrada de 50 trocas de e-mails sobre um problema em nosso escritório em Xangai", conta Sam, líder de serviços compartilhados na Walt Disney Parks and Resorts. "As pessoas surtam porque não receberam minha resposta ainda, não leem a última resposta com uma atualização antes de escreverem e continuam enviando e-mails em vez de me telefonar." Como gerente de equipes nos parques temáticos de Orlando, Xangai e Paris, Sam fica doido quando sua equipe envia volumes de e-mails sem verificar primeiro se estão realmente acrescentando valor à infinita sequência de mensagens enviadas via Responder para Todos.

Caso consiga resistir ao impulso cego de responder a um e-mail imediatamente, bem, há muito poder e controle a ser encontrado no silêncio que resulta. A menos que a mensagem seja urgente ou com prazo curto, não pare tudo para responder de uma só vez. O interesse coletivo (seu próprio incluído) é muito mais bem servido por uma resposta mensurada e estratégica. O silêncio nos permite ganhar perspectiva, considerar cada ângulo, avaliar o que aconteceu e prever o que pode vir na sequência.

A pressa digital também pode fomentar o pensamento grupal e enfraquecer a criatividade da equipe. Seis e-mails dizendo *sim* numa sequência dificulta que a sétima pessoa diga *não*. Um "Todos concordam?" apressado ao fim de uma videochamada não transparece um convite sincero para discordar.

Tire alguns momentos extras de pausa para reler o que acabou de escrever. *Está dizendo o que* pensa *que está dizendo?* Apesar de todas suas desvantagens, a comunicação assíncrona nos dá tempo para processar nossas palavras, em vez de apenas deixá-las escapar. Desnecessário dizer, mas isso é uma vantagem real. Não escolha automaticamente a imediatez em detrimento de uma resposta cuidadosa que pode ser muito mais valiosa.

COMO EVITAR O PENSAMENTO GRUPAL DIGITAL

- Tenha cuidado antes de dizer *sim* a uma tarefa sem antes entender todos os detalhes, incluindo os prazos, quem trabalhará com você e quais recursos estão disponíveis. Quando isso não estiver claro no início, comunique-se proativamente para descobrir antes de planejar um roteiro para a tarefa.

- Não espere respostas instantâneas às mensagens que envia. Perceba que, às vezes, as pessoas estão fazendo outras coisas. Faça um lembrete para verificar em dois dias — a menos que seja urgente, caso em que pode tentar usar um segundo canal, visto que passou uma quantidade de tempo incomum.

- Releia suas mensagens pelo menos uma vez antes de enviá-las. A pressa não gera as melhores soluções.

- Procure erros gramaticais e verifique a clareza. Está dizendo o que pensa, fornecendo detalhes necessários e nítidos em seu pedido? Você descreve como deve ser o entregável, o prazo e o processo de acompanhamento?

ACOMPANHAMENTO ESTRATÉGICO

Na faculdade, tinha uma colega de quarto que, após cada conversa presencial que tínhamos, sempre gostava de me deixar uma mensagem de voz: "Só pra ver se você conseguiu ligar para a faxineira. A cozinha está bem suja. Outra coisa, queria ver se você comprou mais papel-toalha. Acho que você disse que faria isso. Me avise." Não preciso nem dizer que, quando me mudei, fiquei com vontade de levar todo o papel-toalha comigo.

Você conhece alguém que realmente gosta de receber um e-mail cuja primeira frase seja *Só para checar?* Eu não! Mesmo assim, a etiqueta adequada de acompanhamento é um componente crucial da colaboração. Você deve fazer acompanhamento de uma tarefa usando e-mail, mensagem de texto ou telefonema? Tem algum problema perguntar a alguém se recebeu a mensagem que você enviou mais cedo no dia, ou isso passa a impressão de estar incomodando ou desconfiando?

Colaborar Confiantemente significa poder acompanhar estrategicamente — saber quando e como, sem qualquer receio.

PRECISO DE UMA RESPOSTA. COMO CHECAR SEM INCOMODAR?

- Modifique o campo assunto para esclarecer que o e-mail é um pedido de acompanhamento e não uma nova tarefa.

- Não coloque outras pessoas em cc (a menos que seja absolutamente necessário).

- Sugira outra forma de comunicação (por exemplo, *Podemos marcar um telefonema?*).

PRESENÇA EXECUTIVA NUM MUNDO DIGITAL

As casas dos líderes confiantes estão sempre arrumadas. Eles nunca enviam e-mails cheios de erros de digitação. Não se esquecem de incluir membros relevantes da equipe nas mensagens em grupo. Estabelecem normas em suas comunicações digitais que criam diretrizes para suas equipes sobre como e quando comunicarem-se, qual é o comportamento adequado em cada canal social e mais. Por fim, eles lideram pelo exemplo e eles próprios seguem essas regras.

> ....
> **Os líderes com uma forte presença executiva
> são presentes, calculistas e cuidadosos.
> Online, isso significa checar duas vezes todas
> suas comunicações digitais escritas e tratar
> as mensagens virtuais como se estivesse
> presencialmente.**
> ....

Nas reuniões digitais, a presença executiva torna-se visível de maneiras óbvias — a habilidade que um líder demonstra ao facilitar os debates construtivos, por exemplo, ou como desvia das armadilhas comuns do meio (gente falando ao mesmo tempo ou querendo mostrar que sabe, ou sendo vítima das distrações offline). A seguir, você encontrará mais algumas maneiras pelas quais os líderes podem demonstrar uma liderança digital forte.

Primeiro, entenda que as reuniões digitais demandam mais preparo do que as presenciais. Envie temas de *brainstorming* antes da reunião para que os participantes possam começar a preparar suas contribuições. Ao pedir que os membros da equipe tragam suas próprias ideias à reunião, você evitará criar soluções incompletas e terminar atrasado. Considere pedir à equipe que divida-se em subgrupos presencialmente com os colegas para discutir ideias com antecedência. Desta forma, você pode usar o tempo da reunião para as ideias que já foram pré-avaliadas e pré-validadas.

COMO É A PRESENÇA EXECUTIVA ONLINE?
....

- Você define prazos com a colaboração da equipe.
- Você envia mensagens claras com um pedido nítido, sem confundir brevidade com clareza.
- Seu fundo usado nas videochamadas não distrai a conversa.
- Você reconhece as diferenças individuais entre os integrantes da equipe e as leva em consideração.

COMO É A PRESENÇA EXECUTIVA ONLINE?

- Você estabelece e pratica normas para as comunicações da equipe de forma colaborativa.
- Você atua como um facilitador, não um monopolizador, das discussões da equipe.
- Você é consistente em suas palavras e ações de forma autêntica.

Mesmo no cenário digital, Colaborar Confiantemente envolve criar compromissos duradouros em sua equipe. O segredo é dar um passo atrás e perguntar a si mesmo quais coisas aparentemente pequenas levarão a uma colaboração melhor. *Seria estabelecer normas sobre o uso dos meios digitais? Seria responder às mensagens de forma completa e respeitar o tempo dos outros? Seria garantir que a compreensão de sua equipe sobre "sucesso" não fique perdida numa sequência de e-mails? Seria, muito possivelmente, tudo isso?*

Use a avaliação a seguir para analisar se Colaborar Confiantemente está presente em seu ambiente de trabalho. É só marcar a caixa ao lado de cada afirmação que mais se pareça ao seu nível de concordância com ela. Quanto mais quadros "Concordo Plenamente" forem marcados, maior será o nível de Colaborar Confiantemente em sua organização.

	Concordo Plenamente	Concordo Parcialmente	Discordo Parcialmente	Discordo Plenamente
As equipes se atualizam regularmente e fazem um acompanhamento adequado.				
Seu gerente ou líder de equipe está prontamente disponível para perguntas e apoio.				
Os prazos são honrados e valorizados.				
Os membros de sua equipe sempre sentem-se bem-vindos para falar caso discordem da maioria.				

Obtenha a avaliação completa em ericadhawan.com/digitalbodylanguage [conteúdo em inglês]

●

CAPÍTULO 7

Confiar Totalmente

Inove Mais Rápido e Melhor em Conjunto

Não confie em ninguém! Esse foi o refrão sempre presente que ecoou em toda minha infância. Meus pais, que imigraram aos EUA para que pudéssemos ter uma vida melhor, também queriam ter uma vida *mais segura*. E uma das formas que ensinaram seus filhos a se virarem no mundo foi nos instruindo a ficarmos longe de coisas e pessoas perigosas.

Não atenda à porta se for alguém desconhecido. Não suba na escadinha de cinco degraus no parquinho. Pare de tocar o solo. E o maior de todos, enfatizado repetidamente: *nunca, jamais entre num carro de estranhos.* Se alguém tentar fazer com que entre em seu carro à força, dizia minha mãe, eu deveria gritar e sair correndo.

Certo dia, quando tinha cerca de 12 anos, precisava ir ao dentista para fazer uma limpeza nos dentes. O consultório ficava a apenas alguns quarteirões, então, após a escola, peguei minha mochila e fui caminhando até lá. Alguns minutos depois, um homem mais velho diminuiu a velocidade de seu carro, abriu a janela e me perguntou se precisava de uma carona.

As palavras de minha mãe apareceram brilhantes na minha mente, em neon vermelho. Comecei a correr e só parei no consultório (acho que nunca houve outra pessoa tão desejosa de chegar ao dentista como eu naquele dia).

Esqueci-me totalmente do incidente, que só me voltou à memória alguns anos atrás. Estava vivendo e trabalhando em Boston, e, como não tinha carro na época, ia de metrô a todos os lugares. Certo dia, um amigo me disse como estava economizando tempo usando uma novidade chamada *Uber*. As palavras de minha mãe inundaram meu cérebro. Meu amigo estava achando que eu — *justo eu* — confiaria num estranho total ao volante de um carro também estranho? Foi então que descobri que o modelo de negócio da Uber permitia que os passageiros acessassem a imagem e o nome do condutor, e vice-versa. A Uber me dizia como outros passageiros haviam avaliado o motorista, e também quantos minutos levariam até chegarem em minha rua. Eu conseguia até acompanhar a rota.

Assim, solicitei minha primeira viagem pela Uber. Foi exatamente como o prometido — seguro, conveniente e eficiente. Minha confiança aumentou com o passar do tempo, e o ato de entrar no carro de um estranho transformou-se lentamente de uma ideia inconcebível a um evento que ocorria duas vezes ao dia.

Não estou dizendo que chegar a um nível em que uma equipe possa Confiar Totalmente seja tão fácil ou rápido como chamar um Uber, mas sem dúvida os mesmos elementos — criar um ambiente de segurança psicológica em que nos sentimos confortáveis o bastante para nos manifestarmos ou assumirmos riscos — se aplicam. Criar uma cultura de Confiar Totalmente exige líderes que estejam dispostos a fazer o trabalho necessário para promover a segurança psicológica assim como a Uber fez com seu sistema de avaliação, a funcionalidade de acompanhamento de rota e as verificações do histórico do motorista. Idealmente, Confiar Totalmente é o que ocorre quando combinamos a prática de Valorizar Visivelmente, Comunicar-se Cuidadosamente e Colaborar Confiantemente.

Dito isso, nenhum pilar sustenta-se sozinho.

Ou seja, quando Valorizamos Visivelmente os outros no caminho para Confiarmos Totalmente, estamos demonstrando a eles o mesmo nível de respeito e reconhecimento que esperamos para nós mesmos. Quando Sarah fica até tarde para terminar uma apresentação para sua chefe, Karen, com uma lista de perguntas, Karen sabe enviar uma resposta rápida por e-mail: *Recebi, vlw, e vou dar uma olhada na terça-feira, quando retornar.* Karen sabe que atrasar sua resposta até terça-feira seria desrespeitoso com Sarah, que estaria sujeita a achar que há algo de errado (quando na verdade o fato é que Karen apenas não teve a chance ainda de avaliar seu trabalho). Ao tirar um tempo para enviar uma mensagem, Karen está fazendo questão de que Sarah sinta-se valorizada.

Como você sabe, Comunicar-se Cuidadosamente é outra pedra basilar que ajuda a alcançar uma cultura de Confiar Totalmente. Imagine a angústia que Sarah sentiria se, após passar semanas trabalhando em sua apresentação, Karen lhe dissesse que o departamento de marketing havia trazido uma estratégia diferente, invalidando todas as recomendações da apresentação de Sarah. Se Karen tivesse ao menos tirado o tempo para alinhar antes com a equipe de marketing, ela poderia ter economizado muito tempo e trabalho de Sarah.

Sobretudo, uma cultura de Confiar Totalmente exige, antes de mais nada, que Colaboremos Confiantemente, eliminando a possibilidade de mudanças de planos ou quebras de promessas no último minuto. Você pode Valorizar Visivelmente e Comunicar-se Cuidadosamente ao usar uma estratégia acordada, mas tudo ruirá se a chefe de Sarah, Karen, for uma líder inconstante e lenta para agir ou tomar decisões difíceis. O mesmo se dá para equipes sem métricas de responsabilização, que deixam passar prazos ou trabalhos totalmente medíocres sem nunca receber um feedback construtivo. Seus integrantes precisam saber que podem contar com o líder e uns com os outros.

POR QUE É TÃO DIFÍCIL CONFIAR TOTALMENTE

Alguns líderes dizem as coisas certas sobre "manifestar-se" e "assumir riscos", mas muitos simplesmente só dizem isso da boca para fora, ou não apoiam e empoderam os integrantes de equipes que o fazem.

"Dava para ouvi-la digitando e sabíamos que algo ruim estava prestes a acontecer", conta uma funcionária sobre sua chefe, a CEO da empresa de malas de viagem Away. Na superfície, Steph Korey parecia ter feito tudo certo. Quase chegando aos trinta anos, ela havia obtido seu MBA na Columbia e encontrou seu lugar em uma das startups mais atraentes da atualidade, a Warby Parker. À medida que ela e sua amiga (e ex-colega da Warby Parker) Jen Rubio faziam *brainstorming* de ideias certo dia, Rubio sugeriu o que ela achava ser um conceito de sucesso: malas de viagem! Lindas e elegantes! Juntas, Korey e Rubio conduziram pesquisas para testar a ideia, levantaram rapidamente US$150 mil e logo viram-se na China supervisionando os primeiros protótipos. As primeiras malas da Away chegaram ao mercado no início de 2016 e, dois anos depois, Korey e Rubio entraram para as listas As Próximas Startups Bilionárias e 30 com menos de 30, ambas da *Forbes* (Korey apareceu na capa da segunda).[1]

De fora, parecia que Korey liderava a equipe da Away com uma cultura profundamente imersa nos ideais de Confiar Totalmente. Aos repórteres, ela enfatizava que "empoderava a tomada de decisão em todos os níveis da organização… criando uma cultura arraigada no crescimento e no aprendizado". Sobre a rápida ascensão da Away ao sucesso, disse ela num vídeo da *Forbes*, "se for levar os créditos por alguma coisa, é que criei uma equipe incrível". Sob todos os aspectos, a Away tinha a fachada, pelo menos, de um ambiente de trabalho onde havia o pilar Confiar Totalmente.

Porém, nos bastidores, muitos integrantes dessa equipe incrível tinham uma perspectiva diferente, mais sombria — a Away tinha uma cultura oculta de envergonhar, fazer bullying e fomentar a desconfiança, cultura essa liderada pela própria CEO. Caso os e-mails de Korey aos colegas de trabalho e membros da equipe ou suas mensagens em suas caixas postais não fossem respondidas, seus gritos eram audíveis. *Que porra é essa?!* Em um e-mail, Korey referiu-se à sua equipe como *millennials babacas*. Os integrantes da equipe, muitos dos quais estavam frequentemente prestes a chorar, permaneciam em silêncio. "Apenas deixamos ela estourar", disse um funcionário.

A cultura de intimidação e medo da Away manifestava-se em sua cultura digital. Qualquer coisa que os funcionários escrevessem poderia tornar-se uma possível munição para as broncas ou repreensões de Korey. Eles eram proibidos de enviar e-mails uns aos outros, e as mensagens diretas no Slack só eram permitidas para pequenos pedidos. Korey despediu quatro funcionários quando descobriu que estavam falando sobre ela num canal do Slack chamado #AssuntosPolêmicos, uma discussão virtual conhecida e específica sobre questões empresariais. Não havia privacidade ou lugar para demonstrar vulnerabilidade sem o medo de sua reprimenda. Em uma mensagem característica enviada às 3h da madrugada, Korey informou à equipe de atendimento ao cliente, já sobrecarregada de trabalho e com menos pessoas do que o necessário, que não poderiam parar de trabalhar ou fazer pedidos de férias até que tivessem resolvido todos os problemas que ela havia identificado.

As organizações que Confiam Totalmente são muito diferentes. Nas empresas com altos níveis desse pilar, as equipes são encorajadas a trabalhar muito, pois são **Valorizadas Visivelmente** e apoiadas à medida que se aproximam de seus objetivos. Organizações com altos níveis de confiança **Comunicam-se Cuidadosamente** e quase nunca enfrentam desentendimentos. E **Colaboram Confiantemente**, pois deixam o medo para trás nas dinâmicas da equipe.

O PAPEL DO LÍDER NA CRIAÇÃO DE CONFIANÇA

Em 2016, causando um enorme alarde, a Microsoft lançou um "bot" no Twitter. A empresa divulgou que sua nova ferramenta ajudaria a abrir caminho para uma nova era de conversas entre humanos e inteligência artificial. O bot, chamado Tay, foi desenvolvido para ser "casual e divertido",[2] mas não demorou até que Tay fosse invadido por usuários do Twitter que, reconhecendo uma "vulnerabilidade" que a equipe de design havia deixado passar, ensinaram-no a tuitar "palavras e imagens amplamente inadequadas e repreensíveis".[3] As manchetes resultantes sobre Tay iam de "Twitter ensinou o chatbot com IA da Microsoft a ser um otário racista em menos de um dia" a "Foram necessárias menos de 24 horas para corromper um inocente chatbot de IA". Após menos de um dia após seu lançamento, Tay foi retirado permanentemente, fazendo com que o CEO da Microsoft Satya Nadella publicasse um pedido de desculpas direto, cuidadoso e humilde, expressando "profunda empatia por quem fora ofendido por Tay".[4]

Cabeças iam rolar, certo? Não. Em vez de castigar sua equipe de desenvolvimento, Nadella lhes escreveu um e-mail encorajador. "Continuem abrindo caminho, e saibam que estou com vocês", disse ele, acrescentando que o "segredo é continuar aprendendo e melhorando". Nadella disse posteriormente ao *USA Today* que "é extremamente crucial que os líderes não façam as pessoas surtar, mas que lhes deem espaço e apoio para resolverem o problema real. Se as pessoas fizerem as coisas por medo, será difícil ou impossível realmente motivar qualquer inovação."[5]

Confiar Totalmente, portanto, transparece por meio de nossas ações e comunicações tanto em momentos bons como ruins.

COMO É UMA CULTURA DE TRABALHO COM CONFIAR TOTALMENTE?

- Quando seu chefe envia um convite de reunião sem contexto ou lhe envia uma mensagem dizendo que precisa conversar urgentemente e você não fica ansioso.

- Quando todos os funcionários participam de forma ativa e atenciosa em discussões de grupo, tanto de forma presencial ou digital.

- Quando os funcionários menos experientes se dispõem a falar e compartilhar opiniões divergentes.

- Quando todas as vozes são ouvidas, mas são poucas as interrupções durante videochamadas ou teleconferências.

- Quando o comportamento de bullying é raro e, caso ocorra, é interrompido rapidamente.

COMO É UMA CULTURA DE TRABALHO COM CONFIAR TOTALMENTE?

- Quando há baixos níveis de ansiedade quanto às mensagens digitais, pois todos respeitam as normas de cada meio.

- Quando colegas de equipe apertam o "mudo" em teleconferências, e você não presume automaticamente que estão fazendo outras coisas.

- Quando você não recebe uma resposta dentro do prazo esperado e não tira conclusões negativas precipitadas.

MODELE O COMPORTAMENTO QUE QUER VER EM SUAS EQUIPES

O que você modela como líder aparece, em última instância, na cultura de suas equipes. Se não for claro ao atribuir tarefas e responsabilidades e castigar a equipe posteriormente por não terem entregado o que queria, você arruinará a confiança. Se alguém desafiar sua ideia e você calar essa pessoa imediatamente, você arruinará ainda mais a rede de segurança psicológica de toda a empresa, ao mesmo tempo em que dará à sua equipe uma permissão implícita para calar outros integrantes também.

Quando Scott supervisionava uma reestruturação em sua empresa, ele percebeu que precisava demitir o diretor de marketing, que simplesmente não rendia. No entanto, dois meses depois, o cara ainda estava lá. "Simplesmente não consigo", dizia Scott quando alguém perguntava a respeito. Ele sabia exatamente o que precisava fazer para o crescimento da empresa, mas, se demitisse o diretor de marketing, o que aconteceria com todos os projetos inacabados, e ele também arriscaria perder todos seus contatos externos?

O problema era que, ao *não* demitir o diretor de marketing, Scott estava deixando sua equipe confusa. Será que ele tinha seriedade quanto à melhoria empresarial? Alguns começaram a duvidar do comprometimento do chefe sobre tomar decisões difíceis. "Tem certeza?", começaram a questionar os membros da equipe nas reuniões. As coisas chegaram ao limite certo dia quando um dos relatórios diretos de Scott postergaram a demissão de um de seus colegas. Se ele era tão avesso a demitir pessoas, por que ele não poderia ser demitido também? Quando percebeu que estava causando um efeito dominó negativo, ele demitiu imediatamente o diretor de marketing, reconhecendo posteriormente em um e-mail à equipe, *deveria ter feito isso antes, e aprendi que minhas ações importam.*

CRIE SEGURANÇA PSICOLÓGICA

Segurança psicológica significa poder dizer o que pensa sem temer qualquer consequência negativa à sua autoimagem, carreira ou ao seu status. Caso ela não esteja em vigor na empresa, ninguém jamais se manifestará. (E se entenderem algo errado? E se seus colegas os julgarem ou culparem?) A professora de Harvard, Amy Edmondson, aconselha que os líderes "'deixem explícito que há uma enorme incerteza à frente, e uma enorme interdependência'. [...] Em outras palavras, seja claro que há áreas que ainda demandam explicações, para que as contribuições de cada membro de equipe importem. [Por exemplo, dizer coisas como] 'Nunca passamos por isso antes, não sabemos o que acontecerá, então precisamos que todos se concentrem e deem ideias.'"[6] Ao estruturar adequadamente sua linguagem, você torna sua equipe uma força coesa contra quaisquer obstáculos que possam estar à frente ao mesmo tempo que dá a ela uma permissão implícita para falar o que pensa. *Isso* sim é colaboração confiante.

Para isso funcionar, é essencial que os líderes sigam o exemplo de Satya Nadella ao lidar com erros ou ideias ruins: criticar a ação em vez da pessoa, ao mesmo tempo em que dá um suporte incondicional à sua equipe.

SUA EQUIPE TEM SEGURANÇA PSICOLÓGICA?

É importante falar abertamente sobre segurança psicológica, mas você também precisa de um processo para mensurá-la. Pergunte a si mesmo, e às pessoas de sua equipe, se concordam plenamente, se concordam parcialmente, se discordam parcialmente ou se discordam plenamente das seguintes afirmações:

1. Se cometo um erro, geralmente isso é usado contra mim.

2. Os membros de equipes podem mencionar problemas e questões difíceis.

3. As pessoas às vezes rejeitam os outros por serem diferentes.

4. É seguro arriscar-se.

5. É difícil pedir ajuda a outros membros da equipe.

6. Ninguém agiria deliberadamente de certa forma se isso enfraquecesse meus esforços.

7. Minhas habilidades e meus talentos singulares são reconhecidos e valorizados.

O quanto você e sua equipe concordam (ou discordam) plenamente dessas afirmações, tanto online como offline, indica diretamente o nível presente de segurança psicológica em seu grupo. Esse pode ser um exercício eficaz de Confiar Totalmente para você e sua equipe.[7]

(Modificado da Avaliação de Segurança Psicológica na Equipe, de Amy Edmondson)

PERMITA-SE SER VULNERÁVEL

Quanto mais ênfase um líder dá na vulnerabilidade e no aprendizado, mais fácil será para que os membros da equipe expressem suas opiniões, façam perguntas e abracem o desconforto da incerteza. Comunique afirmações simples — "Talvez deixei algo passar, preciso da sua opinião"; "Admito que o operacional não é meu forte, e estou aberto a sugestões" — que encorajem suas equipes a falar, e que também as relembre sobre o quanto você valoriza suas contribuições. Quando alguém oferecer feedback, aceite-o com elegância: "Observação bem feita. Costumávamos ser muito melhores nisso e perdemos de vista a comunicação interna. Prometo que isso mudará."

Durante reuniões individuais, procure identificar pontos de vulnerabilidade da equipe. Will, líder de equipe no Facebook, normalmente faz quatro perguntas aos seus colegas de equipe: *Em que está trabalhando?*, *O que está dando certo?*, *O que não está dando certo?* e *Como posso ajudar?* Dependendo do que os membros precisem mês a mês, ele se vê desempenhando o papel de terapeuta, coach, animador de torcida e defensor.

Pode ser desafiador demonstrar vulnerabilidade e, dependendo da posição da pessoa ou de seu papel na empresa, a vulnerabilidade é em geral vista e julgada de forma diferente. Por exemplo, se o CEO fizer uma pergunta, ela será provavelmente entendida de forma distinta do que se um estagiário, ou até mesmo um gerente de nível médio, perguntar a mesma coisa. Alguns comentários ou ações são entendidos distintamente dependendo do gênero, da idade e da cultura (falaremos mais sobre isso na parte três). Ainda assim, nossa comunicação deve ultrapassar tais diferenças usando o canal e o estilo que se mostrem mais psicologicamente seguros.

O PAPEL DO MEMBRO DE EQUIPE NA CRIAÇÃO DE CONFIANÇA

O líder é o principal responsável por estabelecer um tom de segurança psicológica, mas isso não significa que os outros membros da equipe tenham que se sentir impotentes. Todos são essenciais para a criação de um ambiente de Confiar Totalmente. Dito isso, o que podemos fazer para aumentar a confiança num nível entre colegas?

Deixe as Comunicações Insinceras de Lado e Seja Autêntico

Minha experiência me ensinou que a maioria das pessoas não se revela de uma só vez. Em vez disso, elas vão se mostrando lentamente, aos poucos. Assim, como podemos revelar o que está sob a superfície e mostrar quem *realmente* somos, o que *realmente* pensamos e como *realmente* nos sentimos — resumindo, o que *realmente* está acontecendo?

Por exemplo, talvez esteja escrevendo uma mensagem que diz: *Oi, John, Robert aqui. Estava vendo seu site e acredito que minha empresa, a Corporação Fulana, tem um produto perfeito para suas necessidades...* Desculpe, mas acho que é impossível ser mais engessado do que isso. Em vez disso, vá a campo e faça o trabalho. Estude o site da empresa, leia o máximo possível de posts e avalie as necessidades da companhia. Onde você pode ser mais útil? Outra coisa, por que eles deveriam confiar em *você*? Com posse dessas informações, tente novamente: *Oi, John, Robert aqui. Primeiro, permita-me dizer como gostei de ler seu post sobre a iniciativa no colégio ano passado. Que maneira legal de criar um espírito de equipe e ajudar a comunidade!* Continue a partir daí. Com cada detalhe, você começa a desenvolver confiança.

Engaje-se em Momentos Digitais do "Cafezinho"

As pesquisas mostram que, quando mudamos para o trabalho remoto, o que mais sentimos falta são as atividades sociais e de desenvolvimento de relacionamentos que acontecem espontaneamente, como quando damos um pulo até a mesa de alguém para dizer olá, juntamo-nos na sala do café para falar sobre a última maratona na Netflix ou perguntamos a um colega distraído se está tudo bem. Essas "interações do cafezinho" são ingredientes essenciais para a criação de camaradagem, moral e confiança. Elas também nos mantêm informados sobre o que *realmente* está acontecendo na organização. Assim, sem um cafezinho de verdade, o que devemos fazer?

A resposta: crie um momento para apenas interagir e divertir-se com a equipe. Não precisa ser um encontro social estritamente planejado; cinco a dez minutos no início de uma reunião serão suficientes. Sua equipe deve se sentir confortável ao reconhecer o fato óbvio de que todos têm uma vida fora do trabalho. Certa vez, o membro de uma equipe totalmente remota me disse: "Todas as manhãs começamos com reuniões onde todo mundo fala o que fez no dia anterior e se tem algum impedimento para o que vai fazer hoje. Também fazemos outra no fim do dia — o que deu certo? O que não deu certo? O que tentamos? É uma ótima forma de celebrar nossos sucessos, compartilhar desafios e criar limites."

Em outra empresa de recursos humanos, logo após a pandemia da covid-19 ter enviado o país inteiro para a quarentena, a equipe discutiu como os *happy hours* virtuais ajudavam os integrantes a enfrentar a mudança repentina para o trabalho remoto. Como um deles recordou: "Participei de um *happy hour* virtual com cerca de outros sessenta colegas. Demos risadas, celebramos e nos conectamos — vimos algumas crianças lindinhas e também alguns pets ao fundo. Fizemos um compromisso para mantermos a tradição, que ajuda muito. Que turbinada no moral!" Em outros lugares, almoços no Zoom tornaram-se o novo refeitório social, em que os funcionários podiam juntar-se e compartilhar refeições virtuais. Com o passar dos meses, em geral o número de participantes diminuiu, mas foi bom para os membros da equipe saber que havia a possibilidade de terem alguma interação social se quisessem.

Karen me contou o que fizeram em sua empresa sem fins lucrativos: "Minha equipe decidiu fazer uma reunião semanal de trinta minutos, mas *não* para falar de trabalho, só para jogar conversa fora. A questão é divertir-se, falar sobre coisas positivas e escutar os outros contando como estão usando seu tempo."

AUDITORIA DO CONFIAR TOTALMENTE

Idealmente, as equipes precisam de algum tipo de termômetro para avaliar como estão promovendo uma cultura de Confiar Totalmente. O guia a seguir de linguagem corporal digital pode ajudá-lo a avaliar sua liderança *e* sua equipe:

Valorizar Visivelmente	• Sentimos que nosso tempo é respeitado? • Sentimos que nosso melhor trabalho é reconhecido e celebrado? • Sentimo-nos confortáveis expressando nossas preocupações?
Comunicar-se Cuidadosamente	• Sentimos que há uma compreensão comum sobre prioridades e próximos passos? • Temos uma compreensão clara sobre quais canais usar e quando? • Temos linguagem e vocabulário claros para promover a compreensão?
Colaborar Confiantemente	• Todos os stakeholders apropriados sentem-se identificados e alinhados? • Sentimos que as pessoas certas são informadas — e que elas estão repassando as mensagens adequadamente? • Sentimos que há consistência nas comunicações entre as equipes?
Confiar Totalmente	• Damos uns aos outros o benefício da dúvida ao enfrentarmos a incerteza? • Sentimo-nos seguros o suficiente para nos manifestar? • Criamos momentos de conexões sociais informais?
Obtenha a avaliação completa em ericadhawan.com/ digitalbodylanguage [conteúdo em inglês]	

Nesta altura, talvez esteja se perguntando: *Se eu tomar todos os passos necessários para iniciar esses quatro pilares na minha equipe, o que exatamente devo esperar?*

A resposta? Pode esperar uma organização resiliente e adaptativa, que se une nos momentos difíceis assim como em épocas tranquilas.

Ao **Valorizar Visivelmente:** os membros da equipe vão trabalhar com ânimo e ímpeto. Eles estão *motivados* a dar contribuições e inovações significativas, promovendo o engajamento, a retenção e a produtividade.

Ao **Comunicar-se Cuidadosamente:** as equipes mostram uma frente única e unida, fazem os projetos de forma rápida e eficiente, e sentem-se seguras ao dar ideias potencialmente inovadoras.

Ao **Colaborar Confiantemente:** você cria um alinhamento em toda a organização quanto aos objetivos comuns sem desentendimentos ou discordâncias triviais, levando à colaboração, à inovação, à lealdade do cliente e à eficácia de marketing em todas as equipes.

Ao **Confiar Totalmente:** você cria altos níveis de fé organizacional, em que as pessoas dizem a verdade, mantêm a palavra e cumprem seus compromissos, por sua vez criando o crescimento de vendas ao cliente e a efetividade de custos.

Veja uma recapitulação de tudo que aprendemos na parte dois:

PARTE TRÊS

Linguagem Corporal Digital nas Diferenças

Graças ao meu interesse antigo sobre como as pessoas colaboram no trabalho, sou geralmente convidada a falar em eventos sobre crescimento empresarial, trabalho em equipe e inovação. Em um deles, uma conferência organizada por um grande banco de investimentos, percebi como o diretor de RH sempre enfatizava a importância da "inclusão". Então, tentando motivar o engajamento, ele perguntou ao público, composto por cerca de cem vice-presidentes recém-promovidos:

"Quantos de vocês já passaram por uma situação em que não se sentiram incluídos?"

Ninguém levantou a mão. De fato, quase todos lá olharam para baixo ou para o lado. Com o silêncio predominando, ficou claro que ninguém queria admitir perante um executivo branco e outros cem colegas recém--promovidos que havia se sentido excluído.

Considere o seguinte: *haveria uma maneira mais inclusiva para o diretor de RH fazer essa pergunta que teria causado respostas honestas e vulneráveis, promovendo um verdadeiro avanço para sua empresa?*

Agora, imagine que esse mesmo diretor de RH tivesse feito a mesma pergunta por e-mail, mensagem de texto ou Webex. O resultado, infelizmente, teria sido o mesmo. A comunicação digital é proclamada como uma grande equalizadora, mas a falta de Confiar Totalmente no mundo real apenas se amplia online.

Quando estamos irritados pelo tom casual demais de um colega jovem, por uma resposta tardia de um colega europeu ou por uma referência aparentemente sexista indicada por um emoji mal escolhido, é importante nos perguntar se não estamos apenas mal interpretando as coisas. Tão importante também é nos perguntar se talvez *nós mesmos* não estejamos enviando sinais confusos.

O que deixamos passar quando não compreendemos a diversidade de experiências e julgamentos de nossa própria equipe? Resposta curta: *coisas demais.*

Na parte três, discutiremos como você pode fortalecer o engajamento, a produtividade e o moral de sua equipe considerando as diferenças com uma compreensão dos sinais da linguagem corporal digital.

Outra coisa — não posso evitar —, ao longo desta seção, além das pesquisas de terceiros, falarei sob minha própria perspectiva como uma mulher norte-americana de ascendência indiana e autoproclamada "millennial geriátrica" criada nos EUA. Portanto, pode ser que nem tudo que direi sobre as diferenças na linguagem corporal digital faça sentido para você. Como as pessoas foram criadas, suas personalidades, seus níveis de poder e estilos de trabalho inevitavelmente acrescentam nuance e especificidade aos seus hábitos de comunicação. Peço apenas que leia esta seção com uma disposição para confrontar verdades potencialmente desconfortáveis e possivelmente seus próprios vieses. Sem dar esse passo, as organizações nunca conseguirão atingir seu potencial máximo.

●

CAPÍTULO 8

Gênero

Ele Disse, Ela Disse, Eles Disseram

Quando era pequena, vi minha mãe renunciar a uma carreira promissora como médica para cuidar de meus irmãos e de mim. Nem sempre foi fácil, mas ela foi excepcional nisso. Lembro-me de como foi desafiador quando todos nós saímos de casa para fazer faculdade, e ela não tinha que cuidar de mais ninguém, não precisava levar ninguém para a escola ou nos acompanhar nos estudos para ter certeza de que só estávamos tirando dez nas provas. Prometi a mim mesma que algum dia faria o que fosse necessário para ter uma família *e* manter minha vida profissional — se eu *conseguisse*. Sou uma mulher do século XXI, afinal. Pensei que poderia ter tudo, certo?

Pulemos duas décadas, quando me vi casada e grávida, questionando-me: *espera aí, e se na verdade* não consigo *ter tudo?* Estava começando a ganhar um momentum real com minhas palestras e percebi, para minha surpresa, que estava relutante em dizer aos meus clientes que estava grávida. E se eles pensarem que eu não estaria mais disponível após meu bebê nascer? E se pararem de me contratar? E se minha carreira fracassar do nada?

Assim, pelo menos por um tempo, escondi minha gravidez o máximo que pude. Usava mais a comunicação digital em vez de reuniões presenciais e diminuí minhas palestras. Cerca de uma semana antes do parto, passei 30 minutos antes de um seminário via Webex ajustando todos os ângulos possíveis da câmera para que não mostrasse minha barriga. Lembro-me de me sentir muito grata por uma tela permitir continuar meu trabalho.

Após o nascimento do meu filho, ficou óbvio para a maioria das pessoas que agora eu era mãe — e que minha empresa estava às moscas. Contudo, ainda me lembro de como me senti muitas vezes impelida a esconder minha vida materna atrás de uma tela. Refletindo agora sobre aquele período, percebi que um dos segredos para desenvolvermos relacionamentos confiáveis entre gêneros diferentes tem muito a ver com reconhecer nossos próprios medos e tomar a decisão de não projetá-los nos outros.

Isso não significa que as mulheres não enfrentam mais os obstáculos para serem levadas a sério, pois ainda enfrentamos — especialmente em setores dominados por homens, como capital de risco e tecnologia. Em 2015, quando Penelope Gazin e Kate Dwyer lançaram um marketplace online que vendia produtos incomuns de arte, a Witchsy, às vezes tinham problemas de comunicação com clientes, compradores de arte e desenvolvedores de tecnologia.[1] Suas interações aconteciam primordialmente por e-mail, e por vezes as mensagens que recebiam de volta eram condescendentes ou até rudes.

Foi quando Gazin e Dwyer tomaram a decisão de trazer um cofundador homem, Keith. A propósito, Keith não existe. Ele era um personagem fictício que se tornou o "responsável" por todas as mensagens externas. Sem qualquer surpresa, e um tanto desanimador, ter um "cofundador" causou um impacto significativo na empresa de Gazin e Dwyer.

De fato, "mudou do dia para a noite", contou Kate Dwyer a um repórter da *Fast Company*. "Levava dias para eu obter uma resposta, mas Keith conseguia não apenas uma com atualizações, como também lhe perguntavam se queria algo mais, ou se precisava de ajuda com alguma coisa."[2]

Isso não é legal — mas é a vida.

Mesmo antes do advento de e-mails e mensagens diretas aos nossos chefes e subordinados, de trocar emojis no e-mail do trabalho ou de encaminhar acidentalmente um e-mail duvidoso para todos da organização, a comunicação entre gêneros no ambiente de trabalho já era tensa. Em 1990, o livro de Deborah Tannen, *You Just Don't Understand* [Você Simplesmente Não Entende, em tradução livre] abriu os olhos dos leitores aos contrastantes "rituais conversacionais" que ocorriam entre homens e mulheres. O popular psicólogo John Gray manteve o assunto em pauta quando publicou, em 1992, seu livro mais descontraído, *Homens São de Marte, Mulheres São de Vênus*, que confirmou, se é que alguém ainda tinha dúvidas, que os homens e as mulheres têm formas amplamente diferentes de comunicar, entender e expressar apreço.[3]

Atualmente, décadas depois, a divisão de gêneros continua afetando nossas comunicações digitais. Quando respondemos a um e-mail e presumimos que John Smith, que está em cc, é o chefe e Karen Barry, que de fato escreveu o e-mail, é sua assistente, ou quando respondemos imediatamente a Tom (que faz comentários francos, abertos e pragmáticos nos e-mails em grupo), mas levamos 24 horas para responder a Sarah (cujos e-mails são compridos e atenciosos), estamos demonstrando nossos vieses inconscientes. A digitização deixou o já tenso cenário de comunicações ainda *mais* complicado. E não nos esqueçamos da complexidade extra da inclusão. À medida que as empresas do mundo todo se adaptam para ser mais inclusivas com pessoas considerando o espectro de gêneros, devemos considerar como tais mudanças amplificam os vieses históricos de gêneros e dão vida a ainda mais desentendimentos.

ELE DISSE BLZ, ELA DISSE KKK!!!

Embora a ciência não tenha acompanhado o ritmo para ser inclusiva com relação a crianças dentro do espectro de gêneros, estudos mostram que as normas tradicionais dos gêneros masculino-feminino criam raízes logo cedo. "A partir dos 2 ou 3 anos de idade, as crianças demonstram padrões em que os meninos são mais assertivos e as meninas mais indiretas", afirma a linguista Susan Herring.[4] "Um pouquinho mais velhos, a ideia de que as meninas devem levar em consideração os sentimentos e desejos dos outros antes de falarem ou agirem já se formou. E, para os meninos, o conflito não é apenas aceito, como encorajado."[5]

À medida que as crianças são socializadas, essas diferenças de gênero, com frequência encorajadas sutilmente por pais e professores, só aumentam. Os antropólogos Daniel Maltz e Ruth Borker descobriram que meninos e meninas têm formas conflitantes de falar com seus amigos.[6] Embora crianças de todos os gêneros se engajem em muitas das mesmas atividades, as brincadeiras preferidas diferem, assim como seu uso da linguagem. As menininhas tendem a brincar em pequenos grupos, e geralmente em pares. Suas vidas sociais muitas vezes centram-se em torno de uma melhor amiga, e as amizades próximas geralmente se formam a partir da troca de "segredos". Os menininhos, por outro lado, tendem a brincar com grupos maiores, geralmente ao ar livre. Eles passam mais tempo *fazendo* coisas, muitas vezes por causa do status, do que *falando* sobre coisas.

Quando estão prontos para iniciarem suas carreiras, tradicionalmente, os garotos estão condicionados a buscar status ao tomar o palco central, contando histórias e piadas, gabando-se sobre suas habilidades e argumentando que é o "melhor" em tal coisa.[7] As garotas, por outro lado, geralmente estão condicionadas a valorizar a intimidade e a expressar suas preferências como sugestões, e não como ordens. Sobre as meninas se gabarem, esqueça — onde está a humildade nisso?[8]

Anos antes, tais diferenças ficavam evidentes no recreio escolar. Agora, acontecem no ambiente de trabalho e no mundo digital.

Considere o estereótipo de um homem poderoso e exitoso numa empresa. Ele é Gordon Gekko no filme *Wall Street*. Ele é Don Draper na série *Mad Men*. Sua voz é grave, sua convicção é absoluta e sua linguagem corporal é territorial (explorarei o "mansplaining digital" posteriormente neste capítulo). Seus contemporâneos homens e mais jovens demonstram uma ludicidade marcada uns com os outros ao contarem piadas, cumprimentarem-se com "soquinhos" e pregarem peças. Em ambientes de grupo, eles apresentam suas ideias corajosamente e em geral não têm escrúpulos em roubar a ideia de um colega e transformá-la em sua própria.

As mulheres, por outro lado, normalmente buscam um grupo menor de outras mulheres com seu mesmo status (ou uma única melhor amiga). Mais do que os homens, elas são atraídas a amizades com laços muito próximos. Elas são Donna e Rachel na série *Suits*, ou Joan e Peggy em *Mad Men*. Há menos chances de que contem piadas ou preguem peças. As mulheres poderosas não são necessariamente as mais barulhentas da sala, mas quase sempre é um pré--requisito que estejam entre as mais inteligentes e qualificadas. Muitas vezes, quanto mais alto for o status e o poder de uma mulher, mais ela terá aprendido a adotar a linguagem corporal tradicional dos homens e suas formas de co-municação. Ainda assim, mesmo estando nos mais altos cargos da hierarquia corporativa, há mais chances de que elas farão uso da criação de equipes para seguirem em frente (um hábito permanente).

Como as diferenças tradicionais de gênero aparecem em nosso cenário digital? E o que podemos fazer a respeito delas?

RECONHEÇA SEUS PRÓPRIOS VIESES

Considere alguns dos estereótipos de gênero em nosso mundo cheio de normas sociais. Você recebe o e-mail de uma mulher. É breve, vai ao ponto e pula quais-quer cortesias. Conclusão: ela é mandona, autoritária e provavelmente não é muito legal. Você recebe um segundo e-mail, mas desta vez vem de um homem. É breve, vai ao ponto e pula quaisquer cortesias. Conclusão: ele é confiante, está no comando e não tem paciência com imbecis. Resumindo, o exato mesmo e-mail pode suscitar reações diferentes com base no gênero da pessoa que o enviou.

Não temos toda a culpa por nossos vieses subconscientes. Muitos, de fato, estão além do nosso controle. O Projeto Implícito da Harvard, uma organização sem fins lucrativos com foco na educação do público sobre vieses escondidos, define-os como "atitudes e crenças que as pessoas podem não conseguir relatar ou não estar dispostas a isso", acrescentando ainda que "por exemplo, talvez você acredite que mulheres e homens deveriam estar igualmente associados à ciência, mas suas associações automáticas poderiam mostrar que você (como muitos outros) associam mais os homens à ciência do que as mulheres."[9] Ninguém, incluindo as mulheres, está isento desses vieses, mesmo quando contradizem nossas próprias "crenças" declaradas. Não obstante, entender quando e como eles aparecem, juntamente com suas causas mais profundas, pode ajudar muito na criação de uma colaboração melhor em nossos ambientes de trabalho.

Como são os vieses de gênero no mundo da linguagem corporal digital? Veja a seguir uma resposta de e-mail que uma gerente recebeu no trabalho:

> *Sandra, Adorei o relatório técnico!!! — M, xx*

Qual é sua reação imediata?

Está presumindo que a mensagem foi escrita por um homem ou uma mulher?

Foi uma mulher, certo? Você decifrou uma gama de deixas subconscientes — pontos de exclamação extras para demonstrar emoção ou um rostinho feliz conotando amizade, o "xx" representando beijos (que, aliás, é raramente usado por qualquer gênero no trabalho) — para determinar que o e-mail foi, *sem sombra de dúvidas*, escrito por uma mulher.

Saiba, porém, que essa mensagem é algo perfeitamente normal — mas muitos a leem subconscientemente como "feminina". Outras questões surgem a partir de suposições adicionais que possamos fazer a respeito do remetente que *transcendem* o gênero.

A questão não é que não fazemos pressuposições positivas sobre as mulheres no ambiente digital de trabalho, pois fazemos. Por exemplo, em geral há a percepção de que as mulheres tendem a escrever e-mails de forma mais lenta e completa, incorporando mais feedback de outros, respondendo a todas as perguntas anteriores e pausando antes de responder. Pesquisas mostram que também acreditamos que elas são mais expressivas do que os homens em suas comunicações online. A escritora Elizabeth Plank disse isso de forma melhor: "Sinto que preciso ser legal, calorosa e receptiva, mesmo quando estou falando sobre uma questão sobre a qual expresso meu desejo de que seja corrigida ou resolvida. Quando preciso pedir algo a alguém, sinto que preciso suavizá-lo com minha linguagem feminina (!!!, emojis, GIFs) para que não passe a impressão de ser estridente, chata ou qualquer outro estereótipo feminino. Os homens podem ser diretos. As mulheres com frequência não têm tal luxo."[10]

Por contraste, a comunicação digital masculina tende a estar levemente repleta de afirmações curtas, rápidas e pragmáticas, em geral consistindo apenas em um "pedido" ou em informações factuais. As cortesias que se explodam! Os cumprimentos não incluem um "Prezado Jim", que parece amoroso demais, mas são abreviados para "Jim" ou simplesmente suas iniciais, como "JB". Os homens tendem a usar menos emojis e geralmente não veem a necessidade de pontos de exclamação extras.

Se as comunicações masculinas, destemidas e assertivas dominam a maior parte do mundo online e do mundo empresarial, a competição e a objetividade tornam-se as normas conversacionais. Espera-se que a maioria dos homens aceite isso como parte do jogo. Ao mesmo tempo, as mulheres assertivas que se comunicam de forma direta são às vezes percebidas como frias, implacáveis ou fechadas.

A seguir, compartilho exemplos de linguagem corporal digital em todo o espectro, dos estilos masculinos aos femininos. Reconheço que essas definições podem parecer limitantes a alguns. Você não precisa se limitar a elas, mas use os exemplos para identificar seus próprios hábitos e vieses potenciais.

LINGUAGEM CORPORAL DIGITAL MASCULINA...

- Transfere as conversas confiantemente entre meios.
- Evita usar emojis ou pontuação excessiva.
- Garante que a mensagem seja curta, bem organizada e direta.
- Usa marcadores e frases claras no campo assunto.
- Em geral coloca superiores em cc, mesmo quando isso é desnecessário, com o objetivo de receber elogios.
- Usa palavras-chave para tornar suas mensagens mais assertivas e definitivas (como "sempre", "definitivamente" e "obviamente").
- Responde rapidamente.

LINGUAGEM CORPORAL DIGITAL FEMININA...

- Prefere reuniões presenciais a virtuais.

- Usa gentilezas e a boa educação como ferramentas, juntamente com uma linguagem mais vaga ("talvez", "acho que", "quem sabe").

- Usa advérbios intensos, escritas e pontuação fora do padrão para revelar emoção ("tãããão", "?!?!?!" "ridiculamente", "Neeem pensaaar").

- Sempre revisa as mensagens.

- Demora mais para responder.

A seguir temos uma conversa entre Julie e Tiffany, amigas de longa data que só estão vendo como andam as coisas. O que está acontecendo com elas?

> Julie: e aí?
>
> Tiffany: oi.
>
> Julie: como está? Há quanto tempo! Faz décadas que não conversamos
>
> Tiffany: Tudo bem
>
> Julie: Como está o trabalho? E as coisas em casa?
>
> Tiffany: Corrido.
>
> Julie: amiga, como está segurando a barra?
>
> Tiffany: Estou bem.
>
> Julie: Já recebeu sua avaliação?
>
> Tiffany: Não
>
> Julie: Certo! A gente se fala outra hora...
>
> Tiffany: Tchau.

Os homens que leram a conversa tiveram mais ou menos a mesma conclusão: Tiffany estava ocupada. Estava sem tempo para uma conversa mais longa. (Os homens ignoraram em grande parte os sinais relacionados à força ou à fraqueza da amizade.) A maioria das mulheres, no entanto, tiveram uma opinião diferente. A falta de linguagem vaga, a ausência de detalhes ou qualquer troca de perguntas — *sim, Tifanny estava definitivamente brava com sua amiga*. Por quê? Não faço ideia. Mas veja suas palavras.

Todos temos vieses e expectativas de como homens e mulheres se comunicam, mas lembre-se, isso nem sempre se concretiza. Eles também podem ser influenciados de forma sutil ou não tão sutil assim por considerações, incluindo idade, nacionalidade ou cultura empresarial. Certa cliente me disse: "Há dois homens na minha equipe. Um é muito brusco e o outro é o rei dos pontos de exclamação. Acho que seus estilos são mais influenciados por sua idade e cultura do que pelo gênero." Laine, executiva no Citigroup, acrescentou: "Como mulher, tenho dificuldades em escrever e-mails para o grupo de orientações composto majoritariamente por mulheres e do qual faço parte. Acho as conversas muito efusivas, e essa não é minha voz natural", que, explicou, era mais direta e concisa.

Veja a seguir algumas ações poderosas que você pode tomar para alcançar uma clareza ideal não importa o gênero.

CONHEÇA SEU PÚBLICO

Caso seja como a maioria das pessoas, você provavelmente desenvolveu uma linguagem corporal digital que lhe pareça natural. Mas pode ser que nem sempre funcione no contexto do ambiente de trabalho. Todos precisamos saber quando permitir que nossas personalidades digitais brilhem e quando nos conformar a expectativas explícitas ou não em nossas culturas profissionais.

Alguns meses atrás, estava jantando com Jake, diretor de marketing de uma empresa farmacêutica listada na Fortune 500. Conforme discutíamos os talentos em sua equipe, ele fez uma referência específica a uma de suas estrelas, Jessica, de 27 anos e chefe do departamento pessoal. Entre suas responsabilidades, ela devia atribuir tarefas a todos da equipe. Jake era um grande fã do estilo confiante que Jessica tinha ao falar, bem como de suas habilidades de gerenciamento de projetos em reuniões presenciais com a equipe. Sendo assim, por que seu estilo de comunicação digital era tão... *tépido*?

Nos e-mails, parecia que Jessica tinha o hábito de estruturar as tarefas que atribuía aos outros como perguntas ou sugestões. Seu pedido era, *você gostaria de fazer o projeto X com a pessoa Y??* ou *estava pensando em colocar você no projeto X. Pode ser???* 😄😄 Jake estava preocupado que o estilo e o tom de Jessica pudessem ser vistos como imaturos, incertos, sem confiança ou até permissivos.

Durante a reunião de avaliação no meio do ano com ela, Jake chegou até a aconselhá-la a mudar suas maneiras com os funcionários nas comunicações online, acrescentando: "Se você usar essas palavras qualificadoras com os homens da equipe, eles vão deitar e rolar em cima de você." Em resposta, Jessica começou a editar sua linguagem, usando estruturas do tipo "serei o mais específica possível" e "para irmos direto ao ponto" como forma de simplificar a linguagem adicional. E deu certo. Ao customizar a forma como se comunicava, ela acabou cimentando sua liderança contínua.

Caso tire alguma lição dessa história, que seja o seguinte. Primeiro, às vezes precisamos adaptar nossa linguagem corporal digital natural para que se adeque ao tom do nosso ambiente de trabalho. Segundo, grande parte de nossa linguagem corporal digital padrão foi provavelmente aprendida em antigos ambientes de trabalho e de relacionamentos anteriores (ou seja, Jessica exportará sua assertividade recém-descoberta aos seus próximos empregos). Não presuma que alguém que usa uma linguagem menos direta ou mais vaga em e-mails não tem maturidade ou que seja menos crível de algum modo. Em vez disso, reconheça que as tendências da linguagem corporal digital são provavelmente o resultado de experiências anteriores — e encoraje as mudanças apenas se tal linguagem afetar a clareza nas comunicações da pessoa.

O QUE ME AJUDARÁ A DEMONSTRAR CONFIANÇA?

- Não exagere nas desculpas. (*Sinto muitíssimo por isso; espero que não esteja lhe incomodando; espero que não se importe, mas...*)
- Evite uma linguagem vaga. (*Provavelmente; acho que talvez; não tenho certeza, mas...*)
- Limite a bajulação excessiva ou a subserviência. (*Sei que está ocupado; haveria alguma forma de ter alguns minutinhos do seu tempo?; sei que tem uma pilha de coisas para fazer...*)

Caso seja membro de uma equipe e esteja a meio caminho na hierarquia corporativa, pergunte aos seus colegas sobre quais sinais *você está* enviando. As respostas podem surpreendê-lo.

A Jessica, pediram que deixasse a linguagem mais dura, no entanto, é mais frequente que as mulheres profissionais sejam aconselhadas a *suavizar* o linguajar. A *Harvard Business Review* observou que, para beneficiarem-se de suas competências, as mulheres precisam ser vistas como receptivas *bem como* confiantes e influentes. Por contraste, os homens competentes são vistos como confiantes e influentes, e não faz diferença se são receptivos, frios ou intermediários.[11]

A seguir, consideremos Sonya, gerente numa empresa de serviços financeiros, cargo que levou uma década para conseguir. Ela sempre se orgulhou de suas habilidades comunicativas — assim, por que na reunião de avaliação o chefe lhe disse que seu estilo de e-mails diretos e formais precisava ser mais "amigável"? Ao que parecia, alguns membros da equipe interpretavam esse estilo de escrita como autoritário. Surpresa, Sonya destacou que a quantidade de e-mails que enfrentava diariamente significava que precisava normalmente responder de forma rápida e sucinta.

Seriam essas mesmas acusações feitas a um homem? É difícil dizer. Porém, Sonya passou a ajustar sua linguagem. *Faça isto* tornou-se *vamos tentar esta abordagem*. *Por favor termine* transformou-se em *estou considerando este cronograma, o que você acha?* Ela acrescentou pontos de exclamação e emojis. Tais mudanças fizeram com que suas mensagens fossem percebidas como pessoais e colaborativas, e não mais dominantes e rudes; Sonya nunca mais teve problemas com esse assunto.

Esta é uma história triste ou instrutiva? Talvez um pouco de cada coisa. O ponto principal é que, nesse ambiente de trabalho específico, Sonya pôde ser vista como uma funcionária de mente aberta e inclusiva apenas ao adotar as convenções estilísticas e tonais geralmente associadas às mulheres.

Não é surpresa que as líderes tenham opiniões divergentes sobre isso. Algumas acreditam que se uma mulher tem um estilo natural mais autoritário, então ela deve ser fiel ao seu eu autêntico. Outras destacam que um pouco de adaptabilidade é essencial para o sucesso, mesmo se isso servir para reforçar os estereótipos de gênero. Elas argumentam que, se a mulher precisa ser "mais gentil" e menos direta para passar uma boa impressão, então ela deveria fazer exatamente isso — pelo menos até que esteja em uma posição de poder na qual possa mudar as coisas.

Falando pessoalmente, felicito Jessica e Sonya por se adaptarem às suas situações e circunstâncias. Os homens tampouco estão isentos desse tipo de conselho. Caso seja homem, vá além e use um emoji ou pontos de exclamação no trabalho, especialmente quando isso pode melhorar o engajamento e a confiança em sua equipe. Todos temos o poder de causar disrupção em estereótipos, e isso começa com cada um de nós.

Dito isso, em uma conversa viral no Facebook em 2017,[12] um grupo de mulheres profissionais compartilhou a libertação e a pura rebeldia que sentiram quando passaram a omitir deliberadamente os sinais da "receptividade feminina".

> Sempre sinto que estou me afastando lentamente de uma explosão quando não uso exclamações.

> Sou eu!! Levo mais tempo decidindo minha estratégia de pontuação do que de fato escrevendo/editando a droga do e-mail.

> Hahaha siiiim e fico me sentindo culpada ou com dúvidas pelo restante do dia.

Os líderes devem criar espaço para que todos em suas equipes — não importa a definição de gênero ou de identidade — sejam eles mesmos, ao mesmo tempo que sejam adequados com clientes e consumidores. Os membros de equipe também devem ser aconselhados a encontrar ambientes de trabalho em que possam ser quem são e nos quais possam dar seu melhor. À medida que mais ambientes de trabalho fiquem cada vez mais diversos e inclusivos, haverá mais chances de que as mulheres não tenham que "pegar leve" para terem sucesso. O mundo precisa de mais mulheres diretas e de mais homens emotivos! Sendo direta, não sejamos sexistas.

SEJA AUTÊNTICO. SEJA VOCÊ.

Se você é mulher e sente a pressão para demonstrar simpatia ao fazer pedidos diretos:

- Mostre competência (pedido direto) e simpatia (algo simples como um cumprimento ou uma assinatura amigáveis).

- Seja sucinta, mas também expresse frases do tipo *serei o mais específica possível* para evitar potenciais reações à sua assertividade.

- Seja direta, mas também explique o motivo: *realmente gostaria se fizesse isto. Precisamos disto até 17h, pois o produto será lançado amanhã.*

- Encerre com *Atenciosamente, Obrigada* ou omita completamente.

Se você é homem que só envia mensagens monótonas e sem tom:

- Ouse usar um emoji ou mais de um ponto de exclamação no trabalho.

- Encerre as mensagens com algo tipo *obrigado* para encerrar sua ideia, mesmo em mensagens de texto.

- Peça que as mulheres falem em reuniões ou elogie suas mensagens digitais.

PADRONIZE A COMUNICAÇÃO

Uma líder, cuja equipe é composta majoritariamente por mulheres millennials, contou-me certa vez que proibiu o uso de exclamações e emojis. Ela também orientou que a equipe usasse um modelo de "Quem/O quê/Quando" em todos os e-mails. Isso eliminou a "necessidade de cortesias" que muitas profissionais sentem, necessidade essa que pode criar lacunas na habilidade de uma equipe de Comunicar-se Cuidadosamente.

Outra líder com quem trabalhei estabeleceu uma regra para começar e-mails com OQPQVF, acrônimo de "O Que Preciso Que Você Faça". Isso reduziu a má compreensão entre os gêneros, especialmente entre as funcionárias que, novamente, sentiam-se pressionadas a apresentarem-se de forma gentil ou de suavizar seus pedidos a colegas.

Por fim, um executivo de relações públicas criou a norma de que todas as tarefas do trabalho tinham que ser escritas por e-mail ou no Slack e que fossem seguidas de um telefonema, eliminando qualquer confusão que surgisse dos estilos variantes na linguagem digital corporal masculina e feminina.

Alguns homens tornaram-se defensores de um estilo mais direto de comunicação *independentemente* do gênero. James Fell, blogueiro com um estilo direto e curto de escrita, afirma que, quando as mulheres que apenas conheciam sua persona online o conhecem pessoalmente, geralmente ficam surpresas. A reação comum? "Nem de longe você é o grande babaca que achei que fosse."[13]

Por que Fell passa essa impressão às leitoras? Bem, ele nunca usa pontos de exclamação para transmitir entusiasmo. (Ele os usa apenas quando expressa indignação ou urgência.) Ao trabalhar com editoras de texto, ele percebeu que elas enchiam os textos dele com exclamações (e Fell sempre as deletava). Os editores, por outro lado, quase nunca faziam isso. Ele ficou com a dolorosa ideia de que as mulheres — incluindo algumas editoras — em geral projetavam seu próprio "treinamento de gênero" em seu trabalho. "Ninguém se importa se o homem é direto e usa um simples ponto para encerrar a frase", escreveu ele em um blog. "Mas a mulher precisa usar pontos de exclamação para expressar entusiasmo para não ser considerada uma mandona e receber orientações do supervisor quanto ao seu 'tom.'"[14]

PARE DE DESVALORIZAR SUAS PALAVRAS

Diariamente, a pressão para que as mulheres pareçam acolhedoras e amigáveis acontece na forma de *linguagem vaga* — por exemplo, palavras que "preenchem" o texto e que muitas mulheres incorporam em suas escritas para fazê-las parecer menos duras ou assertivas. Os exemplos mais comuns incluem acrescentar "acho que" ou "será que não" antes de emitir uma opinião, ou incluir "mas não tenho certeza" ou "mas o que você pensa?" ao fim de uma frase, quando na realidade estamos *completamente* seguras de que estamos certas.

Estou longe de ficar imune a isso. Certa vez, tive que entrar em contato com uma cliente sobre um pagamento muito atrasado. Escrevi o que considerei um e-mail profissional e, depois, pedi que meu marido o relesse, como sempre faço com correspondências importantes. Ele rápida e bondosamente o destruiu. "Você não precisa dizer "só/apenas", apontou ele. (Após eu dizer que esperava que ela estivesse bem — ponto de exclamação! —, continuei que "só" estava escrevendo para perguntar sobre o pagamento atrasado, e que "apenas" esperava que ela verificaria o fato.) "Diga o que pensa. Não precisa ficar pisando em ovos. *Ela* lhe *deve* dinheiro, lembra?" Aceitei o conselho dele, reescrevi o e-mail e cliquei em *Enviar*. No fim, a presença — ou ausência — das palavras de "preenchimento" não fizeram nenhuma diferença!

PALAVRAS QUE NÃO AGREGAM VALOR EM SUAS MENSAGENS:

- É meu sentimento que...
- Sinto que talvez...
- Acho que...
- Não sei ao certo como me sinto sobre isso, mas...
- Na minha opinião...
- Acho que minha pergunta é...
- Só/Apenas...

Ávida para ser mais conscienciosa sobre minha própria linguagem vaga — e talvez até eliminá-la algum dia —, deparei-me com um plug-in do Gmail chamado *Just Not Sorry*, que usa um marcador vermelho gritante de editor para destacar a linguagem vaga em qualquer e-mail. Uma ferramenta inflexível e obstinada, o plug-in nos permite passar o mouse sobre a parte destacada e explica como os outros provavelmente a perceberão. Bem, a ferramenta sublinhou muito mais coisas do que eu esperava — e me ensinou o que anos de experiência empresarial não o fizeram. Hoje, quase que instintivamente, meus e-mails são (quase sempre) claros e diretos.

CRIE ESPAÇOS PARA AS VOZES SILENCIADAS

Criar segurança psicológica considerando o espectro de gêneros começa com líderes que definem as normas de comunicação na empresa, da seleção do meio à etiqueta nas reuniões. Permitir que os membros de sua equipe possam opinar quanto aos canais de comunicação em que se sentem mais confortáveis encoraja o Confiar Totalmente.

Como gerente, se ainda não sabe disso, você precisa entender que as pessoas normalmente precisam de coisas diferentes de modo a se sentirem Valorizadas Visivelmente e aptas a Comunicarem-se Cuidadosamente. Telefonema? E-mail? Mensagem privada ou em grupo? Uma reunião presencial? Talvez não percebamos, mas a escolha que fazemos não se baseia apenas na praticidade ou na velocidade. Nossa decisão também transmite o nível de interesse que temos em ouvir as diferentes vozes em nossa equipe. Como todos sabem, alguns membros de equipe gostam de falar em reuniões presenciais, ao passo que outros se omitem, preferindo expressar-se mais confortavelmente em uma sala de bate-papo virtual.

Ao estudar cuidadosamente essas divisões, você descobrirá que muitas são genderizadas. Veja a seguir algumas maneiras práticas de implementar estruturas que podem amplificar as vozes silenciadas:

OBTENHA OPINIÕES POR MEIO DE
DIVERSOS CANAIS

A comunicação online pode criar vantagens para superar o viés percebido (e geralmente real) contra as mulheres que nos tornam inibidas demais para dizermos algo. Pesquisas da Universidade Carnegie Mellon mostram que há mais chances de que as alunas façam perguntas aos professores de forma online do que presencialmente.[15] De modo similar, em minha experiência, as mulheres que estão nos níveis mais baixos da hierarquia empresarial geralmente dão mais opiniões por e-mails do que em reuniões presenciais.

Como destaca a linguista Naomi Baron, a comunicação digital serve uma função importante às mulheres. "Usar a comunicação escrita online permite que você assuma qualquer persona que quiser. Você pode omitir seu gênero, seu sotaque ou dialeto."[16] A comunicação digital também permite que as mulheres evitem confrontos desconfortáveis, acrescenta Baron. Por quê? Pois a comunicação textual tira a ênfase dos sinais tradicionais de confiança e liderança, como o timbre de voz. Nos ambientes de trabalho dominados por homens, ela oferece uma forma eficaz e até inédita para que as mulheres compartilhem poder e autoridade na tomada de decisão — um fenômeno que pode começar a igualar o desequilíbrio em prática entre os gêneros.

Ainda assim, as questões relacionadas à juventude e até à feminilidade permanecem. Isso tampouco me é estranho. Dez anos atrás, quando abri minha empresa, estava com 30 e poucos anos, participando no espaço de líderes de pensamento que outrora era composto primariamente por homens brancos mais velhos. Comecei a perceber que, quando usava o telefone ou o e-mail para vender meus serviços a executivos seniores, conseguia o dobro de trabalhos em comparação a quando os vendia em reuniões presenciais.

Contraintuitivo? Certamente. A confiança não é desenvolvida presencialmente? Mais tarde, cheguei à conclusão de que meu rosto jovial e minha linguagem corporal nem sempre gregária causava o viés vindo de executivos mais velhos. Durante as reuniões presenciais, ouvia mais perguntas do tipo "há quanto tempo faz isso?" ou "pode me enviar mais referências de clientes?" Tais perguntas duvidosas eram menos feitas por telefone. Mesmo nas videochamadas, minha presença na tela não chamava muito atenção à minha falta de idade e minhas ideias eram mais importantes do que minhas deixas visuais. Discutíamos o conteúdo que eu planejava entregar e o valor que poderia oferecer e, além do mais, sempre conseguia preços mais atrativos. Hoje, *continuo* fazendo reuniões presenciais, especialmente quando ainda não conheço a pessoa, mas a experiência me ensinou que telefonar ou enviar um e-mail a alguém após a reunião neutraliza o potencial viés de gênero ou o sexismo explícito, visto que os clientes em potencial não têm as distrações das deixas visuais.

Em geral, como mencionei antes, as mulheres criam comunidades muito unidas online e offline. Elas também usam mensagens diretas para desabafar, girar os olhos (digitalmente) ou tirar sarro da comunicação com tom masculino. A repórter Leah Fessler, da *Quartz*, escreveu certa vez: "A pressão existente nos canais públicos para prefaciar ou suavizar comentários e links desaparece nas mensagens diretas e nos grupos privados."[17] Fessler acrescentou: "Eu também me torno muito mais direta, e sou eu mesma, nas mensagens diretas."[18] Embora seja verdade que muitos grupos com uma mistura de gêneros fomente apoio e encorajamento, o fato permanece de que muitas mulheres ainda se sentem mais à vontade conversando só entre, bem, *outras* mulheres. Fessler também destacou as diferenças no reforço positivo que observou quando as mulheres conduzem discussões editoriais: "Nem uma única vez alguma mulher eliminou a ideia de um colega, forçou sua opinião ao grupo ou ignorou o comentário feito anteriormente. Fizemos perguntas ('há uma maneira de deixar claro que isto está inadequado sem caírem em cima de nós') e convidamos colegas com um conhecimento relevante ('@aimee tem algumas ideias sobre isso').[19]

Antes de escolherem um modo principal de comunicação, os líderes devem considerar perguntar a todos da equipe quais meios eles preferem — ou simplesmente apresentar algumas opções. Faça uma pesquisa para coletar ideias preliminares com os membros da equipe antes da reunião. *Qual é a melhor plataforma para discutir isto? Teleconferência, Zoom ou alguma outra opção?* Caso não seja líder de equipe ainda, tome a iniciativa ao perguntar ao chefe sobre sua preferência. O encarregado-adjunto de uma organização me disse certa ocasião: "Quando conheço um novo chefe pela primeira vez, pergunto qual é a melhor maneira de me comunicar com ele. Peço que ele me dê seu manual de instruções. Seja muito eficaz em sua comunicação com base no estilo dele e posicione-se quando puder criar a cultura."

PASSE O MEGAFONE

Um executivo que conheço aplicou certa vez um experimento de um mês elaborado para analisar a diferença de como as mulheres e os homens falavam em suas reuniões. Ele ficou chocado pela discrepância entre o número de vezes no total que os homens falavam em comparação com as mulheres. Eles falavam consistentemente primeiro e com mais frequência. A partir disso, ele aplicou um esforço coordenado para convidar as mulheres a falar nas reuniões de modo a ampliar a perspectiva de toda a companhia.

O blogueiro e empreendedor Anil Dash tentou outra coisa. Usando o Analytics do Twitter para determinar a divisão de gêneros de seus seguidores (que somam mais de um milhão), Dash descobriu que ele seguia praticamente a mesma porcentagem de mulheres e homens, mas que retuitava mensagens de homens *três* vezes mais do que de mulheres.

Então, fez um experimento.

Durante um ano inteiro, Dash fez questão de amplificar a maior variedade possível de vozes ao retuitar exclusivamente os comentários de mulheres — e recomendar que os outros fizessem o mesmo.[20] Nas palavras dele: "Se puder, procure considerar quais vozes você compartilha, amplifica, valida e promove aos outros… passamos tanto tempo nessas redes sociais e há muito que podemos fazer para consertar os erros que vemos em outras mídias, por meio de ações simples e pequenas."[21]

Quanto às lições que ele pode ter obtido? "Mais amplamente, descobri que as únicas vezes em que precisei pensar a respeito disso foram as próprias conversas dominadas por homens, como o diálogo sobre um evento promovendo algum gadget da Apple. Mesmo então, sempre descobria que as mulheres estavam dizendo as mesmas coisas (ou até melhores!) sobre o momento, cujas vozes eu podia amplificar em vez das vozes dos suspeitos costumeiros."[22] Dash também destacou a inclusividade de suas discussões: "Uma coisa que aconteceu é que participei de muito mais conversas com mulheres, especialmente não brancas, no Twitter no ano passado."[23]

Quando recriei esse experimento, percebi que tinha o problema oposto — nas redes sociais, amplifico muito mais mulheres do que homens. O fato é que eu poderia ser *muito* mais inclusiva também, e atualmente, estou muito mais consciente sobre equilibrar o gênero, a geração e a cultura de uma gama de vozes.

Pense em suas próprias práticas no trabalho. Esteja você escrevendo uma mensagem de e-mail ou preparando uma videochamada em equipe, considere cuidadosamente as pessoas cujas vozes poderia possivelmente amplificar. Quais suposições inconscientes talvez esteja fazendo sobre seu público? Lembre-se, porém, que é o que *fazemos* com as respostas a essas perguntas que aumenta os níveis de clareza e compreensão em nossos ambientes de trabalho.

USE LINGUAGEM E IMAGINÁRIO INCLUSIVOS

E aí, pessoal

A linguagem inclusiva importa mais do que pensamos. Uso muito essa expressão* em telefonemas, e-mails, mensagens de texto e reuniões presenciais. Nem penso a respeito. Talvez seja esse o problema. Mas ao longo da pesquisa para este livro, percebi que estava excluindo, sem intenção, as mulheres da equipe. Como é que é?

Não sou a única. Muitas das expressões mais comuns de hoje em dia tendem a ser mais masculinas, pelo menos no ambiente de trabalho.[24] Na Buffer, uma renomada empresa de tecnologia, a equipe passou a se preocupar mais com a linguagem que usa e se concentrar em como torná-la mais inclusiva. À medida que a empresa crescia e acelerava as contratações, a liderança de lá observou uma porcentagem muito baixa de candidatas para as vagas de desenvolvimento — menos de 2% de todos os candidatos.[25] Em resposta, eles perceberam que precisavam consertar as descrições das vagas. Identificaram

---

* A expressão em inglês "Hey guys", que faz uso da palavra masculina "guys". [N. do T.]

e destacaram palavras excludentes como "hacker" das descrições da vaga, e o diretor de tecnologia Sunil Sadasivan até promoveu um debate com a equipe para selecionarem outra palavra.

As soluções que encontraram incluíam termos como *pessoa conectora criativa, profissional de engenharia, pessoa desenvolvedora, designer de produto, profissional de criação, pessoa artesã, profissional de arquitetura* e *profissional de experimentação de códigos*. A Buffer concluiu que a expressão *profissional de engenharia* soava mais neutra, ao passo que *pessoa desenvolvedora* era a mais amigável, clara e inclusiva. A descrição "somos uma empresa dominante de engenharia que se gaba por ter muitos clientes importantes" transformou-se em "somos uma comunidade de profissionais de engenharia com muitos clientes satisfeitos". As qualificações mudaram de "habilidade para desempenhar individualmente em um ambiente competitivo" para "colabora bem em um ambiente de equipe".[26] Para a Buffer, foi simples *assim*.

Temos então a Textio, uma empresa que usa os dados de contratação dos clientes para ajudar a descobrir se a linguagem de uma empresa tem viés de gênero. A Textio, por exemplo, identificou "trabalhe muito, divirta-se muito" como masculino e "valorizamos o aprendizado" como feminino.[27] Palavras como *execução* e *abrangente* tendem ao masculino, enquanto *transparente* e *catalisador*, ao feminino.[28]

Empresas que usam a Textio para elaborar uma linguagem mais inclusiva veem um aumento de 23% no número de candidatas às vagas, e 25% dos candidatos também são mais qualificados do que os candidatos anteriores que foram atraídos pela descrição original.[29]

Ser inclusivo também significa considerar o imaginário estereotípico — e combatê-lo. Quando o prestigioso escritório de advocacia Paul, Weiss postou uma foto no LinkedIn em 2019 dos sócios recém-promovidos, ele criou uma enxurrada de controvérsias e debates públicos, inspirando até um artigo no *New York Times*.[30]

Por quê? Pois, dos doze indivíduos na foto, onze eram homens brancos, e havia apenas uma mulher no cantinho. Hoje, como demonstra a reação pública, uma homogeneidade como essa é inaceitável. Cerca de duzentos advogados gerais e diretores jurídicos de empresas incluindo Toshiba, NEC e Heineken assinaram uma carta aberta no Twitter, instando Paul, Weiss e outros escritórios de advocacia a enfrentarem o desafio da inclusão ou então arriscarem perderem negócios.[31] Em seu favor, o escritório Paul, Weiss publicou um pedido de desculpa e compartilhou as ações que faria para incorporar mais diversidade entre seus sócios.

Tenha em mente que as imagens em slides do PowerPoint, as fotos da equipe de liderança no site da empresa e até as cores escolhidas para uma apresentação visual podem afetar nossa percepção de uma empresa, fazendo-nos vê-la como excludente — ou inclusiva.

COMBATA O MANSPLAINING DIGITAL

Muitas mulheres são criadas e condicionadas a desenvolver consenso. Muitos homens, por outro lado, *não o são*. Mesmo quando não têm expertise, os homens são encorajados a falar de forma autoritária — o que também se estende ao seu comportamento online. A feminista e autora australiana Dale Spender denomina as formas em geral condescendentes pelas quais os homens tentam "explicar" algo a uma mulher (que podem na verdade saber mais sobre o assunto do que eles) de "mansplaining digital."[32] Muitos homens estão simplesmente acostumados a usar mais tempo nas conversas, e, se há uma mulher presente, eles a interrompem ou falam ao mesmo tempo que ela.

Em um ambiente de trabalho digital, esse comportamento só é amplificado. Num artigo viral da *Quartz* escrito por Leah Fessler e intitulado "Your Company's Slack is Probably Sexist" [O Slack de Sua Empresa Provavelmente é Sexista, em tradução livre], ela observou que os homens estão mais propensos a declarar suas opiniões como fatos e enviar um link a um artigo sem comentar ou às vezes sem contexto. As mulheres, por contraste, normalmente explicam por que estão repassando um link — *sobre nossa conversa sobre mudança climática* — ou de alguma outra foram explicam por que o link pode ser de interesse ao destinatário. Nas palavras de uma usuária do Slack sobre os comentários de seus colegas de trabalho homens: "Eles simplesmente jogam um link lá porque seu interesse no assunto era suficiente para não deixar de compartilhá-lo — presumem que você receberá seu presente com graciosidade, e depois vão embora."[33]

Faço parte de um grupo no Facebook com profissionais do setor de palestras. O grupo está igualmente dividido entre homens e mulheres que volta e meia se juntam para compartilhar conselhos. Um cara do grupo, que chamarei de Dan, nunca responde às perguntas, mas normalmente publica suas opiniões. Ele não está lá, ao que parece, para se engajar ou ajudar. Ele apenas quer um público apreciativo. Todos sabemos como evitá-lo e ignorar seu comportamento. Com o caso de Dan e de outros, observei que o mansplaining digital não significa *apenas* interromper pessoas, mas também trata de uma pessoa transmitindo uma posição inatacável em tom e estilo.

MANSPLAINING NUM CONTEXTO DIGITAL

A mansplainer digital fará o seguinte:

- Ignorar o e-mail de um colega e mencioná-lo depois como sua própria ideia.

- Entregar o trabalho do grupo a um superior sem colocar a equipe em cc ou dar os créditos a ela; usar "eu" em vez de "nós" ao resumir conquistas.

- Usar linguagem mascarada e condescendente com os colegas por e-mail (como *Bom trabalho* ou *Nossa, legal!*), insinuando que está no papel de liderança pelo qual talvez não esteja qualificado.

- Entrar em discussões de grupo sem saber o contexto, acabando com a ideia de um colega, forçando a sua própria e/ou ignorando comentários ou perguntas anteriores.

- Entrar atrasado em teleconferências ou conversas online em grupo, e participar como se já estivesse totalmente informado.

De acordo com a pesquisadora e linguista Susan Herring, a tendência masculina de mansplain é atemporal — e pode ser vista no nascimento da era da internet. No início da década de 1990, por exemplo, Herring começou a participar de uma lista de distribuição composta por mais de mil outros linguistas. "Muitos afirmavam que as diferenças sociais, online e de gênero seriam invisíveis; não seria possível dizer quem era quem nem julgar alguém com base em sua identidade", recorda ela.[34] No entanto, não foi esse o caso. As discussões online que Herring acompanhava tendiam a ser divisivas. Uma especialmente chamou sua atenção, pois o tópico em questão tinha um amplo apelo em toda a comunidade de linguistas e causou a contribuição histórica de inúmeras opiniões válidas de ambos os gêneros. "Porém, foi praticamente um engajamento de homens", relembra Herring.[35]

Imaginando por que as mulheres do grupo não estavam se manifestando, Herring enviou uma pesquisa. Quando os resultados chegaram, quase todas as respondentes relataram que não gostaram do estilo e do tom contenciosos da discussão digital, e consideraram que participar dela seria improdutivo. Herring encontra essa mesma dinâmica em artigos coletivos na Wikipédia,[36] concluindo o que muitas pessoas (especialmente mulheres) já sabem, ou seja, que "alguns contribuidores, anônimos ou não, usam linguagem rude e arengada. Tais ambientes são — senão totalmente intimidantes — nada atraentes a muitas mulheres."[37]

Dito isso, haveria algo como "womansplaining"? Será que funciona para os dois lados?

No meu caso, pelo menos, admito que talvez sim. Todos os anos, por exemplo, minha família planeja férias em grupo. Alguns anos atrás, durante um momento especialmente corrido em minha carreira, meu marido se voluntariou para assumir os deveres tradicionalmente meus de "diretora das férias". Relutantemente, concordei, presumindo que ele faria um trabalho horrível.

Durante as semanas seguintes, além de fazer malabarismos para encaixar todos meus compromissos profissionais, insisti em avaliar cada opção de férias que ele sugeria. Ele tinha verificado se o hotel oferecia café da manhã no pacote? Havia fotos dos quartos que seriam reservados? *Calma aí — eu estava mansplaining, não, espera, womansplaining?* Sim, estava. Eu o interrompia e falava minhas ideias, que secretamente desconfiava serem melhores, por cima dos planos e ideias dele. Mesmo quando nós dois concordávamos sobre algo, eu insistia em dizer aquilo mais alto. Sim, posso fazer microgerenciamento e ser uma sabe-tudo, e não seriam essas as características secundárias de um mansplainer ou de uma womansplainer?

Há alguma maneira de interromper um mansplainer ou uma womansplainer? Sim. Os gerentes podem impedir que os interrompedores digitais sequestrem uma tele ou videoconferência ao serem firmes sobre quem fala e por quanto tempo. "Siga bons protocolos de presidência", aconselha André Spicer, especialista em comportamento organizacional na Cass Business School em Londres. "No início, diga: 'Este é o propósito da reunião, temos tanto tempo, passaremos tantos minutos em cada item e é da seguinte forma que gostaria que vocês participassem.'"[38] O simples fato de estar mais atento a quem é o mais "falador" em mensagens, telefonemas e reuniões o ajudará a guiar sua equipe para que **Colabore Confiantemente** ao garantir que todos tenham tempo suficiente.

O ambiente digital de trabalho equaliza muitos vieses tradicionais de gênero que conhecemos há anos. As mulheres podem ser mais resolutas e os homens podem perceber que há um novo espaço para demonstrar cordialidade e afeto. Ao mesmo tempo, certas normas tradicionais de gênero são amplificadas, tais como quando as mulheres que ainda sentem a necessidade de serem "gostadas" enchem suas comunicações digitais com pontos de exclamação e palavras modificadoras. Talvez a principal vantagem é que nossa linguagem corporal digital fornece um espelho visual preciso que reflete o que ocorre há tanto tempo nas comunicações faladas entre os gêneros. Talvez, ao olhar nesse espelho, cada um de nós possa se perguntar: como posso apenas ser eu mesmo?

●

CAPÍTULO 9

Geração

Velha Guarda, Jovem Guarda

Uma cliente (dez anos mais velha do que eu) me enviou um e-mail, certa vez, dizendo: *Podemos conversar em 30 minutos?*

Respondi: *Posso conversar agora ou daqui 2 horas!*

A resposta dela, extremamente concisa — 2. (e sim, com um ponto final) — me abalou.

Será que eu estava prestes a perder um contrato valoroso? Mas nossa conversa estava muito boa, e nossa relação comercial continuou.

O fato é que ela estava apenas sendo profissional. Quem era eu para interpretar as coisas de forma diferente? A resposta: *eu era mais jovem*.

Diferentes gerações não só usam uma linguagem corporal digital distinta; elas também têm interpretações diferentes sobre as *mesmas* deixas de linguagem corporal digital. Uma mulher de 30 anos provavelmente perceberá a mesma mensagem diferentemente do que um homem 30 anos mais velho que ela. As expressões de alegria ou consideração de uma geração podem ser as formas pelas quais outra geração demonstra imaturidade ou indelicadeza.

Normalmente, tais divisões originam-se em uma falta de familiaridade com os sinais e deixas específicos da linguagem corporal digital uns dos outros.

Os nativos digitais atingem a maioridade aprendendo as convenções da linguagem corporal digital, em geral presumindo que os sinais e as deixas ao seu redor eram, e ainda são, óbvios à maioria das pessoas. Pois não são! Os imigrantes digitais precisaram aprender a linguagem corporal digital já quando adultos. Para muitos, isso pode ser tão difícil quanto aprender outro idioma.

Os nativos digitais podem ser vistos pelos imigrantes digitais como "pessoas tecnologicamente sofisticadas que fazem multitarefas e capazes de dar contribuições significativas, mas com uma deficiência comunicativa."[1] Tal "deficiência" surge das formas de comunicação usadas no trabalho remoto e informal, dependentes da tecnologia e que normalmente impossibilitam que os nativos digitais interpretem a linguagem corporal física. Porém os imigrantes digitais têm sua própria deficiência comunicativa — eles não sabem tanto sobre tecnologia![2] Dito isso, a divisão entre os imigrantes e os nativos digitais nem sempre baseia-se apenas na idade. Conheci pessoas de 28 anos que se adaptaram à era digital e que insistem em conversar presencialmente sobre tudo, bem como nativos digitais de 50 anos que ainda respondem a e-mails e mensagens de voz com mensagens escritas.

Uma cliente minha certa vez reclamou sobre seu representante de vendas, um nativo digital. Durante as reuniões, ele simplesmente não conseguia ler as deixas de linguagem corporal dos clientes. Ele parecia cego a cada postura e gesto deles, tinha um péssimo contato visual e deixava passar quaisquer microexpressões faciais que poderiam tê-lo informado que estava totalmente fora de rota, ao ponto de perder o cliente. Era comum ele iniciar pensamentos e frases com "então", um espelho da vida real de sequências contínuas e infinitas de mensagens de texto, em vez da conversa profissional falada.

Há outras histórias também — como a que ouvi sobre como era difícil para os caixas de banco iniciantes em uma grande empresa de serviços financeiros lidar com a amplitude de perguntas feitas pelos clientes. A questão não é que fossem preguiçosos ou mimados — eles simplesmente não faziam ideia de como usar a "nova" tecnologia perante si. A maioria estava *muito* familiarizada com os celulares. Agora, uma linha fixa? O que é isso? Não faziam ideia de como conversar com estranhos. Deveriam deixar os clientes esperando na linha? E se a pessoa ficasse brava? Quando a gerente por fim descobriu por que a equipe parecia tão confusa, ela refez um treinamento sobre etiqueta de atendimento ao cliente, e as coisas ficaram mais suaves.

Aprendi como falar ao telefone desde pequena, e, se a chamada não fosse para mim, a anotar um recado. Mas só quando comecei a contratar pessoas nascidas após 1990 que percebi que fazia parte da última geração que havia aprendido tal habilidade. Sam, um dos novos contratados, por exemplo, não fazia ideia de como anotar recados:

> Sam: Alguém ligou para você.
>
> Eu: Quem?
>
> Sam: Bob.
>
> Eu: Bob de Idaho? De Minnesota?
>
> Sam: Não sei qual...
>
> Eu: O que ele disse?
>
> Sam: Pediu para você ligar para ele.

Precisei enviar um e-mail para os dois Bobs de modo a descobrir a qual deveria telefonar. Tornar-se fluente em diferentes estilos de comunicação é uma habilidade essencial para os líderes atuais. "As mensagens instantâneas de texto não são algo natural para mim", observou um imigrante digital, executivo numa empresa de tecnologia. "Mas é como a maioria dos meus colegas mais jovens se comunica, em todos os níveis da empresa. Quando dizem 'falamos mais tarde', geralmente querem dizer 'trocamos mensagens de texto mais tarde'. Em geral, eles estão conversando com três pessoas ao mesmo tempo. Temo que isso torne nossas conversas mais superficiais, mas, ao mesmo tempo, preciso me adaptar e me encontrar com eles onde estão."

DÊ UM PASSEIO FORA DE SUA
ZONA DE CONFORTO

A boa liderança vai além de apenas fazer com que as pessoas se dobrem aos seus padrões e normas; ela também envolve uma disposição para engajar-se em todos os diferentes estilos de linguagem corporal digital presentes em seu ambiente de trabalho. Isso realmente não é diferente de saber três ou quatro idiomas ou dialetos regionais.

Brad, vice-presidente sênior em uma empresa de jogos e imigrante digital, observou uma diferença gritante nos dois canais do Slack comandados por seus líderes, Allie e Dave. Nativo digital, Dave tem um canal repleto de emojis, GIFs e memes, ao passo que Allie, que tem 40 e poucos anos e é imigrante digital, mostra um estilo de escrita mais formal e repleto de marcadores. "Sinto-me em casa no canal de Allie", relata Brad. Ainda assim, não demorou para entender como Dave via o mundo. "Ele é muito autêntico. Se tivesse que forçá-lo a ser mais 'empresarial', sua equipe perderia o ânimo e o engajamento." E acrescenta: "Aprendi que a melhor coisa para eu fazer é tentar ser fluente nesse 'dialeto', mesmo que seja desconfortável."

É uma decisão sábia. Pause um segundo antes de decidir ajustar como alguém está se comunicando em sua equipe, e considere como o estilo dessa pessoa pode acabar beneficiando todas as outras.

VOCÊ NÃO SABE O QUE NÃO SABE —
PEÇA AJUDA

Bob McCann, professor de comunicações empresariais na Universidade da Califórnia em Los Angeles, destaca que a proliferação de novas tecnologias acelerou o crescimento e a profundidade das atuais divisões geracionais. "A cada três semanas, temos uma nova plataforma com a qual precisamos lidar, um novo aplicativo que será lançado e precisamos nos ajustar, tendo assim que fazer mudanças."[3] Num nível prático, isso significa que *sempre* haverá novas tecnologias chegando — incluindo novas formas de cumprimentar uns aos outros.

Veja as diferenças sutis ao iniciar um e-mail — *Oi*, *Ei*, e *Olá*. Para os nativos digitais, *oi* e *olá* são cumprimentos profissionais, mas, quando estão entre colegas, parecem um cumprimento mais formal (será que a outra pessoa está brava com a gente?). Mais informal e popular é o *ei*, que dá início à maioria das conversas e transmite amizade e camaradagem. De forma similar, *tudo certo* é entendido como normal e amigável, ao passo que *ok* só pode transmitir frustração ou raiva.

Abreviações como *TMJ* ("*tamo junto*") e *MDS* (*meu deus*) têm presença generalizada entre os nativos digitais. Para os imigrantes digitais, pode ser desnorteante. Sua organização é composta principalmente por nativos ou imigrantes digitais? Você tem normas padronizadas de comunicação? Em qual planeta você está?

Veja a seguir algumas das diferenças mais comuns na linguagem corporal digital entre os nativos digitais e os que se adaptaram à era digital:

COMO SABER SE SOU NATIVO DIGITAL OU IMIGRANTE DIGITAL?

PROVAVELMENTE É NATIVO DIGITAL SE PREFERE...

- Usar mensagens de texto mesmo quando marcar um telefonema ou uma reunião pode ser mais fácil.
- Enviar mensagens de texto para perguntar se pode telefonar (em vez de telefonar de uma vez). Enviar mensagens de texto para dizer a alguém que um e-mail foi enviado, em vez de apenas esperar pela resposta ou de colocar a pessoa em cc.
- Responder a um telefonema com uma mensagem de texto ou um e-mail, em vez de telefonar de volta.
- Não responder a mensagens deixadas na caixa postal.
- Evitar em geral os telefonemas e as reuniões presenciais.
- Interagir mais em posts de rede social do que em pedidos diretos feitos por e-mail.
- Usar abreviações como *blz*, *vlw* ou *kkkk*.

(continua)

(continuação)

COMO SABER SE SOU NATIVO DIGITAL OU IMIGRANTE DIGITAL?

PROVAVELMENTE É IMIGRANTE DIGITAL SE PREFERE...

- Insistir em telefonar ou fazer uma reunião em vez de usar mensagem de texto ou e-mail.
- Não responder rapidamente a mensagens de texto (dentro de 1 hora).
- Pedir que detalhes de um e-mail sejam resumidos novamente, mas de forma verbal.
- Usar linguagem e pontuação formais, incluindo o "encerramento" ao término de uma mensagem de texto, como se fosse e-mail ou carta.
- Enviar e-mails muito longos sem links ou informações relevantes.
- Enviar mensagens de texto curtas, sem contexto e parecer estar em perigo aos nativos digitais — *Estou preocupado. Me ligue.*

PROCURE USAR DIFERENTES CANAIS ENTRE AS GERAÇÕES

Quer saber outro desafio geracional? As preferências de meio. Assim como gêneros diferentes preferem canais diferentes, o mesmo se dá com gerações diferentes. Claro, alguns imigrantes digitais estão dispostos a trabalhar com novos meios, mas normalmente acabam enxertando as antigas convenções acima de tudo. Meu pai, por exemplo, me envia longas mensagens de texto, começando com *Querida Erica* [daí vem o textão...] e terminando com *Carinhosamente, seu pai.* Tais mensagens geralmente chegam quando estou no trabalho e não consigo retornar. Aprendi a responder: *Obrigado pelo texto, pai, te ligo mais tarde.* Pode parecer bobagem, mas gosto de me conectar com ele assim, e isso nos aproxima ainda mais. (Nunca parei para explicar a ele que mensagem de texto não é igual a escrever uma carta, e provavelmente nunca farei isso.)

Até mesmo os telefonemas podem estar "viciados". Por exemplo, os imigrantes digitais raramente tratam um telefone tocando como uma intrusão. Os nativos digitais, por contraste, *não* apreciam receber uma chamada do nada. Isso parece presunçoso e potencialmente alarmista. Para eles, quem está telefonando deveria primeiro pedir permissão para ligar, feita por mensagem de texto ou e-mail, ou então marcar com antecedência usando um convite digital. Quando um nativo digital lhe dá seu número de celular, está lhe oferecendo a permissão implícita de enviar mensagens de texto. Para eles, trocar mensagens de texto com um novo conhecido é menos invasivo do que receber um telefonema não planejado. Para os imigrantes digitais, as mensagens de texto podem parecer invasivas — como cruzar a fronteira de uma "proteção de intimidade".

Veja a experiência de Dana Brownlee, treinadora corporativa, recontada pela revista *Forbes*. Em um de seus workshops, uma mulher sincera de 50 e poucos anos expôs os problemas que enfrentava ao se comunicar com sua equipe, composta por todos os grupos etários. Os mais jovens nunca atendiam ao telefone e respondiam por mensagem de texto ou e-mail. A *Forbes* observou que essa mulher "chegou a tal ponto que de repente soltou, 'Precisamos parar de usar o e-mail e atender a &%##@ do telefone.'"[4]

E se a situação se inverter? As gerações mais jovens compartilham de uma frustração semelhante com relação à tecnologia favorecida pelas gerações mais velhas. Para eles, o fato não é apenas antiquado, mas também impede bons relacionamentos profissionais. "Nunca contrataria alguém que ainda usa um endereço do Hotmail ou do Earthling no currículo", afirmou Brian, gerente com 30 e poucos anos. "Isso só me diz que a pessoa está completamente desatualizada." Embora as gerações mais velhas possam considerar o comportamento dos funcionários mais jovens como mimado, a geração mais jovem percebe a dos mais velhos como "fora de moda" e não tão produtiva nos tempos atuais.

Porém, independentemente de qual grupo se encontre, saber qual é a preferência do canal de comunicação de seus clientes é crucial. Adette, CEO de uma empresa de design experimental, contratou certa vez um coach de vendas para ajudar sua empresa a crescer. Com quase 60 anos, o coach era imigrante digital e não parou de pressionar a equipe de Adette a "pegar o telefone e atormentar os prospectos para marcar uma reunião. Deixe uma mensagem na caixa postal caso não atendam." Adette continuou cética, especialmente porque sabia que seus clientes (a maioria na casa dos 30 anos) usavam principalmente mensagens de texto, e muito provavelmente ignorariam os telefonemas. Seus instintos estavam certos. "Ninguém atendeu ao telefone ou respondeu. Foi um fracasso categórico. Assim, confiamos em nossa intuição original e decidimos pedir permissão antes de telefonarmos. Enviamos e-mails às pessoas dizendo: *Ei, estou tentando entrar em contato, deixei mensagem na caixa postal, mas quem usa isso hoje em dia, não? Adoraria lhe mostrar nossa nova oferta.* Então, em vez de compor um e-mail inconclusivo perguntando sobre disponibilidade, Adelle usou o Calendly, um programa de calendário que mostrava todos os horários disponíveis, pulando a tediosa troca de mensagens para agendamento. Com relação às reuniões de vendas marcadas, parece que a estratégia com a *menor* interação humana entregou o melhor resultado.

Desde então, Adette desenvolveu novas regras de engajamento para suas equipes multigeracionais. "Se precisar de mim, envie uma mensagem de texto, e poderemos falar por telefone. Caso deixe uma mensagem na caixa postal, nunca a ouvirei. Digo a eles que sou melhor por e-mail porque é um lembrete melhor para eu responder, em comparação à mensagem de texto que pode se perder quando estou em trânsito entre reuniões. Se for urgente, me marque no Slack e diga que enviou um e-mail. Caso seja algo que precise de um raciocínio complexo, precisa ser por e-mail."

Ela também criou regras de alteração de registro para sua equipe usar quando a formalidade for necessária — o equivalente digital a "usar uma roupa chique demais para a ocasião", nas palavras dela.

"Muitos dos nossos clientes, que são mais velhos que nós, conduzem seus negócios via mensagens de texto, e nós odiamos isso porque não há um registro no papel e elas são efêmeras. Caso recebamos uma aprovação por mensagem de texto que contenha um erro de digitação no valor, é um erro de US$50 mil. Nosso protocolo diz para o destinatário fazer uma captura de tela da mensagem de texto do cliente, anexá-la a um e-mail e escrever, *oi, estou levando nossa conversa para o e-mail para ficarmos alinhados e continuar de lá.*" O protocolo de Adette também prevê que os funcionários coloquem as pessoas certas em cc, garantido que sempre haja alguém que possa ajudar se necessário.

Alguns também podem ficar frustrados com o modo como seus colegas ou superiores compartilham informações dentro da mesma organização. Uma imigrante digital, Sylvie, reclamou sobre seu colega de trabalho, que tem 30 anos: "Com frequência, ele ignora a linha de comando em e-mails e coloca nosso chefe em cc em vez de seguir os canais apropriados. Ele agenda um horário para se reunir comigo e coletar informações, daí levanta-se e vai embora no meio de nossa conversa se receber uma mensagem direta que responde às suas perguntas. É como se tivesse obtido o que precisava e não vê mais a necessidade de estar lá. O que ele não vê é como me sinto insultada."

Alguns imigrantes digitais lamentam a perda das reuniões presenciais, que podem desenvolver camaradagem e criar oportunidades de mentoria. Nas palavras de um de meus clientes: "Os iniciantes antes vinham falar comigo em vez de enviar uma mensagem instantânea. Lembro-me da época em que, se alguém começasse uma discussão, ela ia até o fim."

Porém, muitos nativos digitais simplesmente não têm paciência ou capacidade de atenção para reuniões presenciais. Um deles me disse: "Sempre que pergunto algo específico ao meu chefe, recebo respostas longas e morosas. Não entendo por que ele não pode me enviar uma atualização rápida por e-mail para que eu possa voltar ao trabalho."

As rixas ocasionais causadas pela má comunicação digital entre gerações têm implicações mais amplas também: estresse, perda do moral, frustração que leva ao desengajamento, perdas na produtividade, na inovação e no sentimento de pertencimento em toda a organização.

O que fazer? Primeiro, questione-se: qual é o risco de permitir que os nativos digitais ou os imigrantes digitais *sejam verdadeiros* aos seus próprios estilos? Caso isso afete a lucratividade ou atrapalhe as percepções dos clientes, pode ser melhor optar por criar normas explícitas para todas as gerações. Mas se de fato isso animar ou revitalizar sua equipe sem causar quaisquer danos ao negócio, por que não sair de sua zona de conforto?

······································

**A linguagem corporal digital eficaz trata
de adaptar a comunicação — não para se
encaixar às preferências naturais de uma
geração, mas para atender às demandas da
tarefa a ser feita.**

······································

Uma diferença fundamental entre os estilos de linguagem corporal digital dos nativos e dos imigrantes digitais centra-se na formalidade. Um estudo conduzido pela Grammarly "descobriu que os profissionais com menos de 30 anos tinham 50% mais chances do que os profissionais mais velhos a ouvir que seu tom era informal demais, muito embora os profissionais mais jovens tenham dito que passam tempo sofrendo com relação ao significado, ao tom e à gramática em seus e-mails."[5]

Por que isso acontece? Primeiro, uma surpreendente regra prática digital é que, quando um canal de comunicação mais recente e informal surge (como as mensagens de texto), o canal anterior (como o e-mail) torna-se obsoleto de um dia para o outro e, pelo menos nas mentes dos nativos digitais, algo mais formal, ineficiente e uma potencial fonte de medo. Os mais jovens em geral consideram o e-mail como um modo formal de comunicação, e é por isso que muitas vezes incluem frases como *espero que tenha tido um bom fim de semana*. A abertura de seus e-mails também podem incluir um *Prezado Sr. Ettling*, e o encerramento tende a ser *Atenciosamente*. Assim, quando os mais velhos respondem com frases curtas e amigáveis, os nativos digitais ficam desanimados. Uma mulher da geração X me disse que usou a abreviação informal "tranqs" [tranquilo] em seu e-mail para um colega mais novo, que respondeu: *Isso está muito fora da minha zona de conforto no e-mail.*

Para os líderes mais velhos, o e-mail é um meio de comunicação informal, especialmente na comunicação com os colegas mais jovens. Como observou um executivo do Citigroup: "Não sou naturalmente rebuscado em e-mails, mas uso muito mais carinhas felizes do que jamais imaginei que o faria no trabalho. Com minha equipe mais jovem, mantenho os "dois abraços" e um *Ei, como está?*, mas, com alguém mais velho, não me preocupo com isso."

Como sempre, se prestar atenção e aprender à medida que avança, poderá fazer muito para diminuir a lacuna geracional de linguagem corporal digital. Tricia, diretora de RH em uma empresa de tecnologia, contou-me sobre os níveis diferentes de formalidade, de percepção da hierarquia organizacional e de assertividade entre nativos digitais e imigrantes digitais. "Sou da geração X e aprendi muito sobre mim mesma trabalhando com os millennials. Por exemplo, hierarquia e relacionamentos. Para mim, se houvesse reuniões de nível sênior um ou dois níveis acima do meu, logo no início da minha carreira, eu esperaria pelo convite. Nos últimos cinco anos, as pessoas da geração Y simplesmente me perguntam se podem participar das reuniões que estou fazendo com os líderes seniores. Eles não esperam por permissão ou convite. Para mim isso era irritante no início, mas depois foi um aprendizado! Tal exposição mostrou-se ser valiosa para eles em seus trabalhos e carreiras. Precisei entender meu próprio histórico de aprendizado sobre hierarquia e como mudá-lo, para mim e para aqueles de minha equipe."

Tricia compartilhou ainda sobre como a cultura das reuniões online também varia. Durante a mudança para trabalho remoto em 2020, muitos funcionários da empresa dela apareciam com roupas muito casuais na câmera, sem se importar com o fundo. "Uma pessoa chegou até a fazer uma videochamada com um cliente e estava tudo bagunçado no fundo, para mim isso não foi profissional. Aquele foi um momento em que tive que entender se era um viés meu ou não." Nesse exemplo, ela deu feedback. Agora, ela relembra seus colegas de equipe para arrumarem o fundo em videochamadas externas ou com clientes, mas que podem relaxar mais nas internas. "Precisamos estar dispostos a entender os novos formatos e como as pessoas aprendem a se adaptar. E também reconhecer quando é necessário discutir os padrões. Talvez minha visão sobre os padrões seja algo geracional, ou algo de uma profissional de RH." Provavelmente, as duas coisas!

Isso também se estende aos imigrantes digitais sentindo-se confortáveis usando tecnologias mais novas como o Zoom. Muitos funcionários em sua empresa ficaram hesitantes no início em participar de videochamadas no Zoom, contou-me ela. "Não sei ao certo se os que estavam hesitantes eram nativos digitais que não viam a necessidade de usar vídeo ao passo que os imigrantes digitais acreditavam ser importante, ou se foi ao contrário. Posteriormente, acho que metade dos funcionários da empresa adotou a plataforma. Após esse momento crítico ter passado, os chats das videochamadas tornaram-se algo normal e menos intimidante. Foi um momento equalizador tanto para os nativos como para os imigrantes digitais."

Tricia também recorda o momento em que começou a usar emojis nos e-mails. Para ela, foi um divisor de águas em seu estilo de comunicação, alinhando-se com os nativos digitais. Os emojis passaram então a ser a norma em suas mensagens: "Lembro-me de quando realmente deletei as exclamações em meu e-mail e passei a usar emojis."

Adette, CEO de uma empresa de design experimental, percebeu que a familiaridade funciona muito bem se a equipe for composta por nativos digitais. Mas ainda há desafios, especialmente quando as pessoas não sabem quando ser mais formais. "É uma encosta escorregadia, pois meus funcionários se dirigem aos sócios seniores de uma maneira muito familiar, mas precisamos seguir o protocolo. Por exemplo, não dá para pedir um dia de folga por mensagem de texto; temos um processo para isso. Uma recém-contratada — pegando as deixas com membros mais antigos da equipe — enviou um de seus primeiros e-mails para mim com a expressão 'e aí fam' [abreviando família], e fui pega de surpresa, pois ela estava na equipe há apenas duas semanas. Certa vez, um integrante da equipe me disse que eu era "muito formal" quando fazia a apresentação de slides em uma reunião, em vez de fazer conversas individuais." Quando ficou claro que sua equipe não fazia ideia de onde estavam os limites, muito menos se estavam ou não ultrapassando-os, Adette deixou suas expectativas claras.

ABRACE A REVOLUÇÃO DOS EMOJIS

Para os nativos digitais, os emojis são mais do que floreamentos estranhos — eles compõem sua própria *linguagem*, que transmite emoção humana genuína. Meu conselho às equipes é o seguinte: aproveite o poder dos emojis. Eles não apenas perderam sua aura de frivolidade, mas também deixam as mensagens mais eficientes ao comunicar a intenção e o contexto que pode de outro modo ficar ausente.

Na CircleCI, companhia de softwares empresariais na nuvem, os emojis na verdade tornaram-se a norma da empresa. Posts no Slack são categorizados por um emoji no início — por exemplo, um de ursinho mostra as minutas das reuniões, e as conquistas da equipe são marcadas com um joinha.[6] Esses indicadores de visual bem definidos facilitam muito para que os membros de equipe encontrem informações pertinentes ao seu próprio trabalho.

Atualmente, cerca de um terço dos profissionais jovens não tem receio de usar emojis ao se comunicar com colegas, gerentes diretos e até executivos seniores.[7] E mais de 60% das pessoas com 35 anos ou mais autoidentificam-se como usuários frequentes de emojis.[8] Assim, não fique surpreso quando sua mãe ou mesmo avó acrescentar um emoji de coração no comentário do Facebook.

Ainda assim, há quem se oponha. Um cliente meu, baby boomer, confessou que, quando aparecem emojis nos e-mails de funcionários mais jovens, seu primeiro pensamento é: "Você não consegue escrever nem uma frase inteira. Acho que não tem orientação aos detalhes." Disse a ele para abrir mão. Os emojis podem não ser apropriados em qualquer comunicação com clientes, mas, em quase todos os outros casos, estão aqui para ficar.

De fato, a rede de hotéis Virgin Hotels desenvolveu um estudo certa vez para determinar por que os novos funcionários não estavam engajando-se no *newsfeed* interno da empresa. A questão é que alguns nativos digitais preferiam símbolos a palavras, como enviar um emoji de joinha em vez de dizer "gosto desta iniciativa".[9] A empresa passou a fazer algo inteligente. Eles não apenas incorporaram notificações para informar os funcionários sobre os próximos eventos, mas também aumentaram o contraste das cores e imagens para chamar atenção. Em pouco tempo, o engajamento dos novos funcionários disparou.

Quer saber qual é o segredo para ter uma boa comunicação entre gerações diferentes? Entender as preferências e saber quando se adaptar à necessidade dos outros e quando estabelecer limites adequados. Prometo: apenas ter uma conversa sincera sobre os diferentes estilos de comunicação fará uma diferença enorme.

●

CAPÍTULO 10

Cultura

Perdidos na Tradução

Nunca me esquecerei de quando minha família conheceu a família do meu marido. Rahul e eu estávamos namorando, ainda não tínhamos noivado. Na época, muito compreensivelmente, estava um pouco nervosa; embora já tivesse conhecido membros individuais da família, nunca os havia visto todos juntos. Ainda assim, presumi — e por que não faria isso? — que todos se dariam muito bem, visto que nossas famílias eram mais ou menos parecidas. A minha vinha do estado de Punjab na Índia, e a de Rahul vinha de Uttar Pradesh. Éramos ambos indianos, certo? O que poderia dar errado?

Naquela noite, nos encontramos todos em um restaurante e as apresentações foram feitas. O clima era jovial, acolhedor e tranquilo, a comida estava ótima e a conversa, animada. Eu *percebi* que os pais de Rahul pareciam ser um pouco formais, mas no geral, pensei que a noite tinha sido ótima.

"Então, o que achou?", perguntei a Rahul quando ficamos a sós mais tarde naquela noite.

Ele pausou. "Como você acha que foi?"

Ué, que estranho. Sua pergunta me colocou em alerta. "Achei que foi tudo ótimo", respondi.

"Eu sei, porque sua família pediu para rachar a conta..."

"O quê?", indaguei um tanto surpresa pelo sarcasmo em sua voz.

"Na minha família", disse Rahul, "nós não rachamos a conta."

"Ah", retruquei, sentindo-me estranha de repente. "Porque na minha família, rachar a conta é normal em uma primeira refeição."

Meu pai sempre foi muito generoso — mas, em geral, ele prefere rachar a conta em um primeiro encontro desse tipo. A família de Rahul, mais tradicional, considerou o gesto como desrespeitoso. Hoje, meu marido e eu damos risada quando nos recordamos daquela noite, mas, na época, ela me ensinou uma lição: a de que mesmo quando as divisões culturais são pequenas, as pessoas sempre se comunicarão de formas diferentes.

Consideres os seguintes cenários:

- Após mudar-se da Alemanha para a China por causa do trabalho, Nora estava preparada para o choque cultural em suas interações cotidianas, mas não para isto: no trabalho, em vez de pedir seu endereço de e-mail, seus novos colegas solicitaram sua conta de mensagens instantâneas. Nas raras ocasiões em que *recebia* um e-mail de um deles, ela ficava surpresa com sua tagarelice, carinhas felizes e cumprimentos amigáveis em comparação com o estilo germânico e direto ao ponto com o qual se acostumara.

- Ao trabalhar com uma equipe do Brasil, Sam, que era do Reino Unido, presumiu que fosse uma cortesia básica iniciar suas opiniões nos e-mails sobre os entregáveis do trabalho com palavras tipo *infelizmente, isto está...* ou *não gostei do...* Seus colegas brasileiros mais informais, no entanto, consideraram a linguagem de Sam desagradável.

- John, morando na Califórnia, enviou ao seu colega Arvind (morando na Índia) uma solicitação profissional. Posteriormente, ele descobriu que o chefe de Arvind, Raj, ficou furioso pelo fato de não ter falado com ele primeiro — o que deixou John confuso, até descobrir que o costume indiano era primeiro perguntar ao chefe se ele achava que seu subordinado poderia separar um tempinho para completar um pedido.

• • • • • •

Nem mesmo percebemos o quanto a cultura em que vivemos e as histórias de nossa criação influenciam nossos estilos de comunicação. Você cresceu em uma família que fala português? Quais eram as normas sociais ou culturas de seus colegas de sala ou de sua comunidade? Também adaptamos sinais que aprendemos com a cultura ao nosso redor. Juntando tudo isso, temos uma combinação que cria nosso "estilo natural de comunicação". Quando o estilo de comunicação de outra pessoa fica fora do que estamos acostumados — barulhento demais! quieto demais! formal demais! gírias demais! —, em geral a julgamos negativamente, às vezes sem pararmos para considerar *por quê*.

Phan, por exemplo, cresceu no Camboja e imigrou para os EUA quando tinha 12 anos: "No meu caso, visto que sou imigrante, tive que aprender conscientemente a falar como os norte-americanos", contou-me ela. Os desafios que enfrentou com o inglês falado e escrito só foram amplificados na comunicação digital. "Se você não consegue traduzir imediatamente um pensamento em sua cabeça e dizê-lo rapidamente, perderá seu público no telefone e no vídeo. Daí, o constrangimento das dificuldades com tecnologia e o leve atraso na transmissão piora tudo ainda mais."

Como vimos anteriormente que a berinjela significa algo em uma cultura e outra coisa totalmente diferente em outra, até o significado dos emojis pode variar. A "carinha feliz", sinal de alegria em vários países, confunde muitos japoneses, que consideram o sorriso frequente como um sinal de baixa inteligência.[1] Na China, a mãozinha fazendo tchau não é um cumprimento; ele indica que você está "dando adeus" a um relacionamento.[2] Nos países do Oriente Médio, o emoji das palmas das mãos unidas é um símbolo religioso, ao passo que no Japão, ele significa "muito obrigado",[3] e nos EUA, é em geral usado como "toca aí".[4]

ELES VÃO PARA O ALTO, VOCÊ VAI PARA BAIXO

Os especialistas que estudam as comunicações transculturais geralmente dividem o mundo em culturas de "alto contexto" e de "baixo contexto". As culturas de *alto contexto* são aquelas que comunicam-se de formas implícitas e usam muito as deixas não verbais.[5] (Países no Mediterrâneo, na Europa Central, na América Latina, na África, no Oriente Médio e na Ásia entram nessa categoria.) Por contraste, a comunicação verbal explícita é uma marca das culturas de *baixo contexto*, que incluem a maioria das culturas de fala inglesa no Ocidente, incluindo os Estados Unidos e o Reino Unido.[6]

Para ter sucesso numa cultura de alto contexto, sua comunicação deve permanecer dentro de certos limites tradicionais sociais e hierárquicos. Espera-se que os colegas de trabalho entendam as entrelinhas, criem e defendam relacionamentos de longo prazo e usem menos a comunicação digital.

Se você cresceu numa cultura de alto contexto, considerará as interações presenciais e por telefone, que promovem confiança, algo comum e natural. Mas, se cresceu numa cultura de baixo contexto, como eu e outros norte-americanos, os e-mails e as mensagens de texto vão ao ponto e podem ser suficientes para desenvolver relacionamentos! Minha amiga italiana Olivia sempre faz piadas sobre como pareço ser preguiçosa quando escrevo para ela e uso apenas sua inicial *O*, em vez do nome completo.

Leah Johnson, estrategista de comunicações que passou anos em altos cargos no Citigroup e na Standard & Poor, descreve um desafio comum ao fazer negócios em uma cultura de alto contexto, como no Japão. "Se peço aos meus colegas japoneses que façam algo, talvez não estejam dispostos, à primeira vista, a dizer não para mim."[7] Como ela descobriu, eles podem não negar até mesmo quando não pretendem cumprir. Na cultura japonesa, responder afirmativamente a alguém que lhe aborda com uma tarefa não significa necessariamente que *aceitou* a tarefa. Significa apenas que a pessoa entende o que está sendo pedido ou do que você precisa. (Um grande impedimento ao Colaborar Confiantemente para uma colega norte-americana!) Para determinar se alguém está de fato planejando *fazer* o que Johnson quer, ela fica de olhos abertos em busca de sinais — silêncio, mudar de assunto ou até mesmo propor uma alternativa não relacionada ao problema. Após finalmente ter entendido isso, Johnson criou o hábito de acompanhar os tomadores de decisão apropriados após fazer uma solicitação por telefone (especialmente se ela fez a solicitação perante um grupo). Ela nunca, *jamais*, depende apenas do e-mail.

Mas na maioria das culturas de baixo contexto e de fala inglesa no Ocidente, há muito menos ambiguidade. Por exemplo, todos já recebemos e-mails com anexos: *Por favor, verifique o anexo.* Fácil e eficiente, certo? Mas nas culturas de alto contexto como no Japão e na China, pode parecer desrespeitoso enviar um e-mail breve a alguém sem informações contextuais ou deixar de reconhecer as diferenças hierárquicas entre o remetente e o destinatário.

De fato, nas culturas ocidentais de baixo contexto, as pessoas usam o e-mail para se comunicar com praticamente qualquer um, desde novos funcionários até CEOs. Também é muito mais comum (e permissível) em culturas de baixo contexto desafiar os superiores ao propor opiniões contrárias em mensagens de texto ou e-mails, ou durante telefonemas e reuniões presenciais.

Katie, a CEO de um escritório de contabilidade que faz muitas transações com clientes chineses, contou-me certa vez como era difícil lidar com as hierarquias das diversas organizações asiáticas. Para começar, em todas as comunicações, esperava-se que ela colocasse os gerentes das pessoas em cc para sinalizar seu respeito por eles. "Se você pular um nível ou dois e comunicar-se além de seu gerente, será repreendido por isso. Sempre inclua sua função completa na assinatura dos e-mails. O campo cc é mais do que 'PSC', é respeitar a autoridade. Sem fazer isso ou colocar seu gerente em cc, é comum que sua mensagem seja ignorada."

Em culturas de alto contexto, em que Valorizar Visivelmente é fundamental, fazer chamadas em vez de usar um e-mail é preferível mesmo para assuntos menos complexos. Em geral, a comunicação digital é usada com menos frequência nessas culturas, especialmente durante a mediação de conflitos, a geração de ideias e a criação de consenso.

Estudos mostram que, independentemente da cultura, as comunicações mais eficazes são diretas e concisas.[8] De outro modo, as pessoas que lerem a mensagem ou que buscarem nela os pontos de ação e as solicitações terão mais chances de perder detalhes importantes. Esteja você numa cultura de alto ou de baixo contexto, sempre há formas de modificar e-mails para aumentar a clareza.

Em culturas de alto contexto, inicie seus e-mails com a pergunta que quer responder, e, depois, acrescente um parágrafo com algo que o conecta pessoalmente ao destinatário (do tipo, *Como foi o feriado?*). Com pessoas que não são nativas em seu idioma, procure evitar jargões, metáforas esportivas ou coloquialismos facilmente mal interpretados.

COMO SE COMUNICAR EM CULTURAS DE ALTO CONTEXTO

- Inclua todos os detalhes da discussão profissional.
- Peça que um responsável confirme as tarefas a serem feitas.
- Sempre coloque em cc um gerente ou pergunte a ele primeiro, antes de enviar uma solicitação a seu subordinado.
- Inclua uma observação pessoal não relacionada ao trabalho.
- Sempre cumprimente a outra pessoa antes de pedir qualquer coisa.

COMO SE COMUNICAR EM CULTURAS DE BAIXO CONTEXTO

- Seja direto e vá ao ponto. Use marcadores e texto em negrito para destacar os detalhes importantes.
- Apenas diga sim a uma tarefa se pretende realizá-la.
- Não misture observações não relacionadas ao trabalho com solicitações profissionais.
- Certifique-se de que seja possível ler a mensagem em um smartphone.

Se sua equipe está nos EUA, não pule este capítulo! As diferenças de linguagem corporal digital também existem nesse país, juntamente com dialetos e sotaques. Os que moram na Costa Leste, por exemplo, têm uma reputação merecida de serem diretos e tenderem a escrever e-mails tão curtos que podem ser considerados pelos colegas de outras regiões como estando no limite da hostilidade. Falando de forma geral, quando um morador de Nova York diz sim, está concordando com você, e se disser não, sinta-se livre para argumentar um pouco mais! Contraste isso com a Costa Oeste, onde você raramente ouvirá um não definitivo. Há mais chances de ouvir "entendo sua opinião" ou "vamos considerar outras opções também". Temos então o sul dos EUA. Um conhecido meu que mora e trabalha na Carolina do Norte me disse que sente-se arrasado quando e-mails e telefonemas não são iniciados com uma enxurrada de simpatia, mesmo se for um simples "como está?" Por contraste, um natural de Boston pode ficar se perguntando por que a pessoa que acabou de lhe enviar um e-mail não vai direto ao ponto.

OS QUIETOS TAMBÉM TÊM ALGO A DIZER

"O pato mais barulhento leva o tiro" é um ditado que muitos chineses aprendem logo cedo. Se essas mesmas crianças tivessem crescido em um país ocidental, o ditado seria provavelmente modificado para "fale agora ou cale-se para sempre."

Projete-se vinte anos para o futuro e imagine que há uma pessoa que cresceu na China e outra que cresceu no Ocidente, ambas trabalhando na mesma equipe. Quem provavelmente falará e quem provavelmente ficará quieto?

Tanto online como offline, o silêncio é em geral um impedimento gigantesco para a comunicação transcultural exitosa. Liuba Belkin, professora assistente de gestão na universidade Lehigh, diz o seguinte: "Nos Estados Unidos, não ficamos muito à vontade com o silêncio. Nós o interpretamos de forma muito negativa... Gastamos muita energia inútil vasculhando nossa memória para tentar recordar de um deslize inadvertido que fez com que seu amigo lhe desprezasse. Ou ficamos nos perguntando se o último relatório enviado a um cliente foi agressivo demais — ou de menos."[9]

Como vimos nestas páginas, o silêncio na cultura norte-americana de baixo contexto — a mensagem ou e-mail não respondidos ou até quanto tempo o host leva para permitir sua entrada em uma videochamada — pode parecer pesado e preocupante, como o silêncio que surge após dar ou receber más notícias. Contraste isso com as culturas de alto contexto, em que um período de silêncio é considerado respeitoso, um sinal de que está tirando um tempo para refletir sobre o que foi dito e formular a resposta mais adequada (o silêncio pode até ser uma forma educada de dizer não).[10]

Há acadêmicos que até *estudaram* como o silêncio é usado em diferentes culturas. Uma análise bilíngue de 2011, conduzida na Universidade de Groningen na Holanda, procurou mensurar quanto tempo levava para as pessoas de diferentes culturas sentirem-se desconfortáveis com o silêncio conversacional.[11] Os participantes de fala inglesa levaram cerca de 4 segundos em silêncio antes de admitirem que estavam inquietos. Os participantes de fala japonesa, por outro lado, sentiram-se perfeitamente bem com silêncios que duraram mais do que o dobro! São mais de 8 segundos, se quiser fazer os cálculos.[12]

Conversei certa vez com Sam, gerente líder de uma equipe remota global com integrantes na Índia, nas Filipinas e no Camboja. Sam tinha um problema. Muitos dos falantes não nativos de inglês em sua equipe ficavam quietos durante as teleconferências, e ele não fazia ideia do que estavam pensando. Acostumado com os funcionários norte-americanos compartilhando suas ideias casualmente em conversas de grupo, Sam descobriu posteriormente que os membros sul-asiáticos da equipe simplesmente não estavam acostumados a expressar suas opiniões durante as reuniões, especialmente se isso significasse interromper o líder da equipe ou discordar dele.

Em resposta, Sam explicou que *queria* a participação profícua deles ao telefone, incluindo até a discordância com suas ideias. Ele reorganizou o planejamento das chamadas para incluir pequenos momentos para que as equipes menores de cada país pudessem falar, sem sentir que estavam desrespeitando ou interrompendo o líder. Ele foi ainda mais longe e pediu que as equipes remotas estabelecessem objetivos com um número de comentários e perguntas que precisavam fazer em cada chamada. Com o passar do tempo, Sam e sua equipe global encontraram um equilíbrio funcional — mas não foi fácil.

O QUE HÁ EM UM NOME?

Quando você ouve o nome "Erica", ele vem acompanhado de alguma imagem? A maioria das pessoas que me conhece virtualmente fica surpresa quando participam de uma reunião presencial e descobrem que sou indiana. (De fato, a maioria das pessoas que me conhece virtualmente presume que sou branca, preta ou birracial. Minha mãe me deu o nome Erica para ajudar a evitar as más interpretações e erros de grafia que minha irmã, Darpun, não conseguiu evitar.)

Tal preconcepção fez com que meu amigo Rajesh me confessasse, certa vez, que tinha "inveja" por causa do meu nome ocidental. As pessoas sempre escrevem ou pronunciam o nome dele errado, e não seria muito mais fácil seguir a vida com um outro? Contudo, quando as pessoas por fim escutam Rajesh falar, elas hesitam um pouco. É um sotaque irlandês saindo de sua boca?

Se você lê o nome "Rajesh" e faz uma relação automática com "Índia", talvez entenderá um pouquinho sobre como todos percebemos ou pré-julgamos certas coisas sobre os outros quando nunca os conhecemos. Rajesh, de sua parte, nasceu na Índia — pelo menos essa parte está certa —, mas cresceu na região de Dublin.

Digamos que você recebeu dois e-mails, o primeiro de alguém chamado "Vinod Subramanian" e o segundo de alguém chamado "Ian Richards". Seria justo dizer que sua mente produz duas imagens diferentes sobre suas funções, títulos e até estilos de comunicação? Se respondeu não, eu não acredito em você, e a pesquisa me apoia. Caso seja indiano, há mais chances de que desenvolverá uma conexão mais forte com Vinod, e caso seja norte-americano, britânico ou brasileiro, há chances de que sentiu-se mais próximo de Ian.

O fato é que *todos* criamos vieses e expectativas subconscientes uns sobre os outros muito antes de nos conhecermos presencialmente (se é que isso venha a acontecer algum dia!).

> Numa época em que as reuniões presenciais entre membros da mesma organização estão cada vez mais raras do que nunca, reconhecer nossos vieses e predisposições representa um passo enorme rumo ao fortalecimento dos nossos ambientes de trabalho.

VOCÊ DIZ "SEIS", EU DIGO "SEIX"

Leanne, executiva, contou-me certa vez sobre as reuniões semanais com sua equipe para uma nova iniciativa. Sua equipe de quatro pessoas incluía três falantes nativas de inglês (uma britânica, uma norte-americana e uma australiana) e Javier, um argentino cujo primeiro idioma era o espanhol. Quando Leanne lhe enviou uma mensagem instantânea buscando entender por que ele ficava tão quieto nas reuniões, ele respondeu: *Estou com muita dificuldade para entender os três sotaques diferentes em inglês.* Leanne não havia percebido como estava sendo difícil para Javier, e ela instituiu uma nova regra: daquele momento em diante, o grupo teria que falar mais devagar nas reuniões e, logo após, escrever um e-mail resumindo as principais ações e os passos seguintes. Se alguém precisasse de esclarecimentos adicionais, Leanne solicitou que escrevesse diretamente para ela.

Mal compreender o sotaque ou a entonação de outra pessoa é uma coisa. E a gramática e a pontuação? Anos atrás, trabalhei na Índia, e certo dia recebi um pedido de um colega feito por e-mail que simplesmente dizia: *Por favor, faça o indispensável.* O que isso significava? Porém, em meu inglês indiano, a frase estava de fato totalmente correta e significava: "Por favor, me ajude a completar esta tarefa." Outra que vi diversas vezes em e-mails era "Vamos pré-tergar." Na primeira ocorrência, respondi o e-mail questionando: *Você quer dizer que precisamos postergar?* (Devo confessar, fiquei um pouco irritada.) Aprendi mais tarde que "pré-tergar" é uma expressão comum usada na Índia, que significa "precisamos remarcar para uma data mais cedo." Como de costume, *eu* que estava errada.

Em minha experiência, a melhor forma de antecipar possíveis más compreensões com base nas diferenças de linguagem e idioma é criar um espaço psicologicamente seguro em que os que estão ao seu redor sintam-se confortáveis em lhe dizer quando você cometeu um erro. Denene Rodney, presidente da empresa transcultural Zebra Strategies, me disse: "Em minhas reuniões, sempre digo: 'Talvez eu entenda errado. Se estou dizendo algo de forma incorreta, por favor me diga. Não conheço todas as diferenças culturais — por favor, não deixe de me corrigir imediatamente. Espero aprender sobre sua cultura.' Tudo que faço quando me engajo transculturalmente é muito intencional — é minha responsabilidade fazer com que os outros sintam-se confortáveis à mesa."[13]

Ao trabalhar com outras culturas, seja curioso, não acusador. Um ponto de interrogação é melhor do que um de exclamação.

Fazer perguntas com uma mentalidade de coach é muito mais eficaz do que dar conselhos. Como Denene me contou: "Em vez de dizer 'não vamos nos reunir tão tarde assim!', pergunte "por que estamos nos reunindo neste horário?' Em vez de 'preciso que faça isto!', diga 'seria possível me ajudar com isto?'"[14] Comunicar-se bem com outras culturas em geral envolve a adaptação da denominada linguagem feminina.

Se cometer um erro — como acontece com todos nós —, não apenas justifique-se e siga em frente. Peça desculpas. "Sinto muito por meu erro. Há uma maneira melhor?" Reconheça seu erro e peça esclarecimentos e correções. Use a oportunidade para aprender algo novo.

OI, OLÁ, EI

Cumprimentos, assinaturas e até as frases no campo assunto são os equivalentes online das primeiras e últimas impressões. Dependendo de onde você é e de onde cresceu, seus cumprimentos e encerramentos em e-mails podem ser tão significativos quanto sua mensagem.

Comecemos com os cumprimentos da vida real. Deveríamos apertar a mão da pessoa? Dar um beijinho superficial na bochecha? Dar um beijo duplo, um em cada bochecha? Ou deveríamos nos curvar ou abaixar a cabeça? Pessoas de culturas diferentes têm expectativas distintas sobre serem cumprimentadas, e o mesmo se dá com os e-mails. Resumindo: é preferível errar por ser mais formal durante uma troca preliminar de e-mails com alguém que não conhece muito bem.

Entre as armadilhas mais comuns de etiqueta em e-mails interculturais é errar o gênero da pessoa. (Isso também pode mostrar um viés subconsciente.) Já tive minha quota de e-mails de pessoas se referindo a mim como "Sr. Dhawan", e apenas as corrijo quando necessário. A melhor forma de evitar esses incidentes de gênero é simplesmente acrescentar o primeiro nome da pessoa após seu cumprimento.

Em culturas de alto contexto (como na China, Índia e Turquia), use linguagem mais formal.[15] Digamos que está trabalhando com alguém chamado João. Um cumprimento do tipo *Prezado João* é sempre seguro. *João*, assim sozinho, sem um *prezado* ou um *olá* antes, e também sem pontuação na sequência pode ser visto como brusco ou até rude. Evite usar sarcasmo ou até mesmo humor.

Em culturas de baixo contexto (novamente, como Alemanha, EUA e Canadá), iniciar um e-mail com *Oi, João* é perfeitamente adequado. Usar *oi* é, nas palavras de Will Schwalbe, editor e autor, "perfeitamente amigável e inócuo."[16] *Oi* é uma maneira segura e familiar de se dirigir a alguém, conhecendo ou não a pessoa.

Mas não se surpreenda quando estiver se comunicando com alguém de outra cultura e o cumprimento simplesmente não aparecer. Rachel, presidente de uma empresa de relações públicas, descreveu-me sua experiência certa vez ao trabalhar com diversos clientes alemães. Muitos de seus funcionários mais jovens acreditavam que o laconismo, comum na comunicação teutônica, significava que os alemães os odiavam. "Tive que explicar que quando eles não escrevem 'oi' ou 'olá' no início, não estão sendo rudes. Estão apenas sendo alemães!" Por contraste, Rachel, que é da geração X, adorou trabalhar com os alemães: "Eles são muito diretos, e gosto de saber o que pensam de mim."

E os encerramentos digitais? Bem, e-mails em inglês soam muito frios aos falantes de árabe, que às vezes encerram suas mensagens com expressões mais graciosas, incluindo *Taqabalou waafir al-iHtiraam wa al-taqdeer* ("Aceite uma abundância de respeito e apreço"). Os nigerianos normalmente encerram os e-mails com uma variante de "permaneça abençoado". Um estudo comparativo recente feito por acadêmicos coreanos e australianos sugere que a forma em que encerramos um e-mail tem um efeito significativo no fato do destinatário sentir-se ou não respeitado. No estudo, 40% dos participantes coreanos consideraram os e-mails australianos mal-educados, comparados aos 28% de australianos que consideraram as mensagens dos coreanos rudes.[17]

Ken Tann, professor de gestão de comunicação na universidade de Queensland, Austrália, explica: "Decidimos os encerramentos com base em coisas como familiaridade e status relativo. A forma em que encerramos um e-mail pode afetar o moral e a harmonia da organização, assim como nossas chances de obter uma resposta. Isso porque ele fornece uma maneira de formar solidariedade e as deixas para nossas expectativas quanto ao relacionamento."[18]

Observe ainda que alguns países europeus, incluindo Espanha, França Itália e Portugal geralmente usam saudações e encerramentos menos formais, ao passo que os norte-americanos, os alemães e os britânicos em geral iniciam e-mails com *Prezado* [*Dear*] (ou apenas o nome do destinatário), e encerram com o formal *Sinceramente* [*Sincerely, Best*]. Embora *Atenciosamente* [*Regards*] seja uma forma comum de encerrar e-mails nos EUA, no Reino Unido pode parecer um pouco frio. (*Kind regards* ou *best regards* [*cumprimentos* ou *meus melhores cumprimentos*], por outro lado, são ambos vistos como calorosos e aceitáveis.)

"Quando morava no Reino Unido, considerava o 'Kind regards' como o padrão, e se fosse reduzido para apenas 'Regards,' ficava preocupada porque talvez tinha ofendido o remetente", revela Leeanne Stoddart, poeta e voluntária em diversas organizações da Noruega.[19] Ela nasceu no Reino Unido, mas mudou-se ainda criança. "Algo como 'Regards' poderia me deixar em pânico!", acrescentou.

No Reino Unido, encerrar uma mensagem com *beijos* (algo aceitável no Brasil e em outros países latinos) é normalmente considerado inapropriado. *Cheers* [Saudações], que é amplamente usado por lá, é raramente usado em outros lugares e pode ser confuso caso apareça em um e-mail norte-americano. Por fim, os chineses raramente usam *qualquer* encerramento.

Quanto aos títulos, usá-los ou esquecê-los? Em culturas hierárquicas, as pessoas valorizam ver seu título formal na assinatura. Ao se comunicar com colegas alemães ou japoneses, não deixe de incluir seu título logo abaixo de seu nome, visto que seu status decide a velocidade e o cuidado com que os outros lhe responderão. Em culturas mais igualitárias, não há necessidade de alardear o fato de que é o "Fundador Visionário" da blá-blá-blá.

CONSTRUA PONTES

Entender o estilo de comunicação de sua própria cultura pode ajudá-lo a criar conexões cruciais com equipes globais. Veja como uma empresa fez o *certo*.

Taimur, de 43 anos e líder em uma empresa global, foi recentemente promovido para dirigir uma divisão cujos 230 membros vinham de 16 países, falavam quase uma dúzia de idiomas e tinham idades variando entre 22 a 61 anos. Uma das primeiras coisas que observou foi as divisões culturais gritantes entre os membros da equipe, algo que influenciava sua compreensão de tudo, dos horários apropriados a como enviar e-mails e à melhor forma de se dirigir aos superiores. Taimur decidiu priorizar um conflito em particular — as percepções sobre respeito e igualdade. Os funcionários que trabalhavam no escritório de Nova York, onde o chefe ficava, acreditavam que eles é que faziam "todo o trabalho importante", ao passo que as equipes mais distantes, como a em Nairobi, sentiam-se deixadas de lado. Quando eles *conseguiam* contribuir com algo, sentiam que o escritório de Nova York levava todos os créditos. Quanto à equipe em Amsterdã, todos por lá concordavam que o escritório de Nova York estava alheio ao que seus clientes europeus queriam e precisavam. O solitário integrante da equipe em São Francisco nunca era sequer lembrado.

Taimur estava claramente com a faca e o queijo na mão. Então, ele pôs as mãos na massa. Primeiro, começou a incorporar uma linguagem inclusiva como "abrace a diferença" e "nosso propósito compartilhado" em todas suas comunicações. Ele passou a se referir a todas suas equipes como "nós", criando métricas de sucesso nos projetos, exigindo que equipes díspares deixassem suas diferenças de lado e trabalhassem juntas. Durante suas reuniões mensais, ele destacava como o trabalho em equipe se encaixava na estratégia da divisão inteira em todos os países, ao mesmo tempo em que dava um tempo igual de comunicação para cada escritório. Para garantir que os créditos fossem dados a quem os merecia, ele passou a produzir um slide mensal de uma página destacando as contribuições de cada escritório e suas relações com a divisão inteira. Além disso, ele começou a fazer telefonemas ou a enviar e-mails semanalmente para todas as divisões globais agradecendo funcionários individualmente por seu trabalho árduo.

DEMONSTRE EMPATIA TRANSCULTURALMENTE

- Humanize a pessoa do outro lado da tela ao usar uma combinação de verificações profissionais e pessoais (quando apropriado) como ferramentas para conhecê-la.

- Mesmo se estiver enviando uma mensagem de texto ou um e-mail para um colega de longa data ou um cliente leal, tenha cuidado ao usar um tom informal, a menos que a outra parte tenha iniciado um caminho mais casual.

- Evite usar abreviações e emojis que possam não ser compreendidos pelo idioma ou pela cultura da outra pessoa.

Por fim, Taimur implementou normas projetadas para criar conexões virtuais informais. Ele solicitou que as equipes atualizassem suas assinaturas de e-mail com seus cargos e títulos, que incluíssem uma foto de perfil nos e-mails e nas teleconferências e que acrescentassem pelo menos um hobby na seção de Interesses no perfil da empresa. As reuniões que envolviam diversas equipes agora começavam com cada um informando onde estava, sua função específica e a área de foco na empresa — e até o horário local. Esses pequenos passos começaram a criar níveis mais altos de confiança, familiaridade e empatia entre as equipes, algo que, por sua vez, levou a um engajamento maior dos funcionários, permitindo um melhor trabalho e criando espaços para uma inovação integrada como nunca antes havia ocorrido.

RESUMO DA PARTE TRÊS

Na parte três, exploramos as diversas formas pelas quais nosso gênero, nossa geração e nosso contexto cultural podem afetar nossa percepção das deixas da linguagem corporal digital. A seguir, confira um conjunto de melhores práticas que se aplicam a *todas* essas informações demográficas.

Não Tenha Medo de Discutir as Diferenças

Se você ignorar as diferenças geracionais, culturais ou de gênero, elas apenas crescerão. É melhor discutir esses temas já de início do que fingir que não existem.

"Quando todos ainda não se conhecem, começo nossa reunião pedindo que cada membro da equipe fale sobre seu contexto, para que todos saibam de onde seus colegas vêm, tanto literal como figurativamente", explica Koen Bastiaens, diretor sênior na Cisco. "Então, tento prestar atenção aos diferentes modos que cada integrante talvez prefira se engajar na conversa comigo e nos reunimos da maneira em que se sentem confortáveis. Pode ser uma conversa individual após a reunião geral ou um bate-papo por mensagem instantânea, em que faço perguntas menos diretas para ter uma atualização mais precisa sobre seu progresso." Abrir esse tipo de discussão mitiga o risco de que alguns sejam sufocados pelas vozes mais ruidosas na equipe, e ajuda os líderes a **Valorizarem Visivelmente** a diversidade de contextos em suas equipes.

Esteja Sempre Preparado

Em minha experiência, a melhor forma de acelerar o progresso de uma reunião, de garantir resultados e de **Comunicar-se Cuidadosamente** é distribuir a pauta com antecedência, independentemente de a reunião ser presencial, por telefone ou vídeo. Isso acontece principalmente ao trabalhar com equipes compostas por pessoas com níveis diferentes de fluência no idioma que você fala. Lembre-se de que os colegas provavelmente terão uma variedade de culturas, gêneros e faixas etárias e que, para alguns, pedir esclarecimentos durante uma reunião não é apenas constrangedor, mas também considerado indelicado em sua cultura. Em alguns casos em que os líderes precisam obter feedback de diversos stakeholders, é útil criar subequipes e pedir que se reúnam uma ou duas semanas antes para coletar ideias e prepararem-se para apresentar as melhores para o grupo maior. Isso permite que todos **Valorizem Visivelmente**. Além do mais, tal configuração os preparará para **Colaborar Confiantemente** uns com os outros, apesar de quaisquer diferenças.

Projete o Engajamento nas Reuniões

Faça um rodízio de responsabilidades de facilitação de suas reuniões considerando os fusos horários, as faixas etárias e os continentes. Por exemplo, após dois anos tentando atrair engajamento de sua equipe e fracassando, um líder que morava em Amsterdã pediu que um outro membro da equipe elaborasse a pauta e definisse o diálogo do grupo. E isso a cada semana. Assim, surgiu a oportunidade de ouvir outras pessoas que, de outro modo, não teria ouvido. Um integrante asiático liderou a primeira reunião, destacando o trabalho nos bastidores realizado por colegas locais. Outro, pediu que os colegas que não fossem da sede compartilhassem primeiro suas atualizações. Um terceiro pediu que todos os presentes falassem, mesmo se não tivessem nada a dizer ou contribuir com relação ao trabalho.

Ao fazer um rodízio de poder e motivar o engajamento, sua equipe terá muito mais chances de **Colaborar Confiantemente**. Quer uma ótima dica para garantir que todos estejam alinhados e que **Valorizem Visivelmente** após a reunião? Envie anotações e peça feedback por chat ou até mesmo pelo telefone.

Nivele o Campo de Atuação

Use discussões por vídeo e interativas para encorajar os membros da equipe a estarem totalmente presentes e engajados durante as reuniões (isso também evita que fiquem fazendo várias coisas ao mesmo tempo). Embora nem todos tenham o mesmo tempo ou a mesma oportunidade para compartilhar e defender suas ideias, você pode combater tal desigualdade ao insistir que todos participem de seus próprios escritórios. Isso evita não apenas que haja muitas pessoas em apenas um telefone ou uma câmera, mas também deixa os funcionários remotos sentindo-se menos desconectados e melhora a efetividade geral da equipe. Ao estabelecer a igualdade como uma expectativa desde o início, há boas chances de que você criará uma cultura de **Confiar Totalmente**.

Conclusão

Quando sentei-me para escrever este livro, sabia que a linguagem corporal digital era importante. Como não poderia ser? A maioria das informações que compartilhamos e expressamos hoje em dia acontece virtualmente. Contudo, ainda insistia em considerá-la em minha própria mente como um mero complemento à linguagem corporal tradicional e cotidiana. Estava errada. A linguagem corporal física e a digital são inseparáveis. De fato, a linguagem corporal digital está reformulando a linguagem corporal *física*, a comunicação verbal e até a forma como *pensamos*.

Quantas vezes você já se viu no seguinte cenário? Um grupo de colegas de trabalho senta-se para almoçar. Estão todos rindo e contando histórias, então o telefone de um deles apita e a pessoa diz: "Um minuto, só vou responder a esta mensagem." (Semelhante a um alcoólatra protestando, "É *só* mais um drinque", a ação de ficar conferindo o celular é sempre precedida por esta mesma palavra, *só*: ... *só* vou responder a uma mensagem, *só* vou atender a esta chamada, *só* vou ver a previsão do tempo, *só* vou procurar esta música que está tocando.) Meia dúzia de mensagens depois, todos ficaram quietos à mesa. Como ninguém está falando, todos sentem-se livres para pegarem *seus* celulares também. Um amigo disse certa vez que os celulares são "assassinos de maravilhas". Sim, é conveniente obter respostas a perguntas aleatórias que temos em tempo real, mas a alegria que perdemos no processo é incalculável.

Nosso vício coletivo não afeta apenas a cultura do trabalho, como também nos divide. David, gerente de uma empresa de varejo, descreveu certa vez suas reuniões com Judith, uma colega. "Sempre que Judith e eu nos reuníamos, ela interrompia constantemente nossas conversas para atender uma outra chamada ou responder a uma mensagem — às vezes até quatro ou cinco vezes na mesma reunião." E ele acrescentou: "Era tão frustrante, especialmente visto que, para ela, não havia qualquer problema nisso. O fato sinalizava uma falta de respeito comigo. Sentia-me menos importante e relevante."

Online ou offline, em nosso trabalho ou em casa, nossos telefones alteraram as formas como fazemos contato visual. Às vezes nos pegamos pensando em termos de hashtags ou marcadores de apresentação. Nossos níveis de impaciência subiram. Esperamos que os outros cheguem rápido ao ponto. E em nenhum outro lugar tal transformação fica mais aparente do que no ambiente de trabalho.

Mas, embora essas desvantagens da vida digital sejam reais, elas são equilibradas por coisas mais positivas. Atualmente, as ferramentas digitais podem ajudar a construir pontes sobre a lacuna entre estilos introvertidos e extrovertidos de comunicação, por exemplo, fornecendo aos extrovertidos um acesso fácil às conexões sociais enquanto dispensa os introvertidos de longas reuniões conduzidas por extrovertidos. O ambiente de trabalho dependente do digital permite que muitos de nós mostrem quem realmente somos e nos dá a oportunidade de revelar nossos potenciais com mais profundidade do que jamais pensamos ser possível.

É algo bom também, pois, no futuro, até os setores e as empresas mais conservadores e estabelecidos há muito tempo serão obrigados a se reinventar digitalmente. Termino a escrita deste livro fazendo quarentena com minha família durante a pandemia da covid-19. À medida que o mundo fez *lockdown* e muitas pessoas começaram a fazer home office pela primeira vez, as empresas se adaptaram rapidamente ao Zoom, ao Webex, ao FaceTime e — *ah, claro!* — ao telefone. Não foi tão ruim assim também. O número de pessoas organizando bate-papos no Slack ou *happy hours* virtuais no Zoom foi às alturas. Também ficamos muito bons em compartilhar e acompanhar nosso trabalho por e-mail. Enquanto todas as organizações que puderam entraram na arena digital, tornou--se mais crucial do que nunca para nós dominarmos uma linguagem corporal digital comum de modo a permitir a clareza, a velocidade e a eficiência.

Outra coisa mudou enquanto escrevia este livro. Minha missão original era ajudar as pessoas a aliviarem-se de uma fonte difundida de confusão e dor profissional — porém, ao longo do caminho, aprendi que entender as nuances da linguagem corporal digital não apenas resolve os problemas, como também abre caminhos muito melhores e mais profundos para todos nos relacionarmos e promovermos um sentimento de inclusão e pertencimento. Isso beneficia a *todos* nas empresas, de executivos a gerentes e a membros de equipe, pela criação de ambientes que permitem que as melhores ideias apareçam e brilhem.

Hoje, podemos acessar uma diversidade muito mais ampla de perspectivas. A linguagem corporal digital reduz o conflito, limita a burocracia e cria uma linguagem universal clara. Desperdiçamos menos tempo com informações menos relevantes. Passamos mais tempo nas coisas que importam. Quando bem usada, a linguagem corporal digital também horizontaliza as diferenças entre gêneros, gerações e culturas. As pesquisas mostram que as equipes virtuais bem administradas que nunca se encontraram presencialmente de fato têm um desempenho melhor do que as equipes em um mesmo local, pois fazem uso de uma gama mais ampla de recursos, insights, experiências e perspectivas.[1] Ao estabelecer padrões claros de linguagem corporal digital, os gerentes agora têm uma ferramenta essencial para ajudá-los a criar equipes ainda mais exitosas no futuro.

Espero que este livro o ajude a construir pontes sobre as diferenças comuns entre equipes do século XXI. Ao nos ajudar a ter sucesso em um ambiente de trabalho moderno, uma melhor compreensão da linguagem corporal digital faz muito para criar mais confiança, conexão e autenticidade — permitindo que nos comuniquemos melhor, construamos relacionamentos mais fortes e transformemos a forma como lideramos, amamos, nos conectamos e vivemos.

Apêndice

•

Manual da Linguagem
Corporal Digital

COMO APLICAR O QUE APRENDI?

Para começar, fiz um manual prático e instrutivo que você pode ver nas próximas páginas. Você também pode fazer o download e compartilhar com outras pessoas; está disponível em inglês no meu site: ericadhawan.com/digitalbodylanguage. Outra opção é seguir e usar a hashtag #digitalbodylanguage nas redes sociais para ver dicas práticas semanais.

- **Guia de Estilo de Linguagem Corporal Digital:** um guia de "Elementos de Estilo" que você pode usar sozinho ou com sua equipe, que inclui dicas profissionais e o que deve e não deve fazer em termos de linguagem corporal digital.

- **Exercício de Estilos Digitais para Equipes:** um conjunto de perguntas que você pode discutir com sua equipe que desmistifica as diferenças de estilo na linguagem corporal digital e que o ajuda a criar compreensão e confiança mais profundas.

- **Conseguindo Confiar Totalmente:** um guia de facilitação de equipes que oferece um conjunto de básicas fundamentais para ajudá-lo a desenvolver uma boa cultura de linguagem corporal digital. Se aprende melhor com exemplos e reflexão, esta seção é para você.

- **Quiz sobre Confiar Totalmente:** um exercício curto para equipes que o ajuda a determinar as forças e lacunas de confiança em sua equipe e a promover um ambiente de trabalho de Confiança Total.

- **O que Seus Colegas Podem lhe Dizer Sobre Sua Linguagem Corporal Digital:** um teste rápido que revela seu próprio estilo de comunicação digital e quais sinais pode estar enviando (mesmo que não tenha a intenção!).

GUIA DE ESTILO DA LINGUAGEM CORPORAL DIGITAL

Quer obter clareza na linguagem corporal digital de forma mais rápida e eficaz? A seguir, veja o Guia de Estilo de Elementos Digitais muito útil para qualquer equipe.

- E-mail.
- Mensagens de Texto e Instantâneas.
- Reuniões por Telefone ou Vídeo.

E-MAIL

O Público:

- ☐ **A hierarquia pode ser importante.** Em algumas culturas corporativas, importa onde as pessoas aparecem na sequência de destinatários. Pense nos campos Para, Cc e Cco como uma mesa de jantar à moda antiga. O chefe vai na cabeceira, e todos os demais entram na linha, com base em seus cargos.

❑ **Espelhe-se na cultura.** Se trabalha em uma cultura séria e conservadora, lembre-se de incluir cumprimentos, encerramentos e assinaturas formais.

Sim: Sr. Robinson ou *Prezado Sam, ... Atenciosamente, Erica Dhawan, CEO*
Não: E aí Sam, ... Erica

Caso a cultura de seu trabalho seja mais informal, use seu melhor julgamento, mas não deixe de espelhar-se adequadamente nos outros.

INTERPRETAÇÕES COMUNS DAS ASSINATURAS DE E-MAIL MAIS USADAS

Sem assinatura — o equivalente a sair estranhamente de uma sala, deixando todos na dúvida de se você clicou em *Enviar* acidentalmente ou se apenas é mal-educado.

Apenas seu nome — use apenas quando tem familiaridade com o destinatário ou se vem trocando mais de três ou quatro mensagens em sequência.

Tudo de bom — é um encerramento semiformal. A pessoa quer que você pense que ela é legal e profissional. Para relacionamentos mais novos, opte pela opção mais formal, *Atenciosamente*.

Saudações — um tanto desatualizado, esse encerramento é mais ou menos neutro, mas pode ser visto como um pouco distante.

Com amor — é inapropriado para o ambiente de trabalho. Mesmo que seja seu melhor amigo por lá, *não escreva isso*.

Sinceramente — esse encerramento formal é comumente usado por aqueles que estão nos níveis mais baixos da hierarquia corporativa ao se comunicar com o chefe do chefe. Caso contrário, provavelmente é alguém de Relações Públicas lidando com uma crise. Caso não esteja nessas categorias, usar *Sinceramente* é formal demais e, de fato, pode dar a impressão de que *você* parece *insincero*.

(continua)

(continuação)

INTERPRETAÇÕES COMUNS DAS ASSINATURAS
DE E-MAIL MAIS USADAS

• •

Até breve — gosto desse encerramento para e-mails orientados à ação ou que incluem algum tipo de trabalho preparatório para uma reunião que se aproxima ou uma teleconferência. É inteligente, casual, prático e amigável, mas não *tão* amigável.

Desde já, agradeço — *comprovou-se* de fato que esse é o encerramento mais eficaz em e-mails![1]

O Timing:

❏ **E-mails estão ficando mais rápidos.** Um estudo realizado em 2015 pela USC Viterbi School of Engineering descobriu que 50% de todas as respostas de e-mail eram enviadas dentro de 1 hora. No caso das enviadas por pessoas com idades entre 20 a 35 anos, o número caiu para 16 minutos. As pessoas entre 35 e 50 anos normalmente responderam dentro de 24 minutos, e as com mais de 50, levaram cerca de 47 minutos para responder. Desde que esse estudo foi publicado, é indiscutível que estamos ficando mais rápidos e diminuindo ainda mais os tempos de resposta, visto que muitos estão usando seus celulares para responder.

❏ **Valorize os outros com um "recibo de leitura".** À medida que o e-mail se tornou um canal mais rápido, é uma boa ideia informar a outra parte que você recebeu a mensagem, mas que precisa mais do que algumas horas para responder. Em vez de deixar o remetente esperando (ou ansioso), responda com uma mensagem rápida, como *Recebido! Respondo na terça-feira.*

A Estrutura:

❑ **Use o campo assunto para definir o tom ao destinatário mesmo antes de ele abrir sua mensagem.** Deixar o campo assunto em branco é uma oportunidade perdida, e alguns destinatários mais velhos até consideram isso um sinal de desrespeito. Considere o seguinte: como os profissionais de marketing fazem com que você abra os e-mails que enviam? Resposta: uma frase chamativa no campo assunto que promete um desconto, uma promoção, uma prévia ou um listicle. No trabalho, estamos fazendo propaganda de nós mesmos — então, por que não fazer com que os outros priorizem nossos pedidos? Faça isso ao começar sempre com uma frase no campo assunto que seja específica e orientada à ação.

> *Sim: Relatório do Projeto de Comunicação com a Edição Final / Revisado por EOD em 4 de outubro*

> *Não: Relatório do Projeto*

❑ **Seja Direto.** É desnecessário repetir a frase do campo assunto imediatamente, mas pule as cortesias. Na maioria dos casos, os e-mails profissionais não exigem que você pergunte coisas do tipo "Como está seu dia?" ou "Como vão os filhos?" Vá direto ao ponto.

• **Revise o que escreveu com foco na clareza, e não apenas na gramática.** *Qualquer um* pode ficar confuso com um e-mail. Só porque está escrevendo para colegas de trabalho que vê diariamente não significa que eles sempre interpretarão sua intenção (ou que lerão sua mente). Procure não ser enigmático. Releia seu e-mail e pergunte-se: *Se a mensagem fosse para mim, eu a entenderia?* Não é uma habilidade fácil de desenvolver, então peça feedback do destinatário ou de outro revisor. Se um destinatário responder algo diferente do que você queria, peça um esclarecimento!

> *Sim: Vamos remover a última página e reduzir o número total para 20 páginas.*

> *Não: Este documento está muito longo.*

Dicas Profissionais:

❑ **Evite o Responder para Todos.** Em geral, é apenas necessário se for uma notificação ou um anúncio únicos para toda a equipe.

❑ **Limpe o campo assunto.** Se uma sequência de e-mails continua por mais de três ou quatro rodadas, o campo assunto fica abarrotado de "Re:"s e "Enc:"s. Substitua-os por uma frase relevante, concisa e orientada à ação no campo assunto para o e-mail que está prestes a enviar.

❑ **Evite frases no campo assunto que causem estresse,** como *Por favor me ligue* ou *Fale com o CEO em seu escritório*. Não são o que denominamos "orientadas à ação". Seja breve, de todos os modos, mas não se esqueça de incluir o contexto necessário.

❑ **Incorpore links.** Se precisar incluir um link, incorpore-o na mensagem destacando as palavras relevantes e usando a função 'inserir link' oferecida pelo Office, pelo Gmail, pelo Yahoo! e pela maioria dos outros programas de e-mail. Caso sua empresa tenha um servidor interno, você pode destacar a localização de um documento e incorporá-lo na mensagem da mesma forma.

Quando a Conversa por E-mail Deve Mudar para Outro Meio?

❑ **Seja Conciso.** E-mails com mais de cinco frases são geralmente lidos por cima. Para temas e tarefas mais complexas, prefira uma ligação ou uma reunião, ou então use marcadores, texto em negrito e itálico e destaque os pontos de ação no final.

❑ **Forneça Contexto.** Será que é necessário dar mais contexto para mim ou para a outra pessoa além do que o e-mail pode oferecer? Caso a resposta seja sim, marque uma conversa presencial ou uma teleconferência.

MENSAGENS DE TEXTO E INSTANTÂNEAS

Exemplos: mensagens de texto, chat no Skype, Slack, Google Chat etc.

À medida que o nível de formalidade diminui no ambiente de trabalho, as mensagens de texto e instantâneas tornaram-se cada vez mais presentes. Nesta seção, combinaremos as duas formas reduzidas de comunicação digital, visto que suas convenções são em grande parte similares.

O Público

❏ **É casual.** Em geral, seu público nesses canais deve ser informal. A taquigrafia, os emojis e a pontuação exagerada usados para criar o tom nos textos e mensagens diretas são em geral inapropriados em discussões formais. Em ambientes profissionais, procure escrever frases completas. As abreviações são ok.

O Timing:

❏ **Esses canais devem ser — adivinhou? — *instantâneos*.** Na maioria das vezes, espera-se uma resposta na mesma hora, embora a grande parte chegue em três minutos ou menos. Se receber uma mensagem de texto durante uma reunião e não puder responder imediatamente, uma boa ideia é informar aos remetentes por que você demorou para responder.

❏ **Crie limites.** A natureza instantânea desses canais pode causar confusão. As pessoas usam frequentemente mensagens de texto e instantâneas fora do horário comercial, e ainda esperam uma resposta rápida. É perfeitamente razoável estabelecer limites. Caso seja a primeira vez, responda à mensagem fora de hora informando ao remetente que você responderá em horário comercial do dia seguinte.

A Estrutura:

❏ **Menos é mais.** São canais informais, ou seja, não há motivos para incluir um campo assunto, cumprimentos formais ou assinaturas. Isso é formal demais!

Sim: Ei, muito legal esse contato! Só queria enviar uma mensagem para você ter meu número. Erica

Não: Olá, Stephanie, Erica aqui. Nos conhecemos no Jantar da Liderança Mundial de 2020. Gostei de ter tido esse contato com você! Aqui está meu número de telefone. Sinceramente, Erica

❏ **Vá ao ponto.** Ainda mais quando e-mails, mensagens de texto e instantâneas devem ser usados para transmitir informações que não requerem uma conversa presencial ou um telefonema. As mensagens deve ter no máximo duas ou três frases.

Sim: Oi, Erica, você está disponível para discutir um projeto novo esta semana? Pode ser algum horário entre 13h e 17h na terça ou na quinta para fazermos uma reunião de 30 minutos?

Não: Prezada Erica, como está? Estou começando um novo projeto sobre colaboração em nosso escritório e pensei em você. Adoraria trocar uma ideia.

❏ **Escolha os acrônimos sabiamente.** Use apenas abreviações que são amplamente conhecidas e que você diria em voz alta. Por exemplo, "KCT" é amplamente conhecida, mas é sábio evitá-la num contexto profissional. Por outro lado, "vc" (você) é amplamente conhecida e adequada para usar no trabalho.

Sim: falo com vc em breve

Não: KCT! nos falamos meu veio, flw

Dicas Profissionais:

- ❏ **Crie uma lista padronizada de acrônimos.** NPR = não precisa responder, SOS = urgente, * = erro de digitação.

- ❏ **Não envie informações confidenciais por mensagem de texto ou instantânea!** Lembre-se, até as mensagens criptografadas podem ser registradas com uma captura de tela.

Quando uma conversa por mensagem instantânea deve mudar para outro meio?

- ❏ Não faça propaganda enganosa. Se envia uma mensagem instantânea para alguém escrevendo *oi, tem 1 minuto?*, mas depois precisa escrever um parágrafo enorme para explicar o que precisa, você então provavelmente precisa telefonar ou enviar um e-mail.

- ❏ Se for uma emergência que garanta a necessidade de enviar uma mensagem fora do horário comercial (7h – 18h), então o caso provavelmente merece um telefonema. Caso contrário, pode esperar.

- ❏ Se precisa registrar a conversa, mude para e-mail.

VÍDEO E TELECONFERÊNCIAS

Exemplos: Webex, Zoom, Skype, Google Hangouts etc.

O Público:

- ❏ **Faça apresentações, se necessário.** As reuniões online, especialmente quando os participantes estão em suas casas, têm o potencial de parecer mais pessoal (e desconfortável) do que as presenciais. Garanta que todos se identifiquem no início, dizendo também seus cargos, e conceda alguns minutos para bate-papo social.

O Timing:

❏ **Mantenha as coisas curtas e suaves.** A maioria de nós está acostumada a reuniões e conferências presenciais que duram mais de uma hora. Nesse tipo de ambiente tridimensional, os participantes precisam de uma gama completa de estímulos, menos distrações externas e um período mais longo de atenção. Os eventos virtuais deixam muito mais espaço para distrações e multitarefas. Uma estrutura planejada e um cronômetro podem ajudar. As reuniões virtuais produtivas têm uma estrutura com tempo predeterminado, o que limita o número de ideias que cada integrantes trará.

> *Sim: Peça que a equipe traga três soluções à reunião por Zoom que terá 60 minutos de duração.*

> *Não: Marque uma reunião que durará 3 horas no Zoom e se esqueça de enviar a pauta que sua equipe pode usar para se preparar.*

A Estrutura

❏ **Levante a mão.** Uma grande vantagem das reuniões por vídeo é que há mecanismos incorporados para levantar a mão (por exemplo, a barra de espaço levanta "sua mão" no Zoom). Isso pode ajudar a evitar problemas comuns nos telefonemas, como quando as pessoas falam ao mesmo tempo ou cortam a fala uma da outra. Caso seu software não tenha o recurso da mão levantada, você pode criar um para ser usado pelo bate-papo. Determine um sinal — como um asterisco — para permitir que os integrantes da equipe solicitem sua vez de falar. (Isso exige uma moderação cuidadosa e uma boa liderança.) Certifique-se de que não deixou ninguém de fora, e procure pedir opiniões daqueles mais quietos.

❏ **Solicite que todos deixem as câmeras ligadas.** Como regra, se a câmera de alguém estiver ligada, a sua também deveria estar. Esse recurso restaura um pouco das deixas da linguagem corporal que a comunicação digital elimina, ao mesmo tempo em que permite que os membros da equipe vejam com seus próprios olhos que todos na reunião estão totalmente engajados, e não imersos nas redes sociais.

☐ **Sempre determine um moderador.** Ter um rosto e uma voz consistentes que tragam uma unidade às sessões virtuais para os participantes agrega uma familiaridade muito necessária e ajuda a diminuir os sentimentos de isolamento que podem surgir com o trabalho remoto. Uma boa dica é pedir ao moderador que abra a conferência ou a reunião antes de seguir com a pauta do dia, bem como moderar as perguntas que vão surgindo na caixa de bate-papo.

Dicas Profissionais:

☐ **Teste sua tecnologia.** Se não usou seu Zoom ou Skype há alguns dias, abra o software antes da reunião agendada e teste a qualidade tanto do vídeo como do microfone. Isso economiza o tempo de todos, bem como permitirá pular aquela parte da reunião: "ESTÃO ME OUVINDO?"

☐ **Silêncio.** Use o botão "mutar" para evitar ruídos de fundo e outras distrações, como respiração, escrita e o ritmo que está fazendo com seus dedos na mesa. Porém, fique atento para que esse recurso não se torne uma licença para realizar multitarefas!

☐ **Vá com calma.** Pratique a regra dos 5 segundos, ou seja, espere 5 segundos antes de falar após ter feito uma pergunta ao grupo. Esse tempo permite que sua equipe processe o que você acabou de dizer e preenche os poucos segundos em que todos ficam se perguntando, *Alguém vai falar primeiro?* antes que eles mesmos comecem.

Quando a conversa deve mudar para outro meio?

☐ **Audite suas reuniões.** Assim como nas reuniões presenciais, defina claramente o propósito e o resultado proposto para cada reunião digital em seu calendário e elimine qualquer uma que não tenha um propósito claro ou um fator essencial para o sucesso.

ESTILOS DIGITAIS — EXERCÍCIO EM EQUIPE

A pandemia de covid-19 ofereceu à maioria de nós um período longo de aprendizado sobre o que funciona ou não em nossa própria colaboração digital. Agora é um bom momento para estabelecer normas explícitas caso sua equipe ainda não tenha princípios ou regras universais. Cada equipe deve considerar as preferências, o contexto e as funções específicas de seus integrantes. As perguntas a seguir os ajudarão a entender seus próprios estilos de linguagem corporal digital, que poderão compartilhar com o grupo. Fique de olho nas semelhanças e diferenças. Elas podem ajudá-lo a estabelecer normas e evitar possíveis problemas.

Qual é Meu Estilo de Linguagem Corporal Digital?

1. Quais são os melhores canais para que os outros se comuniquem comigo digitalmente?

2. Quais são minhas implicâncias com a linguagem corporal digital?

3. O que valorizo mais quando os outros se comunicam comigo (por exemplo, clareza, responsabilização, ações)?

4. Sou um imigrante ou um nativo digital? Como esse dado "demográfico" afeta como percebo as comunicações diárias?

5. O meu estilo digital é influenciado por culturas de trabalho ou chefes anteriores? Como isso aparece em minhas comunicações?

Liste os melhores exemplos de linguagem corporal digital positiva que percebeu dos outros em cada categoria:

E-mails:

Bate-papo em Grupo:

Reuniões:

Liste os piores exemplos de linguagem corporal digital positiva que percebeu dos outros em cada categoria:

E-mails:

Bate-papo em Grupo:

Reuniões:

Peça que a equipe compartilhe as respostas para que todos saibam as preferências e as implicâncias uns dos outros. Para obter a avaliação completa, acesse ericadhawan.com/digitalbodylanguage [conteúdo em inglês].

CONSEGUINDO CONFIAR TOTALMENTE

A seguir, você encontrará práticas que ajudam a desenvolver os fundamentos necessários para alcançar uma cultura de clareza ideal. As perguntas estão divididas em quatro categorias: Comunicação Digital, Ferramentas de Colaboração, Espírito de Equipe e Cultura de Reuniões. Em cada seção, considere as quatro leis que discutimos: **Valorizar Visivelmente, Comunicar-se Claramente, Colaborar Confiantemente** e **Confiar Totalmente.**

Comunicação Digital

O Básico

❏ Valorizar Visivelmente: vá devagar e revise suas comunicações, como se fossem apresentações. Releia o que escreveu, garantindo que sua mensagem esteja sem erros de digitação e de linguagem confusa. Ao mesmo tempo, verifique a clareza e certifique-se de que o destinatário saiba o que você espera como resposta.

❏ Comunicar-se Cuidadosamente: não use muitas abreviações nem envie mensagens muito genéricas. Se quiser ser breve, adote um conjunto de acrônimos aprovados por toda a equipe para aumentar a eficiência e clareza nas comunicações digitais.

Exemplos: OQPDV: O que Preciso de Você; NPR: Não Precisa Responder; 4H: Preciso disso em 4 horas.

❑ Colaborar Confiantemente: presuma as melhores intenções ao ler comunicações digitais. Lembre-se: você não tem a linguagem corporal nem as deixas de tom vindas dos outros, o que pode nos fazer mal interpretar a objetividade e a velocidade como algo rude.

Perguntas para Reflexão

1. Quais são alguns dos contratempos recentes nas comunicações digitais que aconteceram na sua equipe?

2. A sua equipe tem a maioria composta por imigrantes digitais, por nativos digitais ou está equilibrada? Como isso se reflete em suas comunicações digitais?

3. Pense na última vez que as comunicações da equipe o deixaram ansioso, confuso ou bravo. Por quê? Seus sentimentos foram confirmados ou a situação foi apenas um mal entendido?

4. Qual é o maior obstáculo ou incômodo que você encontra diariamente ao comunicar-se digitalmente com a equipe?

Ferramentas de Colaboração

O Básico

❑ Comunicar-se Cuidadosamente: crie diretrizes para a seleção de canal com base no comprimento da mensagem, no tempo esperado de resposta e na quantidade de informações sendo transmitidas. Certifique-se de que essas diretrizes estejam facilmente disponíveis para toda a equipe, especialmente aos recém-contratados.

Exemplo: ao discutirmos digitalmente informações sensíveis dos clientes, usamos apenas as contas de e-mail corporativas. Não compartilhamos esse tipo de informações por mensagem de texto, mensagens diretas ou quaisquer outros canais digitais.

❑ Colaborar Confiantemente: estabeleça expectativas para o timing apropriado com relação a cada ferramenta, incluindo tempo de resposta e se certas ferramentas cruzam os limites durante o horário não comercial.

Exemplos: por favor, responda a todos os e-mails do trabalho dentro de 24 horas. Caso não tenha recebido uma resposta nesse período, entre em contato com o destinatário por telefone ou mensagem de texto.

Por favor, não envie mensagens de texto com relação a tarefas do trabalho entre 20h e 5h em nenhum dia da semana. Use seu bom senso para decidir se uma mensagem é urgente o suficiente para não seguir esta diretriz.

❑ Valorizar Visivelmente: encontre algumas pessoas que são mais adeptas a cada canal. Elas podem ajudá-lo a criar diretrizes e expectativas, bem como funcionar como defensoras do canal, corrigindo gentilmente os integrantes da equipe que não fizerem o uso adequado.

Perguntas para Reflexão

1. Quantas ferramentas de colaboração sua equipe usa diariamente?

2. Falando por si só, quantas ferramentas de colaboração o ajudam a prosperar pessoalmente? Considere os potenciais motivos (falamos sobre muitos deles neste livro), que podem ir da pura familiaridade à sua preferência por formalidade.

3. Alternativamente, quais ferramentas de colaboração está evitando?

4. Há alguém em sua organização que usa determinada ferramenta de colaboração muito bem? O que essa pessoa está fazendo que você não está?

5. Sua equipe tem um conjunto estabelecido de normas para quando usar cada ferramenta?

6. Quais canais você usa mais frequentemente com a equipe e o que isso diz sobre a cultura dela?

Espírito de Equipe

O Básico

☐ Comunicar-se Cuidadosamente: crie espaços para conversas informais. Permita um bate-papo social antes das reuniões ou crie grupos de bate-papo especialmente para conversas que vão além das tarefas do trabalho.

☐ Confiar Totalmente: crie espaços para a celebração. Compartilhe inspirações com sua equipe na forma de artigos, podcasts ou livros interessantes.

☐ Valorizar Visivelmente: encoraje sua equipe a demonstrar apreço por meio de elogios ou começando as reuniões com premiações ou "Vencedores da Semana". Você pode criar sua própria forma de espaços para conexão social. Como faz isso é menos importante do que se faz ou não faz.

Perguntas para Reflexão:

1. Há "panelinhas" em sua equipe? Como você pode reduzir a lacuna entre esses grupos e formar um vínculo mais forte unindo todos da equipe?

2. Há algum membro da equipe que quase sempre fala mais alto? Essa pessoa ajuda ou irrita? Quais são algumas formas para fazer com que outras vozes participem?

3. Há algum membro da equipe que quase sempre não fala nada? Como encorajar essa pessoa a participar?

4. Como sua equipe lida com o conflito? Há algum problema com relação a comportamento passivo-agressivo? Quais dicas você aprendeu neste livro para ajudar a neutralizar o mau comportamento ou a dinâmica negativa da equipe?

Cultura de Reuniões

O Básico

❏ Comunicar-se Cuidadosamente: cada reunião deve ser analisada usando os 5 Ps:

   ❏ Propósito: a reunião tem um propósito claramente definido?

   ❏ Participantes: todas as partes relevantes (e apenas as relevantes) foram convidadas e podem participar?

   ❏ Prováveis problemas: quais são as preocupações que poderiam surgir?

   ❏ Produto: o que queremos ter produzido ao término da reunião?

   ❏ Processo: quais passos devemos tomar durante a reunião para chegar ao nosso propósito, considerando o produto desejado e os prováveis problemas que podemos enfrentar?

❏ Valorizar Visivelmente: audite regularmente suas reuniões recorrentes. A cada duas reuniões, pergunte-se sobre a necessidade dessas reuniões, se todas as partes relevantes estão presentes e como pode melhorar a próxima.

❏ Comunicar-se Cuidadosamente: certifique-se de que alguém da equipe seja responsável por enviar anotações e itens de ação por e-mail após a reunião.

❑ Colaborar Confiantemente: comece cada reunião com 5 minutos de conversa não relacionada à tarefa, momento em que os participantes perguntam uns aos outros sobre o dia ou seus objetivos, ou discutindo se precisam de ajuda e com quê.

❑ Confiar Totalmente: os líderes devem garantir que as vozes mais silenciosas estejam contribuindo nas reuniões ao fazer um rodízio de liderança, fazendo perguntas e solicitando opiniões usando diversos meios.

Perguntas para Reflexão

1. Pense em sua última reunião. Faça a si mesmo as perguntas dos 5 Ps. Há alguma resposta negativa?

2. Nessa última reunião, você se sentiu ouvido e respeitado?

3. Em caso negativo, identifique o momento específico em que se sentiu silenciado ou desrespeitado. Será que foram incidentes de comunicação? Você estava presumindo as melhores intenções dos outros? É necessário se manifestar em uma plataforma diferente?

4. Como suas reuniões são geralmente marcadas? Diretamente com os colegas ou usando assistentes? Você tende a conversar sobre a necessidade de uma reunião ou simplesmente marca uma sem qualquer contexto?

5. Como pode mudar o processo de agendamento de reuniões para garantir que todos saibam por que ela existe e que o melhor horário para todos seja escolhido?

QUIZ SOBRE CONFIAR TOTALMENTE

Este exercício em grupo pode ser um ótimo ponto de partida para identificar suas forças e fraquezas durante uma reunião, um evento fora da empresa ou em um retiro com a equipe.

Responda às seguintes perguntas com base em como responderia individualmente dentro de sua cultura de trabalho.

1. Você recebe o lembrete para uma reunião online que está marcada para começar em uma hora. Você...

   a. Sabe por que foi convidado, entende o que está na pauta e está feliz em participar.

   b. Não sabe muito bem por que foi convidado.

   c. Fica confuso por que ainda está nessa lista de reunião e considera faltar ou cancelá-la no último minuto.

2. Durante uma reunião costumeira, os participantes...

   a. Contribuem igualmente, seguindo a pauta e compartilhando o tempo de fala com base em suas áreas de especialidade.

   b. Ficam engajados de forma geral e seguem a pauta, caso haja uma. As costumeiras vozes mais ruidosas falam na maior parte do tempo, e suas ideias são boas. O gerente ou líder de equipe conduz a reunião inteira.

   c. Ficam distraídos, conferindo e-mails ou respondendo a mensagens de texto. Ninguém segue a pauta, ou não há uma. As costumeiras vozes mais altas interrompem os outros à força quando falam. Há tensão no ar.

3. Quando seu gerente ou líder de equipe distribui prazos, ele...

    a. Consulta a equipe para ver o que seria realístico com base na carga total de trabalho e em forças externas que podem criar atrasos.

    b. Determina o prazo sozinho ou com base nas necessidades dos clientes (ou em outras forças externas), e o apresenta com a tarefa. Em geral, os prazos são realísticos, mas às vezes criam correrias. Para você, não tem problema, visto que não pode realmente controlar clientes ou fornecedores.

    c. Determina prazos totalmente arbitrários e não realísticos. Ele pede que você complete de um dia para o outro o que normalmente levaria dias. Você fica frustrado e com excesso de trabalho.

4. Você está tendo um problema pessoal que afeta sua concentração, então, você...

    a. Informa ao líder de equipe ou gerente o que está acontecendo. Você sabe que ele lhe dará suporte e entenderá quaisquer mudanças necessárias em sua carga de trabalho.

    b. Discute o fato com um único colega em quem confia, mas não conta para mais ninguém. Você faz seu melhor para completar seu trabalho e completar as tarefas do dia. Talvez tenha que reagendar uma reunião importante para mais tarde na semana.

    c. Não conta a ninguém, e não muda sua carga de trabalho ou horário.

5. Você foi alocado a um projeto, mas não está seguro de que possui a expertise para completá-lo, então...

    a. Você recusa o projeto ou pede que um colega com mais expertise seja alocado a trabalhar com você.

    b. Você não compartilha suas preocupações com a equipe toda, mas sabe onde encontrar os recursos necessários para completar a tarefa. Talvez recorra a um colega confiável para ajudá-lo, caso ele tenha um tempo extra.

    c. Você não compartilha suas preocupações com a equipe, muito embora não faça ideia de onde encontrar os recursos necessários para completar a tarefa. Você acaba trabalhando 60 horas por semana para tentar fazer a coisa acontecer e pesquisando muito.

6. O líder da equipe lhe dá feedback...

    a. Com frequência. Ele inclui elogios em cada reunião, juntamente com um feedback regular sobre cada projeto, apontando coisas úteis e específicas. Você não fica com medo quando ele marca uma reunião para oferecer feedback. Há um sistema de avaliações agendadas e periódicas, das quais você sai normalmente sentindo-se equipado com dicas práticas para melhoria.

    b. Às vezes. Ele dá feedback apenas ao término de projetos grandes. Você fica preocupado quando ele marca uma reunião de feedback, mesmo quando sabe que não fez nada de errado. Há avaliações periódicas que raramente são úteis.

    c. Raramente ou nunca. Você apenas recebe feedback se algo der errado. Seus níveis de ansiedade iriam às alturas se ele marcasse uma reunião para dar feedback.

7. As avaliações de sua organização são...

    a. De 360°. Todos na equipe têm a oportunidade de ouvir de todos os níveis. Líderes e executivos obtêm feedback de seus subordinados. Os colegas também podem dar feedback uns aos outros.

    b. Bilaterais. Os líderes da equipe obtêm feedback de seus subordinados. Os subordinados recebem feedback dos líderes de equipe. Os colegas não são encorajados a compartilhar feedback uns com os outros.

    c. Unilaterais. Os líderes de equipe dão feedback aos subordinados, mas não recebem nenhum. Os colegas não são encorajados a compartilhar feedback uns com os outros.

8. Quanto à seleção do canal, sua equipe...

   a. Tem um conjunto claro de normas com relação ao comprimento da mensagem, ao tempo esperado de resposta e à quantidade de informação sendo transmitida. Você nunca tem dúvidas sobre qual canal usar nem fica irritado caso outra pessoa use algum canal errado.

   b. Não tem um conjunto claro de normas — tampouco há muita confusão a respeito. Em geral, você não se preocupa sobre qual canal usar, mas de vez em quando fica irritado por telefonemas inesperados, e-mails confusos ou enigmáticos ou mensagens de texto e instantâneas inapropriadas.

   c. É uma bagunça. Não há quaisquer normas e há muita confusão. As mensagens ficam cronicamente perdidas ou nunca são respondidas.

9. É a noite antes de uma grande apresentação, e seu colega não acrescentou os slides dele no PowerPoint. Você...

   a. Não fica muito preocupado. Você está seguro de que ele fará isso. Só para garantir, você envia uma mensagem do tipo: *Oi, só para ver como estão as coisas! Meus slides estão prontos para ser integrados com os seus. Estou animado para amanhã!*

   b. Fica um pouco preocupado que talvez ele esteja com a data errada ou até mesmo que tenha se esquecido. Você envia uma mensagem do tipo: *Oi, alguma ideia de quando terminará o projeto? Só queria abrir antes da apresentação de amanhã...*

   c. Entra em pânico. Sabe que ele provavelmente se esqueceu ou ainda que espera que você faça tudo sozinho. Você liga, mas ele não atende. Então, você faz tudo sozinho mesmo.

10. Você se sente uma parte valiosa de sua equipe...

    a. O tempo todo. Pedem que você contribua regularmente, e você se sente confortável compartilhando opiniões e fazendo sugestões. Seus colegas e líderes de equipe em geral o elogiam por suas contribuições.

    b. Quando sua área de expertise está em foco. Você procura ficar quieto quando não tem 100% de certeza sobre suas opiniões. Quando se manifesta, a equipe agradece por suas boas ideias.

    c. Raramente ou nunca. Você fica de boca fechada sempre que possível e completa suas tarefas de forma restrita. Você raramente obtém reconhecimento dos outros membros da equipe por seu trabalho.

Caso a maioria de suas respostas tenha sido A: parabéns, você está praticamente alinhado com toda sua equipe! Foque as lacunas identificadas por meio das perguntas.

Caso a maioria de suas respostas tenha sido B: sua equipe está indo bem, mas você pode melhorar. Concentre-se no Guia de Estilo de Linguagem Corporal Digital.

Caso a maioria de suas respostas tenha sido C: sua equipe precisa de muita ajuda. Pule para Conseguindo Confiar Totalmente para começar.

Agora, avalie as respostas de toda a equipe. O que perceberá rapidamente é que as experiências dos membros da equipe com relação à clareza variam muitíssimo. Em geral, o líder da equipe dará notas mais altas do que os colegas, ou alguns silos terão resultados melhores do que outros. Identifique as assimetrias nos resultados individuais e discuta por que ocorreram.

O QUE SEUS COLEGAS PODEM LHE DIZER SOBRE
SUA LINGUAGEM CORPORAL DIGITAL

Esta é uma maneira divertida, rápida e incrivelmente útil para obter feedback e que o ajudará a avaliar os sinais de linguagem corporal digital que pode ou não perceber que está enviando. Peça a um colega que identifique qual das seguintes pessoas o representa melhor: Alice, Betty, Charlie ou David.

Alice

Os e-mails que Alice envia são curtos e vão direto ao ponto, mas ela sempre tira um tempo para escrever uma frase específica e útil no campo assunto e também revisa suas mensagens para ver se estão claras. Ela pode até incluir uma única frase do tipo — *Tenha um ótimo dia!* ou *Me avise se precisar de mais ajuda.* Ela usa emojis para complementar suas mensagens de texto e instantâneas. Eles não substituem as palavras, mas geralmente ela acrescenta uma carinha feliz ou um joinha ao fim de uma mensagem para acrescentar certa emoção. Em geral, Alice responde aos e-mails dentro de duas ou três horas, às mensagens de texto dentro de alguns minutos e aos convites para reuniões online quase que imediatamente. Caso saiba que sua resposta vá demorar, ela sempre informa à outra pessoa. Em suas comunicações com a equipe, ela segue as normas de todas as diretrizes, honrando os detalhes sobre comprimento, complexidade e familiaridade.

Betty

Os e-mails de Betty são sempre educados. Mesmo quando apologética sobre algo, você nunca notará. Seu emoji mais utilizado é ☺. Quanto aos tempos de resposta, depende de quem lhe enviou o e-mail. Caso tenha sido o chefe, ela responde na hora. Caso seja de alguém que não goste, ela espera até o limite do aceitável (mas nunca vai longe demais).

Charlie

Os e-mails que Charlie envia sempre contêm menos do que cinco frases. É como mensagem de texto. Você e ele trocam ideias por meio de e-mails curtos. Charlie adora emojis, visto que é mais fácil inserir uma única imagem do que digitar uma frase inteira, e substitui facilmente as palavras ou até frases por eles. Ele está mais do que disposto a deixar passar alguns erros de digitação aqui e ali em nome da velocidade.

David

David envia e-mails longos e com excesso de detalhes, anulando qualquer necessidade de um e-mail ou de um telefonema de acompanhamento. Às vezes, seus e-mails contêm diversos parágrafos, listas com marcadores, links e anexos — o que for necessário. Ele nunca usa emojis no trabalho, pois não os considera algo profissional (além de que, para ser sincero, ele não faz ideia do que alguns significam). Ele sempre verifica suas mensagens três vezes antes de clicar em *Enviar*.

Se você é mais como Alice: bom trabalho! Os fundamentos de suas comunicações são sólidos. Como os está usando para impulsionar sua carreira?

Se você é mais como Betty: dependendo do seu ambiente de trabalho, suas comunicações podem ser vistas como passivo-agressivas ou confusas. Trabalhe nestas dicas:

- **Valorizar Visivelmente:** lembre-se de expressar apreço com um simples "obrigado" ou ao dizer à pessoa quando ela fez um bom trabalho.

- **Comunicar-se Cuidadosamente:** evite enviar mensagens quando estiver bravo ou frustrado.

- **Colaborar Confiantemente:** seja direto sobre o que precisa e sobre o que está sentindo.

Se você é mais como Charlie: talvez esteja sacrificando a clareza em prol da velocidade e eficiência. Trabalhe nestas dicas:

- **Comunicar-se Cuidadosamente:** vá com calma. Pergunte-se: está claro o que o destinatário precisa fazer, por que e até quando?
- **Colaborar Confiantemente:** evite mensagens curtas e que induzem à ansiedade, como *precisamos conversar* ou *talvez dê certo*.

Se você é mais como David: talvez esteja enviando mensagens complexas demais e, portanto, ambíguas. Tente estas dicas:

- **Comunicar-se Cuidadosamente:** avalie quando é melhor mudar de meios. Tenha em mente também que a complexidade é um fator para a seleção de canais.
- **Colaborar Confiantemente:** fique confortável com vídeos e teleconferências. Às vezes simplesmente temos muito a dizer, e fica mais fácil fazê-lo por meio de um canal em que o significado de nossas palavras seja reforçado por nosso tom e nossa habilidade de fazer perguntas, conforme surgirem.

Notas

Introdução

1. Marguerite Ward, "CEO of a \$16 Billion Business Says the Way You Write Emails Can Break Your Career", CNBC Careers, 30 de novembro de 2016, https://www.cnbc.com/2016/11/30/ceo-of-a-16-billion-business-says-the-way-you-write-emails-can-break-your-career.html

2. Ibid.

Capítulo 1: O que É Linguagem Corporal Digital?

1. The Radicati Group, Inc., "Email Statistics Report, 2020–2024", fevereiro de 2020, https://www.radicati.com/wp/wp-content/uploads/2019/12/Email-Statistics-Report-2020–2024-Executive-Summary.pdf; The Radicati Group, Inc., "Email Statistics Report, 2015–2019", março de 2015, https://www.radicati.com/wp/wp-content/uploads/2015/02/Email-Statistics-Report-2015–2019-Executive-Summary.pdf

2. Justin Kruger, Nicholas Epley, Jason Parker e Zhi-Wen Ng, "Egocentrism over E-mail: Can We Communicate as Well as We Think?" *Journal of Personality and Social Psychology* 89, nº 6 (dezembro de 2005): 925–36, https://doi.org/10.1037/0022–3514.89.6.925

3. Niraj Chokshi, "Out of the Office: More People Are Working Remotely, Survey Finds", *New York Times*, 15 de fevereiro de 2017, https://www.nytimes.com/2017/02/15/us/remote-workers-work-from-home.html

4. Annalise Knudson, "Teens Prefer Texting to Talking, New Survey Shows", silive, 11 de setembro de 2018, https://www.silive.com/news/2018/09/teens_prefer_texting_to_talkin.html

5. Lee Rainie e Kathryn Zickuhr, "Americans' Views on Mobile Etiquette", Pew Research Center, 31 de dezembro de 2019, https://www.pewresearch.org/internet/2015/08/26/americans-views-on-mobile-etiquette/

6. Carolyn Sun, "How Do Your Social Media Habits Compare to the Average Person's?" *Entrepreneur*, 14 de dezembro de 2017, https://www.entrepreneur.com/slideshow/306136

7. Allan Pease e Barbara Pease, *The Definitive Book of Body Language* (Nova York: Bantam Books, 2006), 10.

8. Katrin Schoenenberg, Alexander Raake e Judith Koeppe, "Why Are You So Slow? Misattribution of Transmission Delay to Attributes of the Conversation Partner at the Far-End", *International Journal of Human-Computer Studies* 72, nº 5 (maio de 2014): 477–87, https://doi.org/10.1016/j.ijhcs.2014.02.004

Capítulo 2: Por que Está Tão Estressado?

1. *O Diabo Veste Prada*, dirigido por David Frankel (Beverly Hills, CA: 20th Century Fox Home Entertainment, 2006).

2. John Suler, "The Online Disinhibition Effect", *CyberPsychology & Behavior* 7, nº 3 (2004): 321–26, https://doi.org/10.1089/1094931041291295

3. Keith Ferrazzi, "How to Avoid Virtual Miscommunication", *Harvard Business Review*, 31 de março de 2020, https://hbr.org/2013/04/how-to-avoid-virtual-miscommun

4. Alina Dizik, "How to Avoid Writing Irritating Emails", BBC Worklife, 5 de setembro de 2017, https://www.bbc.com/worklife/article/20170904-how-to-avoid-writing-irritating-emails

5. Ibid.

6. Gareth Cook, "The Secret Language Code", *Scientific American*, 15 de agosto de 2011, https://www.scientificamerican.com/article/the-secret-language-code/

7. Eugene Wei, "Pronoun Usage: A Psychological Tell", Remains of the Day, 26 de agosto de 2011, https://www.eugenewei.com/blog/2011/8/26/pronoun-usage-a-psychological-tell.html

Capítulo 3: O que Você Está *Realmente* Dizendo?

1. Katrin Schoenenberg, "Awkward Pauses in Online Calls Make Us See People Differently", *The Conversation*, 2 de abril de 2020, https://theconversation.com/awkward-pauses-in-online-calls-make-us-see-people-differently-26073

2. Alisha Haridasani Gupta, "It's Not Just You: In Online Meetings, Many Women Can't Get a Word In", *New York Times*, 14 de abril de 2020, https://www.nytimes.com/2020/04/14/us/zoom-meetings-gender.html

3. Jessica Stillman, "A Simple Way to Make Conference Calls Less Awkward", *Inc.*, 18 de novembro de 2014, https://www.inc.com/jessica-stillman/the-5-second-secret-to-less-awkward-online-meetings.html

4. *Seinfeld*, 5ª temporada, episódio 4, "O Contador Drogado".

5. Aimee Lee Ball, "Talking (Exclamation) Points", *New York Times*, 3 de julho de 2011, http://-mails-cultural-studies.html

6. Emily Torres, "The Danger of Overusing Exclamation Marks", BBC Worklife, 7 de junho de 2019, https://www.bbc.com/worklife/article/20190606-the-danger-of-overusing-exclamation-marks

7. Tanya Dua, "Emojis by the Numbers: A Digiday Data Dump", *Digiday*, 8 de maio de 2015, http://digiday.com/marketing/digiday-guide-things-emoji/; Uptin Saiidi, "Brand Marketers Find a New Way into Your Phone", CNBC, 19 de

agosto de 2014, https://www.cnbc.com/2014/08/18/emojis-brand-marketers-find-a-new-way-into-your-phone.html

8. Samantha Lee, "What Communicating Only in Emoji Taught Me About Language in the Digital Age", *Quartz*, 31 de agosto de 2016, https://qz.com/765945/emojis-forever-or-whatever-im-a-poet/

9. "#CHEVYGOESEMOJI", Sala de Imprensa da Chevrolet, 22 de junho de 2015, https://media.chevrolet.com/media/us/en/chevrolet/news.detail.html/content/Pages/news/us/en/2015/jun/0622-cruze-emoji.html

10. Eric Goldman e Gabriella Ziccarelli, "How a Chipmunk Emoji Cost an Israeli Texter $2,200", *Technology & Marketing Law Blog*, 25 de maio de 2017, https://blog.ericgoldman.org/archives/2017/05/how-a-chipmunk-emoji-cost-an-israeli-texter-2200.htm

11. Ella Glikson, Arik Cheshin e Gerben A. Van Kleef, "The Dark Side of a Smiley: Effects of Smiling Emoticons on Virtual First Impressions", *Social Psychological and Personality Science* 9, nº 5 (31 de julho de 2017): 614–25, https://doi.org/10.1177/1948550617720269

12. Alice Robb, "How Using Emoji Makes Us Less Emotional", *The New Republic*, 7 de julho de 2014, https://newrepublic.com/article/118562/emoticons-effect-way-we-communicate-linguists-study-effects

13. Danielle N. Gunraj, April M. Drumm-Hewitt, Erica M. Dashow, Sri Siddhi N. Upadhyay e Celia M. Klin, "Texting Insincerely: The Role of the Period in Text Messaging", *Computers in Human Behavior* 55, pt. B (fevereiro de 2016): 1067–75, https://doi.org/10.1016/j.chb.2015.11.003

14. Paige Lee Jones, Twitter, 21 de dezembro de 2017, 13h39, https://twitter.com/paigeleejones/status/943928863163371520

15. Ed Yong, "The Incredible Thing We Do During Conversations", *The Atlantic*, 4 de janeiro de 2016, https://www.theatlantic.com/science/archive/2016/01/the-incredible-thing-we-do-during-conversations/422439/

16. "The Wireless Industry: Industry Data", CTIA, https://www.ctia.org/the-wireless-industry/infographics-library (acesso em 2 de abril de 2020).

17. Alina Tugend, "The Anxiety of the Unanswered E-Mail", *New York Times*, 20 de abril de 2013, https://www.nytimes.com/2013/04/20/your-money/the-anxiety-of-the-unanswered-e-mail.html

Capítulo 4: Valorizar Visivelmente

1. Christine Porath, "Half of Employees Don't Feel Respected by Their Bosses", *Harvard Business Review*, 6 de dezembro de 2017, https://hbr.org/2014/11/half-of-employees-dont-feel-respected-by-their-bosses

2. Nicole Spector, "Why Are Big Companies Calling Their Remote Workers Back to the Office?" NBCNews.com, 27 de julho de 2017, https://www.nbcnews.com/business/business-news/why-are-big-companies-calling-their-remote-workers-back-office-n787101

3. Naomi S. Baron, *Words Onscreen: The Fate of Reading in a Digital World* (Nova York: Oxford University Press, 2016), 168.

4. Ibid.

5. Scott Gerber (CEO, Young Entrepreneur Council), em conversa com a autora em maio de 2019.

6. Aria Finger (CEO, DoSomething.org), em conversa com a autora em maio de 2019.

7. "NPT's Best Nonprofits to Work For 2013", *The NonProfit Times*, 1º de abril de 2013; "Best Places to Work—DOSOMETHING.ORG", Crain's New York Business, 1º de janeiro de 2012, https://www.crainsnewyork.com/awards/dosomethingorg-3

8. Sara Algoe, "Putting the 'You' in Thank You", *Journal of Social Psychology*, 7 de junho de 2016, https://journals.sagepub.com/doi/10.1177/1948550616651681

9. Jena McGregor, "The Odd Things People do While Half-Listening on Conference Calls", *Washington Post*, 21 de agosto de 2014, https://www.washingtonpost.com/news/on-leadership/wp/2014/08/21/the-odd-things-people-do-while-half-listening-on-conference-calls/

Capítulo 5: Comunicar-se Cuidadosamente

1. Alon Schwartz, "Does Your Team Know What Success Looks Like?" alonshwartz.com, 20 de março de 2019, http://alonshwartz.com/2019/03/does-your-team-know-what-success-looks-like/

2. Ibid.

3. Ibid.

4. "Poor Communication Leads to Project Failure One Third of the Time", Coreworx, 20 de abril de 2017, https://info.coreworx.com/blog/pmi-study-reveals-poor-communication-leads-to-project-failure-one-third-of-the-time

5. "The High Cost of Low Performance: The Essential Role of Communications", Project Management Institute, maio de 2013, https://www.pmi.org/-/media/pmi/documents/public/pdf/learning/thought-leadership/pulse/the-essential-role-of-communications.pdf

6. Daniel Victor e Matt Stevens, "United Airlines Passenger is Dragged from an Overbooked Flight", *New York Times*, 10 de abril de 2017, https://www.nytimes.com/2017/04/10/business/united-flight-passenger-dragged.html

7. Lucinda Shen, "United Airlines Stock Drops $1.4 Billion After PassengerRemoval Controversy", *Fortune*, 11 de abril de 2017, https://fortune.com/2017/04/11/united-airlines-stock-drop/

8. Liam Stack e Matt Stevens, "Southwest Airlines Engine Explodes in Flight, Killing a Passenger", *New York Times*, 17 de abril de 2018, https://www.nytimes.com/2018/04/17/us/southwest-airlines-explosion.html

9. "Southwest Flight Suffers Jet Engine Failure", CNN, 17 de abril de 2018, https://www.cnn.com/us/live-news/southwest-flight-emergency/h_e24cbf88f32766bb168d5bafd6539538

10. WFAA, "Southwest CEO Mourns Loss of Passenger on Dallas-Bound Flight", *YouTube* (vídeo), 18h20, 17 de abril de 2018, https://www.youtube.com/watch?v=hu3yfAA8aI8

11. Wade Foster et al., *The Ultimate Guide to Remote Work (ebook)*, editores Danny Schreiber e Matthew Guay (Sunnyvale, CA: Zapier, 2015), https://cdn.zapier.com/storage/learn_ebooks/e4fbeb81f76c0c13b589cd390cb6420b.pdf

12. Ibid.

13. Ibid.

Capítulo 6: Colaborar Confiantemente

1. Tom Monahan, "The Hard Evidence: Business is Slowing Down", *Fortune*, 28 de janeiro de 2016, https://fortune.com/2016/01/28/business-decision-making-project-management/

2. Ibid.

3. Ibid.

4. Françoise Henderson, "Translating Your Product for the Global Market? Beware the Silo Effect", *Global Trade Mag*, 17 de janeiro de 2020, https://www.globaltrademag.com/translating-your-product-for-the-global-market-beware-the-silo-effect/?gtd=3850&scn=

5. Ibid.

6. Ibid.

7. "The 2013 Regulatory Landscape from FinanceConnect:13", 9 de maio de 2013, https://www.youtube.com/watch?v=cbsMDRDBB_o

8. "The Bloody History of 'Deadline'", Merriam-Webster, https://www.merriam-webster.com/words-at-play/your-deadline-wont-kill-you (acesso em 4 de abril de 2020).

Capítulo 7: Confiar Totalmente

1. Amy Feldman, "Away Luggage Hits $1.4B Valuation After $100M Fundraise", *Forbes*, 15 de maio de 2019, https://www.forbes.com/sites/amyfeldman/2019/05/14/at-a-valuation--as-high-as-145b-valuation/#2a5fc8dc33d7

2. Ingrid Angulo, "Facebook and YouTube Should Have Learned from Microsoft's Racist Chatbot", CNBC, 17 de maio de 2018, https://www.cnbc.com/2018/03/17/facebook-and--youtube-should-learn-from-microsoft-tay-racist-chatbot.html

3. Peter Lee, "Learning from Tay's Introduction", *Official Microsoft Blog*, 25 de março de 2016, https://blogs.microsoft.com/blog/2016/03/25/learning-tays-introduction/#sm.0000x5ncvafjkel7qin1ue35ompd9

4. Justin Bariso, "Microsoft's CEO Sent an Extraordinary Email to Employees After They Committed an Epic Fail", *Inc.*, 23 de fevereiro de 2017, https://www.inc.com/justin-bariso/microsofts-ceo-sent-an-extraordinary-email-to-employees-after-they-committed-an-.html

5. Marco della Cava, "Microsoft's Satya Nadella is Counting on Culture Shock to Drive Growth", *USA Today*, 20 de fevereiro de 2017, https://www.usatoday.com/story/tech/news/2017/02/20/microsofts-satya-nadella-counting-culture-shock-drive-growth/98011388/

6. Shana Lebowitz, "Google Considers This to Be the Most Critical Trait of Successful Teams", *Business Insider Australia,* 21 de novembro de 2015, https://www.businessinsider.com.au/amy-edmondson-on-psychological-safety-2015–11

7. Amy Edmondson, "Psychological Safety and Learning Behavior in Work Teams", *Administrative Science Quarterly* 44, nº 2 (junho de 1999): 350–83, https://doi.org/10.2307/2666999

Capítulo 8: Gênero

1. John Paul Titlow, "These Women Entrepreneurs Created a Fake Male Cofounder to Dodge Startup Sexism", *Fast Company,* 19 de setembro de 2017, https://www.fastcompany.com/40456604/these-women-entrepreneurs-created-a-fake-male-cofounder-to-dodge-startup-sexism

2. Ibid.

3. John Gray, *Men Are from Mars, Women Are from Venus: The Classic Guide to Understanding the Opposite Sex* (Nova York: Harper, 2012).

4. Leah Fessler, "Your Company's Slack is Probably Sexist", *Quartz,* 20 de novembro de 2017, https://qz.com/work/1128150/your-companys-slack-is-probably-sexist/

5. Ibid.

6. Daniel N. Maltz e Ruth A. Borker, "A Cultural Approach to Male-Female Miscommunication", em *Language and Social Identity,* editor John J. Gumperz, *Studies in Interactional Sociolinguistics* (Cambridge: Cambridge University Press, 1983), 196–216, doi:10.1017/CBO9780511620836.013

7. Ibid.

8. Ibid.

9. "Overview", Project Implicit, 2011, https://implicit.harvard.edu/implicit/education.html

10. Leah Fessler, "Your Company's Slack is Probably Sexist", *Quartz,* 20 de novembro de 2017, https://qz.com/work/1128150/your-companys-slack-is-probably-sexist/

11. Margarita Mayo, "To Seem Confident, Women Have to be Seen as Warm", *Harvard Business Review,* 26 de novembro de 2019, https://hbr.org/2016/07/to-seem-confident-women-have-to-be-seen-as-warm

12. James Fell, "I just said this to my feminist wife and daughter and they both laughed and agreed, so I don't think it qualifies as sexist", Facebook, 6 de fevereiro de 2017, https://www.facebook.com/bodyforwife/posts/1330446537016138

13. James Fell, "Why Men Don't Use Exclamation Points (and Women Do)", James Fell (blog), 25 de julho de 2019, https://bodyforwife.com/why-men-dont-use-exclamation-points-and-women-do/

14. Ibid.

15. Naomi S. Baron, *Always On: Language in an Online and Mobile World* (Oxford: Oxford University Press, 2010), 52.

16. Naomi Baron, "Dr. Naomi Baron: Maximizing and Using Digital Communication Skills in Leadership, Episódio nº 21", *Masters of Leadership with Erica Dha-*

wan (podcast), 1º de maio de 2018, https://ericadhawan.com/dr-naomi-baron-maximizing-and-using-digital-communication-skills-in-leadership-episode-21/

17. Leah Fessler, "Your Company's Slack is Probably Sexist", *Quartz*, 20 de novembro de 2017, https://qz.com/work/1128150/your-companys-slack-is-probably-sexist/

18. Ibid.

19. Ibid.

20. Anil Dash, "The Year I Didn't Retweet Men", Medium, 13 de fevereiro de 2014, https://medium.com/the-only-woman-in-the-room/the-year-i-didnt-retweet-men-79403a7eade1

21. Ibid.

22. Ibid.

23. Ibid.

24. Mark Peters, "The Hidden Sexism in Workplace Language", BBC Worklife, 30 de março de 2017, https://www.bbc.com/worklife/article/20170329-the-hidden-sexism-in-workplace-language

25. Maxwell Huppert, "5 Must-Do's for Writing Inclusive Job Descriptions", *LinkedIn Talent Blog*, LinkedIn, 9 de abril de 2018, https://business.linkedin.com/talent-solutions/blog/job-descriptions/2018/5-must-dos-for-writing-inclusive-job-descriptions

26. Samantha Cole, "How Changing One Word in Job Descriptions Can Lead to More Diverse Candidates", *Fast Company*, 24 de março de 2015, https://www.fastcompany.com/3044094/how-changing-one-word-in-job-descriptions-can-lead-to-more-diverse-candid

27. Yoree Koh, "How Language in Job Listings Could Widen Silicon Valley's Gender Divide", *Wall Street Journal*, 13 de dezembro de 2017, https://www.wsj.com/articles/how-language-in-job-listings-could-widen-silicon-valleys-gender-divide-1513189821

28. Kieran Snyder, "Language in Your Job Post Predicts the Gender of Your Hire", Textio, 21 de junho de 2016, https://textio.com/blog/language-in-your-job-post-predicts-the-gender-of-your-hire/13034792944

29. Tim Halloran, "Better Hiring Starts with Smarter Writing", Textio, 16 de junho de 2017, https://textio.com/blog/better-hiring-starts-with-smarter-writing/13035166297

30. Noam Scheiber e John Eligon, "Elite Law Firm's All-White Partner Class Stirs Debate on Diversity", *New York Times*, 27 de janeiro de 2019, https://www.nytimes.com/2019/01/27/us/paul-weiss-partner-diversity-law-firm.html

31. Cassens Weiss, "170 Top In-House Lawyers Warn They Will Direct Their Dollars to Law Firms Promoting Diversity", *ABA Journal*, American Bar Association, 28 de janeiro de 2019, https://www.abajournal.com/news/article/170-top-in-house-lawyers-warn-they-will-direct-their-dollars-to-law-firms-promoting-diversity

32. Leah Fessler, "Your Company's Slack is Probably Sexist", *Quartz*, 20 de novembro de 2017, https://qz.com/work/1128150/your-companys-slack-is-probably-sexist/

33. Ibid.

34. Ibid.

35. Ibid.

36. Susan C.Herring, "Communication Styles Make a Difference", The Opinion Pages, *New York Times*, 4 de fevereiro de 2011, https://www.nytimes.com/roomfordebate/2011/02/02/where-are-the-women-in-wikipedia/communication-styles-make-a-difference

37. Ibid.

38. Sirin Kale, "Working from Home? Video Conference Call Tips for the SelfIsolating", *The Guardian*, 14 de março de 2020, https://www.theguardian.com/money/2020/mar/14/video-conference-call-tips-self-isolating-coronavirus-working-from-home

Capítulo 9: Geração

1. Jackie L. Hartman e Jim McCambridge, "Optimizing Millennials' Communication Styles", *Business Communication Quarterly* 74, nº 1 (23 de fevereiro de 2011): 22–44, https://doi.org/10.1177/1080569910395564

2. Ibid.

3. Meghan McCarty Carino, "Ellipses and Emoji: How Age Affects Communication at Work", *Marketplace*, Rádio Pública de Minnesota, 23 de outubro de 2019, https://www.marketplace.org/2019/10/21/ellipses-and-emoji-how-age-affects-communication-at-work/

4. Jenna Goudreau, "How to Communicate in the New Multigenerational Office", *Forbes*, 14 de fevereiro de 2013, https://www.forbes.com/sites/jennagoudreau/2013/02/14/how-to--communicate-in-the-new-multigenerational-office/#2e62918e4a6b

5. Meghan McCarty Carino, "Ellipses and Emoji: How Age Affects Communication at Work", *Marketplace*, Rádio Pública de Minnesota, 23 de outubro de 2019, https://www.marketplace.org/2019/10/21/ellipses-and-emoji-how-age-affects-communication-at-work/

6. Christopher Mims, "Yes, You Actually Should be Using Emojis at Work", *Wall Street Journal*, 20 de julho de 2019, https://www.wsj.com/articles/yes-you-actually-should-be-using-e-mojis-at-work-11563595262

7. Jay Reeves, "Five Tips for Using Emojis Without Getting Sued", *Byte of Prevention Blog*, Lawyers Mutual, 9 de abril de 2020, https://www.lawyersmutualnc.com/blog/five-tips--for-using-emojis-without-getting-sued

8. Rachel Been, Nicole Bleuel, Agustin Fonts e Mark Davis, "Expanding Emoji Professions: Reducing Gender Inequality", Google LLC, 11 de maio de 2016, https://unicode.org/L2/L2016/16160-emoji-professions.pdf

9. Jazmine Hughes, "Need to Keep Gen Z Workers Happy? Hire a 'Generational Consultant'", *New York Times Magazine*, 19 de fevereiro de 2020, https://www.nytimes.com/interacti-ve/2020/02/19/magazine/millennials-gen-z-consulting.html

Capítulo 10: Cultura

1. Olga Khazan, "The Countries Where Smiling Makes You Look Dumb", *The Atlantic*, 27 de maio de 2016, https://www.theatlantic.com/science/archive/2016/05/culture-and-smiling/483827/

2. Echo Huang, "Chinese People Mean Something Very Different When They Send You a Smiley Emoji", *Quartz*, 29 de março de 2017, https://qz.com/944693/chinese-people-mean-something-very-different-when-they-send-you-a-smiley-emoji/

3. Alex Rawlings, "Why Emoji Mean Different Things in Different Cultures", BBC Future, 11 de dezembro de 2018, https://www.bbc.com/future/article/20181211-why-emoji-mean-different-things-in-different-cultures

4. Ryan Holmes, "Are You Using the Wrong Emojis at Work?" *Forbes*, 16 de julho de 2019, https://www.forbes.com/sites/ryanholmes/2019/07/16/are-you-using-the-wrong-emojis-at-work/#5dcd42252c42

5. Arhlene A. Flowers, *Global Writing for Public Relations: Connecting in English with Stakeholders and Publics Worldwide* (Nova York: Routledge, Taylor & Francis Group, 2016), 255.

6. Ibid.

7. Erica Dhawan, "How to Create a Culture of Collaboration", *Forbes*, 27 de janeiro de 2017, https://www.forbes.com/sites/ericadhawan/2017/01/27/how-to-create-a-culture-of-collaboration/#39f710e133fe

8. Eric Barton, "Master the Art of Global Email Etiquette", BBC Worklife, 7 de novembro de 2013, https://www.bbc.com/worklife/article/20131106-lost-in-translation

9. Alina Tugend, "The Anxiety of the Unanswered E-mail", Business Shortcuts, *New York Times*, 19 de abril de 2013, https://www.nytimes.com/2013/04/20/your-money/the-anxiety-of-the-unanswered-e-mail.html

10. John Hooker, "Cultural Differences in Business Communication", Tepper School of Business, Carnegie Mellon University, dezembro de 2008, https:// public.tepper.cmu.edu/jnh/businessCommunication.pdf

11. Lennox Morrison, "The Subtle Power of Uncomfortable Silences", BBC Worklife, 18 de julho de 2017, https://www.bbc.com/worklife/article/20170718-the-subtle-power-of-uncomfortable-silences

12. Ibid.

13. Denene Rodney (presidente, Zebra Strategies), em conversa com a autora em maio de 2019.

14. Ibid.

15. Arhlene A. Flowers, *Global Writing for Public Relations: Connecting in English with Stakeholders and Publics Worldwide* (Nova York: Routledge, Taylor & Francis Group, 2016), 258.

16. Business Insider, "These Are the Best and Worst Ways to Start an Email", *Fortune*, 10 de agosto de 2017, https://fortune.com/2017/08/10/email-etiquette-best-worst-start/

17. Margaret Murphy e Mike Levy, "Politeness in Intercultural Email Communication: Australian and Korean Perspectives", *Journal of Intercultural Communication* 12(2006), https://www.immi.se/intercultural/nr12/murphy.htm

18. Christine Ro, "The Beautiful Ways Different Cultures Sign Emails", BBC Worklife, 10 de maio de 2019, https://www.bbc.com/worklife/article/20190508-why-the-way-you-close--your-emails-is-causing-confusion

19. Ibid.

Conclusão

1. Keith Ferrazzi, "Virtual Teams Can Outperform Traditional Teams", *Harvard Business Review*, 20 de março de 2012, https://hbr.org/2012/03/how--teams-can-outperfo

Apêndice

1. Adam M. Grant e Francesca Gino, "A Little Thanks Goes a Long Way: Explaining Why Gratitude Expressions Motivate Prosocial Behavior", *Journal of Personality and Social Psychology* 98, nº 6 (2010): 946–55, https://doi.org/10.1037/a0017935

Índice

Erica Dhawan é a principal autoridade mundial sobre Colaboração e Inteligência Conectiva do século XXI. Por meio de palestras, treinamento e consultoria, ela desafia públicos e organizações a inovarem mais e com rapidez, juntos.

Ela também é a fundadora e a CEO da Cotential, uma organização global que ajuda empresas, líderes e gerentes a aprimorarem as habilidades e os comportamentos de colaboração do século XXI para alcançarem desempenhos revolucionários.

Ela é coautora do best-seller *Get Big Things Done: The Power of Connectional Intelligence*, indicado como nº 1 pelo What Corporate America Is Reading. Dhawan foi nomeada pela Thinkers50 como "A Oprah da Gestão de Ideias" e destacada como uma das 30 Principais Profissionais de Gestão do mundo pela Global Gurus. Ela apresenta o premiado podcast *Masters of Leadership*.

Erica dá palestras no mundo todo, desde o Fórum Econômico em Davos e TED Talks a empresas como Coca-Cola, FedEx, Goldman Sachs, Walmart, SAP e Cisco. Ela escreve para a *Harvard Business Review*, a *Forbes* e a *Fast Company*, e tem diplomas de Harvard University, MIT Sloan e Wharton School.

Junte-se à comunidade em ericadhawan.com/digitalbodylanguage. Siga a hashtag #digitalbodylanguage.

Siga Erica no LinkedIn: linkedin.com/in/ericadhawan, no Twitter e no Instagram: @ericadhawan.